·中南民族大学民族学文库·

坚守与调适

乳源过山瑶传统文化传承研究

李锦云◎著

中国社会科学出版社

图书在版编目（CIP）数据

坚守与调适：乳源过山瑶传统文化传承研究 / 李锦云著．—北京：中国社会科学出版社，2019.7

（中南民族大学民族学文库）

ISBN 978 - 7 - 5203 - 4635 - 1

Ⅰ．①坚…　Ⅱ．①李…　Ⅲ．①瑶族—民族文化—研究—乳源瑶族自治县　Ⅳ．①K285.1

中国版本图书馆 CIP 数据核字（2019）第 128672 号

出 版 人	赵剑英
责任编辑	郑　彤
责任校对	王　龙
责任印制	李寡寡

出　　版	中国社会科学出版社
社　　址	北京鼓楼西大街甲 158 号
邮　　编	100720
网　　址	http://www.csspw.cn
发 行 部	010 - 84083685
门 市 部	010 - 84029450
经　　销	新华书店及其他书店
印刷装订	北京君升印刷有限公司
版　　次	2019 年 7 月第 1 版
印　　次	2019 年 7 月第 1 次印刷
开　　本	710×1000　1/16
印　　张	15.5
字　　数	235 千字
定　　价	78.00 元

凡购买中国社会科学出版社图书，如有质量问题请与本社营销中心联系调换
电话：010 - 84083683
版权所有　侵权必究

彩版一　笔者采访国家级非物质文化遗产瑶族盘王节传承人盘良安

彩版二　必背镇政府大楼及广场

彩版三　必背镇政府商业街入口巨大的广告牌

彩版四　必背镇必背口瑶族新村

彩版五　乳源县的世界过山瑶博物馆

彩版六　国家级非物质文化遗产——瑶族盘王节传习所

彩版七　精美的瑶族刺绣纹样

彩版八　乳源县民族实验学校自编的教材《瑶语》

《中南民族大学民族学文库》
编委会

编委会主任

   段 超

编委会成员

   段 超　李俊杰　田 敏　许宪隆
   李吉和　柏贵喜　康翠萍　向柏松
   潘弘祥

主 编

   田 敏

总　序

　　民族学是中南民族大学的特色学科、优势学科，曾先后被评为国家民委重点学科、湖北省重点学科、湖北省优势学科。中南民族大学民族学学科形成了从预科、本科到硕士、博士、博士后完整的人才培养链条。民族学本科专业是教育部特色品牌专业、湖北省特色优势专业，马克思主义民族理论与政策是国家级精品课程、国家精品资源共享课程。拥有民族学一级学科博士点、一级学科硕士点。其中，一级学科博士点下设民族学、马克思主义民族理论与政策、中国少数民族史、中国少数民族经济、中国少数民族艺术、民族教育、民族法学和少数民族语言文学8个二级学科博士点，一级学科硕士点下设民族学等5个二级学科硕士点，还设有民族学专业博士后科研流动站。在2013年教育部公布的学科评估中，中南民族大学民族学在全国同类学科中排名第四，保持了在该学科中的领先水平。

　　中南民族大学民族学历史悠久，底蕴深厚。早在1951年，由我国著名民族学家岑家梧教授领衔，学校创建了民族研究室。20世纪五六十年代，以岑家梧、严学宭、容观琼、刘孝瑜等先生为代表的一批学者，积极开展民族研究工作，参与了中华人民共和国成立初期的全国民族大调查，并为京族、毛南族、土家族、黎族等中南、东南地区的民族识别做出了突出贡献。1983年，著名民族学家、社会学家吴泽霖先生在中南民族学院创建了国家民委直属重点研究机构——民族研究所，由此民族学学科发展迅速。20世纪八九十年代，在吴泽霖先生的带领下，涌现了彭英明、吴永章、吴永明、答振益、李干、张雄、刘美崧、杨清震等一批具有全国影响的专家，在南方少数民族历史与文化、马克思主义民族理论与政策、少数民族经济等研究领域取得了一大批突出的成果。

十余年来，中南民族大学大力开展民族学学科群建设，在进一步突出民族学传统学科方向和研究领域的同时，以民族学一级学科为平台，形成了民族教育、民族法学、民族语言文学、民族艺术、民族药学等多个特色交叉学科，学科覆盖面日益扩大。学科发展支撑条件优势明显，现有湖北省南方少数民族研究中心、国家民委南方少数民族非物质文化遗产研究中心、国家民委中国城市民族与宗教事务治理研究中心、国家民委少数民族教育发展研究基地、国家民委民族团结进步创建活动研究中心、湖北省中国少数民族审美文化研究中心、湖北省民族地区经济社会发展研究中心、湖北少数民族非物质文化遗产保护基地、湖北省民族立法研究中心、湖北区域历史文化研究基地和中国人类学民族学研究会散杂居民族问题研究专业委员会等十余个省部级研究中心和研究基地。2016年，获批国家民委"武陵山片区减贫与发展协同创新中心"，同时，中国武陵山减贫与发展研究院、中南民族大学与湖北恩施州共建的"恩施发展研究院"也依托该一级学科。

该学科条件优良，设施完备，团队实力雄厚。建有藏书十万余册的"民族学人类学文献资料中心"、设施完备的"民族学人类学田野调查实验室"，拥有国内第一家民族学博物馆，馆藏民族文物2万余件。学科还打造了国家民委创新团队"民族文化传承与发展创新团队"，以及南方少数民族历史文化研究、散杂居民族研究、南方少数民族非物质文化遗产、民族社会发展研究、中国边疆民族与宗教问题研究、民族地区减贫与发展等校级资助的研究团队。

学科现有专职研究人员79人，其中教授33人，副教授38人，博士生导师20余人。学科团队结构合理，具有雄厚的教学科研实力。学科带头人雷振扬、段超、许宪隆、田敏、柏贵喜、李吉和、李俊杰、李忠斌、康翠萍、哈正利、闫天灵等学者表现突出，在中国特色民族理论与民族政策、南方民族历史文化、散杂居民族问题、城市民族问题、少数民族非物质文化遗产保护、民族地区社会发展、民族地区减贫与区域发展、民族教育与管理等研究领域取得一大批最新成果，形成新的研究特色和学科优势。高层次学科专家发挥重要影响，有国务院学位委员会学科评议组专家1人、国家"万人计划"1人、国家社科基金评委2人、国家出版基金评委2人、"新世纪百千万人才工程"人才3人、享受国务院津贴专家5人、国家民委领军人才1人、国家民委突出贡献专家4人、教育部新世纪优秀人才计划支持人选4人，另有湖北省突出贡献专家、国家民委民族问题优秀青年专家、国家民委中青年英才等多人。20余人次担任国家级学会及省部级学会的会长、副会长、秘书长和常务理事。

中南民族大学民族学学术研究成果丰硕，近5年就累计主持完成国家级和省部级科研课题140余项，承担国家社科基金重大项目、教育部哲学社科重大攻关项目5项，主持国家社科基金63项；发表核心期刊论文和出版专著230篇（部），40余项成果获教育部及省部级奖，其中教育部人文社科优秀成果奖5项，省部级一、二等奖20余项。部分成果为国家级及省部级领导批示或地方政府采纳，在服务民族地区经济社会发展方面做出了突出贡献。

当前，国家正在统筹推进以建设一流大学和一流学科为主旨的"双一流"建设，我们将以此为契机，以建设一流师资队伍、培养拔尖创新人才、取得标志性科研成果、传承创新优秀文化、切实服务民族社会为抓手，不懈努力，开拓创新，争创一流民族学学科。为及时推出中南民族大学民族学学科建设的最新成果，特编辑出版《中南民族大学民族学文库》，以期为中国民族学学科发展做出新的贡献。

目 录

绪 论 ……………………………………………………………（1）
 第一节 研究缘起 ………………………………………（1）
 第二节 研究意义 ………………………………………（2）
  一 理论价值 …………………………………………（2）
  二 现实价值 …………………………………………（3）
 第三节 研究现状 ………………………………………（5）
  一 瑶族研究 …………………………………………（5）
  二 过山瑶研究 ………………………………………（8）
  三 文化传承研究 ……………………………………（17）
  四 瑶族文化传承研究 ………………………………（23）
  五 研究述评 …………………………………………（26）
 第四节 研究内容和思路 ………………………………（27）
  一 研究内容 …………………………………………（27）
  二 研究思路 …………………………………………（28）
 第五节 研究方法 ………………………………………（29）
  一 文献研究法 ………………………………………（29）
  二 田野调查法 ………………………………………（29）
  三 定性分析法 ………………………………………（30）
 第六节 研究理论 ………………………………………（31）
  一 文化适应理论 ……………………………………（31）

二　文化变迁理论…………………………………………（33）
　第七节　研究的主要创新点………………………………………（34）
　　一　研究观点的创新……………………………………………（34）
　　二　研究视角的创新……………………………………………（34）

第一章　过山瑶的历史与文化………………………………（35）
　第一节　瑶族历史发展轨迹………………………………………（35）
　　一　瑶族的形成与支系…………………………………………（35）
　　二　瑶族的迁徙轨迹……………………………………………（37）
　第二节　乳源过山瑶的由来及文化………………………………（42）
　　一　乳源过山瑶的形成与发展…………………………………（42）
　　二　乳源县的环境………………………………………………（45）
　　三　过山瑶的传统文化概貌……………………………………（48）

第二章　过山瑶传统文化的历史传承………………………（50）
　第一节　过山瑶传统文化传承的内容……………………………（50）
　　一　过山瑶的物质文化…………………………………………（51）
　　二　过山瑶的制度文化…………………………………………（55）
　　三　过山瑶的精神文化…………………………………………（61）
　第二节　过山瑶传统文化传承的主体……………………………（67）
　　一　师爷、长者是文化传承的表率……………………………（67）
　　二　全体瑶胞是文化传承的生力军……………………………（70）
　第三节　过山瑶传统文化传承的方式……………………………（72）
　　一　家庭传承……………………………………………………（72）
　　二　师徒传承……………………………………………………（74）
　　三　实践记忆传承………………………………………………（76）
　　四　歌舞节庆传承………………………………………………（77）
　　五　民间典籍传承………………………………………………（79）
　第四节　过山瑶传统文化传承的保障……………………………（82）

  一　文化认同是传承的基础 …………………………………… (82)
  二　《过山榜》是传承的内容保障 …………………………… (85)
  三　习惯法是传承的法律保障 ………………………………… (87)
  四　民族文化生活化是传承的形式保障 ……………………… (88)
  五　共同的文化心理是传承的情感保障 ……………………… (89)

第三章　过山瑶传统文化传承的新机遇 ………………………… (91)
 第一节　环境变化对过山瑶传统文化传承的改变 ……………… (91)
  一　自然环境的改变：从仰仗敬畏到利用开发 ……………… (91)
  二　社会环境的改变：从封闭一体到开放多元 ……………… (93)
  三　环境变迁对过山瑶传统文化传承的影响 ……………… (104)
 第二节　国家权力介入对过山瑶传统文化传承的影响 ………… (106)
  一　国家权力进入乳源瑶区的历史回溯 …………………… (106)
  二　国家权力对瑶区文化传承权威人群的重置 …………… (110)
 第三节　市场因素对过山瑶传统文化传承的影响 ……………… (114)
  一　市场观念在乳源县瑶区的生发过程 …………………… (114)
  二　瑶区旅游事业的创立与发展 …………………………… (119)
  三　过山瑶传统文化产品及活动商品化和展演化 ………… (123)
 第四节　族群互动对过山瑶传统文化传承的影响 ……………… (125)
  一　乳源过山瑶的族群互动情况 …………………………… (125)
  二　族群互动对过山瑶传统文化传承的改变 ……………… (127)
 第五节　大众媒介对过山瑶传统文化传承的影响 ……………… (131)
  一　乳源县过山瑶大众媒介的使用情况 …………………… (131)
  二　大众媒介对过山瑶传统文化的影响 …………………… (140)

第四章　过山瑶的文化坚守与调适 ……………………………… (153)
 第一节　过山瑶对民族文化的坚守 ……………………………… (153)
  一　传统文化资料的搜集与研究 …………………………… (154)
  二　坚守民间信仰，传承祭祀文化 ………………………… (160)

第二节 过山瑶传统文化调适的举措 ……………………（168）
　一　调适民间传承模式，激发其现代适应性 …………（168）
　二　尝试新的传承模式，增加文化传承的方式 ………（176）
第三节 过山瑶传统文化调适的效果 ……………………（196）
　一　过山瑶传统文化调适取得的成效 …………………（196）
　二　过山瑶传统文化调适存在的问题 …………………（197）
第四节 过山瑶传统文化传承的思路 ……………………（204）
　一　群策群力，积极传承民族文化 ……………………（204）
　二　做好"过山瑶之乡"文化品牌的传播与维护 ………（206）
　三　搭建"立体多元"文化传统体系 ……………………（207）

第五章　结语 …………………………………………………（215）
第一节 过山瑶传统文化未来的发展趋势 ………………（215）
第二节 过山瑶传统文化传承的当代启示 ………………（217）

参考文献 ………………………………………………………（221）
　一　档案资料 ………………………………………………（221）
　二　学术著作 ………………………………………………（222）
　三　期刊论文 ………………………………………………（226）
　四　学位论文 ………………………………………………（233）

后　记 …………………………………………………………（235）

绪　　论

第一节　研究缘起

瑶族是我国南方一个历史悠久、支系繁多、具有"坚忍不拔的民族生命力和强烈民族意识"[①]的民族。2010年第六次全国人口普查数据显示，我国瑶族总人口为279.6万人，分布地域广泛，主要聚居于桂、湘、粤、滇、贵、赣6省区的134个县市[②]。

瑶族大体可以分为过山瑶、平地瑶、布努瑶和茶山瑶四大支系。其中过山瑶因其"食尽一山，复徙一山"的生活方式而得名。过山瑶在国内的主要居住地为广东省韶关市乳源瑶族自治县（以下简称"乳源县"）[③]。很多移居海外的过山瑶，其祖辈都是以乳源瑶族自治县必背镇作为起点或中转站逐渐外迁的，因此，乳源又被称作"世界过山瑶之乡"。目前我国过山瑶总人口没有官方统计数据，据乳源瑶族自治县统计局数据显示，截至2015年年底，全县瑶族人口共计2.2万人。在频繁迁徙以及与其他民族杂居过程中，瑶族部分支系的民族文化特性逐渐淡化，例如平地瑶的文化特性与汉族逐渐趋同。但是过山瑶的频繁迁徙

---

① ［日］竹村卓二：《瑶族的历史和文化——华南、东南亚山地民族的社会人类学研究》，金少萍、朱桂昌译，民族出版社2003年版，第2—3页。
② 国家统计局：《第六次全国人口普查统计公报》，中国统计出版社2010年版，第134页。
③ 胡耐安：《说瑶》，《政治大学报》1960年第2期，第78页。

坚守与调适：乳源过山瑶传统文化传承研究

并没有淡化其民族文化特性，反而凭借共同的宗教信仰和节日习俗，让世界各地的过山瑶紧密联系在一起。

从古至今过山瑶都保持着坚守传统文化的自觉性和使命感。中华人民共和国成立以来，过山瑶传统文化和其他少数民族文化一样，面临新的传承际遇。瑶胞们坚守民族文化优良传统，积极调适以确保本民族文化顺利传承。国内过山瑶人口总数虽少，其文化传承总体而言却比较成功。过山瑶的文化调适能力强，其不屈不挠战胜恶劣自然环境并顺利适应迁徙地生存环境的坚韧品格，令人印象深刻。过山瑶传统文化的传承使用了何种方式，其特点何在，传承过程中面临怎样的机遇和挑战，瑶胞们的调适举措及成效如何，这些都是非常值得研究的。作为一个汉族学者，笔者想通过自己的研究，客观全面地梳理乳源过山瑶传统文化传承的动态过程，并做出真实、理性的判断。

第二节　研究意义

一　理论价值

1. 丰富瑶学研究的内容体系

瑶族历史悠久，支系繁多。目前学界对瑶族的研究重点是对国内瑶族形成及发展过程的历史回溯，是对瑶族各支系及其文化变迁、传承情况的梳理，还有瑶族国内外迁徙路线及原因、国外瑶族生存环境及其文化特点的研究。但是，在宏观梳理基础上对过山瑶传统文化的传承进行微观细致的考察尚且不多。本书从历史纵深维度系统研究过山瑶传统文化传承的过程，包括传承的主体、内容、方式、效果、变迁原因、问题、发展思路等，研究对象针对性强，研究内容系统化，为瑶学研究增添了新的研究内容。

2. 丰富民族文化传承理论

本书采用文化变迁理论和文化适应理论，借用文化传承框架体系，以乳源县为田野调查点，对过山瑶传统文化传承过程做历史考察及现实分析，以个案研究和一手材料丰富民族文化传承理论。少数民族的传统文化遭遇传承危机与困境，在国内外具有普遍性，总结提炼过山瑶行之有效的文化传承经验，对其他民族传承本族优秀文化有所裨益。

二　现实价值

1. 有助于提升过山瑶的文化自信

习近平总书记在党的十九大报告中指出，中华优秀传统文化的传承离不开文化自信，以及对文化价值的高度认同和践行。优秀传统文化的现代化对内能提升其价值力量和国民文化素质，对外可增强文化软实力，树立良好的国家形象。中华传统文化由各民族优秀传统文化共同构成，过山瑶传统文化具有明显的民族性、传承性、适应性，是我国宝贵的文化遗产。

文化自信是优秀传统文化不断传承的前提。在文化自信视域下，过山瑶传统文化传承的语境主要有两种。一是历史语境。过山瑶传统文化是经过历史洗礼和沉淀而流传下来的，其顽强的生命力证明了过山瑶传统文化传承方式的有效性和可持续性。二是时代语境。在经济全球化以及全媒体技术飞速发展的今天，各民族之间往来的日益密切使得文化的交流逐渐呈现多样化的特征。过山瑶传统文化也遭遇各种冲击与挑战，也需要不断适应新时代的发展需求。

2. 有助于过山瑶传统文化的当代传承

本书通过对乳源过山瑶传统文化传承进行历史及现实考察，找寻过山瑶传统文化可持续发展的现实路径。从历史维度纵向梳理过山瑶传统文化传承主体、方式及其渠道、特点，并探讨其传承方式的当代适应性；从现实维度全面展示其在中华人民共和国成立以来，如何自我调适以顽强存续。一横一纵的研究能帮助过山瑶认清其传统文化的本质，在坚定传承信心基础上，具体实施各项传承举措，破解传承困境。另外，本书通过调研大众媒介对乳源过山瑶传统文化传承情况的影响，为过山瑶传统文化媒介化传承提供可行性策略。

3. 有助于乳源县进一步打造"世界过山瑶之乡"的文化品牌

海外的过山瑶大多是从乳源县必背镇出发、南迁出境、漂洋过海的，2008年，乳源县召集相关专家对此进行了学术考证①。其后，乳源瑶族自治县着力打造"世界过山瑶之乡"文化品牌，希望以此提升民族地区旅游事业的发展。本书也针对其文化品牌建设中存在的问题，提出了解决建议与发展思路。

4. 有助于为其他民族传承本族优秀文化提供现实范本

我国是个多民族国家，55个少数民族在历史发展中积淀下来的各具特色的文化，是中华文化的重要组成部分和优秀文化遗产。中华人民共和国成立后，我国施行的民族区域自治政策、扶持少数民族区域发展政策以及各项文化宣传政策，为各族文化发展提供了政策支持平台，但在民族杂居、自然地理环境变迁、社会政治转型、媒介发展、强势文化入侵等多重因素影响下，民族文化被迫卷入现代化转型之中。一些人口较少的民族，其文化面临严峻挑战；而人口数量占据优势的民族，其文化也面临边缘化、奇观化、汉族化的危机。

过山瑶传统文化同样面临着巨大冲击，但是凭借其顽强的生命力，在文化传承实践中彰显其传承方式的有效性和当代适应性。本书对其传承经验进行提炼，通过解析典型案例，为其他民族传承本族文化提供了借鉴与学习的范本。

5. 有助于我国"文化走出去"战略的实施

过山瑶分布区域广泛，是个跨地区、跨国家的"世界性"民族。自2011年我国政府提出"文化走出去"战略以来，中华文化对外传播取得了世人瞩目的成绩。2013年"一带一路"战略的提出，为民族文化的海外传播搭建了新的平台。

过山瑶历史迁徙的路线与"一带一路"沿线国家部分重叠，当代也有很多过山瑶同胞住在沿线国家，并身体力行地传承发扬本民族传统文化。所以，挖掘其传承方式的现实价值，拓展其当代传承场域，使过山瑶传统文化发扬光大，既能坚定过山瑶的文化自信与自觉，又能助力我国"文化走出去"战略的实施。

---

① 李筱文、赵卫东：《过山瑶研究文集》，民族出版社2008年版，第67页。

第三节 研究现状

一 瑶族研究

1. 综合性研究

国内瑶族如何形成并产生支系划分、地域扩散和迁徙原因、瑶族社会发展及文化基本情况等，相关的瑶族史料和研究较多。典型研究成果包括吴永章撰写的《瑶族史》[1]、奉恒高主编的《瑶族通史》[2]、"瑶族简史"编写组编纂的《瑶族简史》[3]以及各地所编纂的研究性资料，如《广西瑶族社会历史调查》多卷本[4]。

吴永章的专著《瑶族史》以时代为经，以历史文化事项为纬，对先秦至清代2000年来瑶族古代社会进行系统梳理，为后辈提供了宝贵的研究资料。该书内容涉及瑶族的族名由来、地理分布、历代王朝与地方政府对瑶族的治理政策、瑶族与历代政府的关系、瑶族迁徙路线、瑶汉关系、瑶族先民的社会生活全貌等。该书充分挖掘史料，有理有据，研究面广，为我国瑶学界填补了诸多空白。

奉恒高主编的《瑶族通史》（上、中、下册）按照通史体例，从传说时代开始，截至20世纪90年代末，分别叙述瑶族的起源、迁徙、风俗习惯等方面的发展和演变历史，全面、系统地反映瑶族历史文化的发展规律。这部通史在瑶族起源上将瑶族的历史推到传说时代，并且介绍了海外瑶族的变化和发展以及海内外瑶族之间的联系等。

"瑶族简史"编写组编纂的《瑶族简史》初版于1983年。2008年在原版基础上，编写组和修订组以历史唯物主义、马克思主义民族理论以及党和国家的民族政策为指导，立足于改革开放的实践，简明扼要地阐述了瑶族的历史发展进程，反映了近50年的发展概貌和成就。

---

[1] 吴永章：《瑶族史》，四川民族出版社1993年版。
[2] 奉恒高：《瑶族通史》（上、中、下册），民族出版社2007年版。
[3] "瑶族简史"编写组：《瑶族简史》，广西人民出版社1983年版。
[4] 广西壮族自治区编辑组等：《广西瑶族社会历史调查》，民族出版社2009年版。

另外还有2009年民族出版社出版的《广西瑶族社会历史调查》，共九卷。书中整理瑶族民族文化的第一手资料，资料翔实，为学者进行专题研究提供了宝贵的原始资料。

2. 专题性研究

专题性研究主要集中在国内瑶族的迁徙路线、迁徙原因、迁徙时间等方面，以及在相应徙居地的生活状况、文化特征等。以瑶族的迁徙这一议题为例，费孝通、江应樑、姚舜安、玉时阶、张有隽、赵砚球、盘福东以及日本的竹村卓二、白鸟芳郎等学者，都有相关论述。

学界已经对瑶族如何从黄河中下游流域（炎黄时期）逐渐迁徙到江淮地区（尧、舜、禹到先秦时期），然后迁徙到两湖江浙闽赣地区（两汉、南北朝到隋唐时期），再遍及南岭崇山（宋元明清时期），直至形成今天聚居国内6省区134个县市的迁徙过程进行了详细的考证①。对于其迁徙原因，大致有"食尽一山，便迁一山"的游耕生计方式（白鸟芳郎②、姚舜安③等）、阶级与民族压迫（费孝通④）、民族排斥与歧视（奉恒高⑤）、天灾疾病（盘福东⑥）、战争征调（徐祖祥⑦）等几种说法。元明以前，国内的迁徙方向主要由北向南迁徙；元明之后，则是向西以及西南方向迁徙。大规模迁徙过程中还有回流（张有隽⑧）。

3. 对海外瑶族的研究

国内学者对海外瑶族的研究，主要集中在族群迁徙、文化传承、经济和社会生活的变迁、海外瑶族文化身份认同等内容。尤其是海外瑶族

---

① 详见屈卫丹《瑶族文化中心漂移过程考》，《保山师专学报》2008年第1期，第25—30页。

② [日]白鸟芳郎：《东南亚山地民族志》，黄来钧译，云南省历史研究所东南亚研究室1980年版。

③ 姚舜安：《瑶族迁徙之路的调查》，《民族研究》1988年第2期，第76—82页。

④ 费孝通：《全球化与文化自觉——费孝通晚年文选》，外语教学与研究出版社2013年版，第133页。

⑤ 奉恒高：《瑶族通史》（中），民族出版社2007年版，第98页。

⑥ 盘福东：《瑶族迁徙与千家峒考说》，《长江文化论丛》1997年第1期，第21—23页。

⑦ 徐祖祥：《瑶族的文化历史》，云南民族出版社2001年版，第56页。

⑧ 张有隽：《瑶族向海外迁徙的原因、过程、方向和路线》，《广西民族学院学报》（哲学社会科学版）2009年第1期，第32—35页。

的族源和迁徙是一个热点话题。按照瑶族外迁地的不同，对于外迁的瑶族的研究呈现出研究对象区域性特点。

（1）迁入越南的瑶族。范宏贵是国内最早研究越南瑶族迁徙路线的学者。1984 年，他初步总结了越南瑶族的迁徙时间和路线。1986 年，他又详细考察了越南的几个主要瑶族支系的迁徙情况[1]。其后，张冠梓[2]、张有隽[3]和玉时阶[4]等学者对越南瑶族迁徙路线的研究与范宏贵观点基本相同。

（2）迁入泰国的瑶族。部分迁入越南、老挝和缅甸的瑶族又继续向泰国迁徙。姚舜安在《瑶族迁徙之路的调查》一文中认为，瑶族大约在 19 世纪初甚至是在近百年内迁入泰国[5]。泰国学者差博·卡差·阿南达认为，瑶族在 1896 年左右迁入泰国[6]。

（3）迁入老挝和缅甸的瑶族。张冠梓指出，老挝只不过是瑶族不断迁徙的一个中间站。黄钰、黄方平详细研究了老挝瑶族的迁徙时间和路线[7]。黄海认为，17—18 世纪，瑶族由贵州经云南进入老挝。缅甸瑶族一般以老挝为中间站，最终迁往泰国或欧美等国[8]。李筱文指出，缅甸瑶族于近代陆续从云南迁入，之后迁回在泰缅边境[9]。

（4）移民欧美等国的瑶族。张冠梓和黄海关注了瑶族向欧美等国的迁徙。张冠梓认为，美国瑶族的祖先由广东迁往云南，随后进入越南北

---

[1] 范宏贵：《瑶族从中国迁入越南浅谈》，《广西民族研究》1986 年第 4 期，第 64—70 页。
[2] 张冠梓：《关于国外瑶族的分布与变迁》，《民族研究》1995 年第 1 期，第 90—97 页。
[3] 张有隽：《关于瑶族迁入越南的几个问题》，《广西民族研究》1996 年第 4 期，第 55—58 页。
[4] 玉时阶：《瑶族进入越南的时间及其分布》，《社会科学战线》2013 年第 1 期，第 140—148 页。
[5] 姚舜安：《瑶族迁徙之路的调查》，《民族研究》1988 年第 2 期，第 76—82 页。
[6] 转引自张有隽《关于瑶族迁入越南的几个问题》，《广西民族研究》1996 年第 4 期，第 55—58 页。
[7] 黄钰、黄方平：《国际瑶族概述》，广西人民出版社 1993 年版，第 156 页。
[8] 黄海：《瑶族的跨国分布与国际瑶学》，《贵州民族研究》2001 年第 3 期，第 66—73 页。
[9] 李筱文：《国外瑶族的分布与迁徙》，《民族论坛》1987 年第 4 期，第 57—59 页。

部山地，又经老挝辗转泰国，最终于20世纪70年代定居美国。法国瑶族的先祖经广西迁入云南，一部分到达老挝，一部分经由越南进入老挝，最终定居法国。至于瑶族迁徙加拿大、新西兰、墨西哥等资料，暂时空缺。黄海还梳理了美国、法国、加拿大等国瑶族的分布和人口等情况①。

（5）瑶族移民海外的原因。袁仕仑、姜永兴、李筱文、张冠梓、向大有、张有隽等学者从不同角度对此进行了总结。如张冠梓在日本学者白鸟芳郎归纳的五种原因（地力耗尽、人口增多、传染疾病、他族侵占、世仇或冲突）基础上，补充了生活贫困、租税沉重以及战争而被迫迁徙两个原因。张有隽提炼了四个导致瑶族迁徙海外的因素：人口增长导致生计受限，刀耕火种、食山过山的生活方式，征兵调用，国家动乱、天灾人祸交相逼迫②。

二 过山瑶研究

过山瑶是瑶族的一个支系，目前学界对过山瑶的研究主要集中在以下方面。

1. 过山瑶的来源与发展史

以时间为主线对过山瑶历史进行脉络梳理的成果如下：乳源瑶族自治县县志编委会出版的《乳源县志》（清康熙二十六年点注本）③、《乳源县志（1990—2003）》④、刘耀荃和李默编写的《乳源瑶族调查资料》⑤、乳源瑶族自治县概况编写组编纂的《乳源瑶族自治县概况》⑥ 等。

---

① 黄海：《瑶族的跨国分布与国际瑶学》，《贵州民族研究》2001年第3期，第66—73页。
② 张有隽：《瑶族向海外迁徙的原因、过程、方向和路线》，《广西民族学院学报》（哲学社会科学版）2009年第1期，第32—35页。
③ 乳源瑶族自治县地方志编纂委员会：《乳源县志》（清康熙二十六年点注本），广东人民出版社1997年版。
④ 乳源瑶族自治县地方志编纂委员会：《乳源县志（1990—2003）》，广东人民出版社2011年版。
⑤ 刘耀荃、李默：《乳源瑶族调查资料》，广东省社会科学院1986年版。
⑥ 《乳源瑶族自治县概况》编写组：《乳源瑶族自治县概况》，广东人民出版社1985年版。

以《乳源瑶族自治县概况》为例，该书分十三章，详细介绍了乳源县的地理环境、历史沿革与社会变革、民族区域自治、三大产业、城乡建设和环境保护等内容。该书分门别类，资料翔实，对学者梳理乳源县成立以来的发展情况十分有帮助。又如练铭志梳理了从明正德九年（1514）至清道光十一年（1831）间，乐昌瑶通过起义反抗封建王朝以及由于耕作方式、王朝征剿和征调等原因而迁徙的路线，为广东瑶族文化地理学研究提供了丰富的文献资料①。

2. 过山瑶传统文化研究

（1）过山瑶服饰与刺绣文化研究。陈启新对乳源瑶族男女服饰、刺绣以及师爷装和"歌姆服"等做了细致描绘②。谢琳对比了乳源东边瑶和西边瑶的服饰文化之后指出，由于东边瑶和西边瑶的生产生活方式差异较大，二者服饰也存在较大差异③。叶永敏总结了过山瑶服饰装饰的三种主要方式，即整体贴边、直接刺绣和边缘缝缀，指出，瑶绣是乳源过山瑶的民族文化、宗教信仰和民族风俗的主要载体④。

学者研究瑶绣主要集中在绣法特点、刺绣图案以及瑶绣的开发前景上。如叶菁⑤、张璐⑥、钟英明⑦认为，瑶族刺绣图案体现了瑶族的宗教信仰，反映了他们的民族生活习俗及生产劳作经验。王琴回顾了乳源必背瑶寨刺绣的兴衰过程，并且指出，瑶族刺绣图案是瑶族神话符号系统的体现，它代表了民族的政治和文化内涵。但是，在商业化过程中，博物馆式的瑶族刺绣展览和绣娘们的刺绣行为，都反映了瑶族神话被接

---

① 练铭志：《岭南文库：广东民族关系史》，广东人民出版社2014年版。
② 陈启新：《也谈乳源瑶族服饰上的刺绣图案》，《广西民族研究》1987年第3期，第116—124页。
③ 谢琳：《象征·造型·符号——乳源瑶族"鹿纹"的象征与符号性探析》，中国艺术人类学学会等编《文化自觉与艺术人类学研究》（上、下册），中国文联出版社2015年版，第267—269页。
④ 叶永敏：《粤北瑶族服饰现状及装饰特点》，《丝绸》2011年第11期，第54—57页。
⑤ 叶菁：《浅谈瑶族刺绣图案中的宗教色彩》，《民族艺术》1990年第4期，第149—153页。
⑥ 张璐：《瑶族刺绣图案中的宗教色彩分析》，《艺术科技》2015年第4期，第144页。
⑦ 钟英明：《粤北乳源瑶族刺绣艺术》，《装饰》2007年第4期，第119—121页。

受、共享与消费的过程①。

黎洁仪介绍了瑶绣刺绣纹样的来源、物相形纹的构成及色彩特征。她认为，刺绣纹饰体现了瑶族耕山迁徙的生活体验和对自然生活的独特感悟，是解读瑶族文化心理的密码②。黎洁仪进一步挖掘了鹿形纹的内涵，认为它体现了瑶族的一种犬崇拜，这种崇拜"满足着瑶族人民对丰衣足食的基本愿望，从而延伸到多产多子的生殖崇拜中去，它是基于当时现实需要的一种心理投射"③。过宏雷主要研究了开发瑶绣旅游商品的迫切性、开发现状与前景④。李祖华认为，在服装设计专业的教学内容中，可以充分挖掘过山瑶服饰特点及其文化内涵⑤。

（2）过山瑶宗教信仰研究。黄方平认为，过山瑶的不同姓氏在祭祀程序、祭品使用和还愿请师上，都存在细微差别⑥。

徐祖祥（2003⑦、2006⑧、2011⑨）认为，过山瑶的挂灯仪式与道教北斗七星信仰有直接的渊源关系。道教闾山派和梅山派直接影响了乳源过山瑶的科仪；其他派别如茅山派、天心派、龙虎山天师派，对其科仪形成起到辅助作用。何忠志认为，过山瑶在宗教信仰上融合图腾崇拜、祖先崇拜、自然崇拜和道教、佛教信仰。还盘王愿和度戒带有部分

---

① 王琴：《粤北乳源必背瑶绣的符号学解读》，《中山大学研究生学刊》（社会科学版）2012年第2期，第1—9页。

② 黎洁仪：《乳源过山瑶传统服饰刺绣纹样探析》，《装饰》2010年第3期，第112—114页。

③ 黎洁仪：《乳源瑶族图腾崇拜纹样考》，《装饰》2011年第2期，第114—115页。

④ 过宏雷：《乳源瑶绣旅游商品的开发前景与设计策略研究》，《装饰》2010年第3期，第112—114页。

⑤ 李祖华：《基于南岭走廊民族文化元素的服饰设计教育资源的发掘与利用——以乳源瑶族文化元素为例》，《辽宁丝绸》2017年第4期，第60—62页。

⑥ 黄方平：《过山瑶棉支系还愿祭祖礼仪析异》，《广西民族研究》1993年第1期，第55—60页。

⑦ 徐祖祥：《瑶传道教神祇体系特点初探》，《云南民族大学学报》（哲学社会科学版）2003年第5期，第74—77页。

⑧ 徐祖祥：《瑶族的宗教与社会：瑶族道教及其云南瑶族关系研究》，云南人民出版社2006年版。

⑨ 徐祖祥：《论闾山教对过山瑶道教的影响》，《西南民族大学学报》（人文社会科学版）2011年第8期，第72—76页。

神秘感①。夏志前认为，对瑶族宗教的审视不能纠缠于"瑶族道教"之争，而只能将道教作为我们认识乃至研究瑶族宗教的一个话语表达的参照系，瑶族宗教是作为一种生活方式而作用于瑶人日常生活的②。吴国富指出，瑶胞多数相信万物有灵，并存在祖先崇拜、神灵崇拜、鬼神崇拜等多种信仰③。

盘才万在1981—1987年进入瑶山，收集整理瑶族散落民间的古籍文献，陆续在广东人民出版社出版了《盘王歌》《拜王歌堂》《乳源瑶族古籍汇编》等书籍。这三本书对粤北过山瑶的宗教祷词和瑶歌唱词进行了详细梳理。其中，《盘王歌》初版于1990年，新版于2016年（中国国际广播出版社），内容繁多，详细记录了宋代以来瑶族的古典歌谣唱词，内容既有神话、传说、古事、滑稽取乐等，又有瑶族历史、迁徙的英雄古歌和瑶族的劳动生产、爱情生活等。《拜王歌堂》出版于1994年，记录了过山瑶祭祀盘王的唱词。《乳源瑶族古籍汇编》则详细整理了瑶族师公举行各种仪式所用的咒语、祷词。

（3）过山瑶歌舞研究。李默认为，乳源瑶族歌舞源于瑶族长期的生产劳动。瑶族歌谣分为历史歌、祭祀歌、情歌、劳动歌、风俗歌④。黄钰认为，《盘王歌》的内容包括了人类和万物起源传说、瑶族社会经济生活、宗教崇拜祭祀、自然知识传授、婚姻发展形态等⑤。黄福新认为，过山瑶民歌有独特的抒情格调和短长节奏型的模式；用字灵活，既用本民族的语言，也用汉民族的语言；歌曲中较多地加入衬字、衬词，并且注重音乐的表现⑥。

---

① 何忠志：《论瑶族非物质文化遗产的保护和传承》，《广西民族研究》2008年第2期，第102—104页。
② 夏志前：《作为生活方式的宗教——以瑶族宗教研究问题为中心》，《广东技术师范学院学报》2005年第5期，第4—6页。
③ 吴国富：《泰国北部勉瑶挂灯礼仪反映的父系理念》，《广西民族大学学报》（哲学社会科学版）1996年第1期，第85—88页。
④ 李默、盘才万：《盘王歌》，广东人民出版社1990年版。
⑤ 黄钰：《瑶族传统节日文化》，《广西民族研究》1996年第4期，第23—35页。
⑥ 黄福新：《湘桂粤毗邻地区瑶族民歌的节奏演变》，《民族艺术》1989年第3期，第132—138页。

赵厚登从《盘王歌》章节的特色、唱调的特色、语言的特色、内容的特色四个方面进行分析,认为《盘王歌》不仅是瑶族歌谣文化的一部分,也是瑶胞的教科书。盘桂青对乳源瑶歌颇有研究,其《乳源瑶歌与瑶族历史简析》对粤北瑶歌进行了综述和分析①。练海虹以分类的方式梳理了粤北瑶歌的形态及内容②。王朝林认为,《盘王大歌》中体现的民间信仰,主要包括盘王崇拜、自然崇拜、植物崇拜、神灵崇拜和英雄崇拜等。其主要特点包括直接的功利性,由单一性到多元性,巫、道有机融合和浓郁的娱乐色彩等③。郭剑指出,过山瑶的宗教信仰、婚丧习俗对其民歌的体裁和题材、表现手法及音乐思维方式等,都有直接影响④。

(4) 过山瑶非物质文化遗产研究。2006 年,"拜盘王"列入第一批国家级非物质文化遗产名录;2009 年,乳源瑶歌列入广东省第三批非物质文化遗产名录;2009 年,乳源过山瑶传统医药列入韶关市第二批非物质文化遗产名录;2011 年,瑶族刺绣列入国家级非物质文化遗产名录,乳源过山瑶服饰列入市级非物质文化遗产名录。

盘小梅认为,少数民族非物质文化遗产(下文简称"非遗")保护要体现其特殊性,文化记忆是少数民族非遗保护的有效形式,文化的解构和建构是少数民族非遗开发利用的路径,少数民族非遗保护必须走社会化道路⑤。

盘桂青详细介绍了乳源县各级非遗项目的发展及传承现状,并就目前非遗项目传承过程中存在的问题提出了自己的看法,即处理好行政管理与自然传承的关系、人们生产生活方式的转变与非物质文化遗产的传

---

① 盘桂青:《瑶族传统音乐与瑶族节庆文化传承的思考》,《神州民俗》2014 年第 15 期,第 57—59 页。
② 练海虹:《广东瑶歌讲述的故事》,《青年艺术家》2011 年第 9 期,第 230—231 页。
③ 王朝林:《瑶族盘王大歌与民间信仰》,《中南民族大学学报》(人文社会科学版) 2010 年第 4 期,第 23—35 页。
④ 郭剑:《"过山瑶"民歌音乐特色》,《艺海》2008 年第 4 期,第 178 页。
⑤ 盘小梅:《对少数民族非物质文化遗产保护的思考——以广东为例》,《广东技术师范学院学报》2009 年第 5 期,第 20—23 页。

承的关系、传承与发展的关系①。

另外，许然详细梳理了乳源县文化生态演化的过程及模式，论述了文化的时空演变及其多样性问题，为今天乳源非遗文化发展提出自己的思路及观点②。谢琳认为，将非物质文化遗产保护教育纳入国民教育体系十分必要③。李挺认为，通过对乳源非遗项目"拜盘王"的商业性开发，挖掘其展演价值，将吸引更多国内外游客了解瑶族的宗教习俗和信仰，对其文化传承有所帮助④。

（5）过山瑶婚俗研究。吴国富指出，瑶族的婚嫁模式分为两类，主要模式为男娶女嫁，次要模式为招郎入赘。勉向进为瑶族入赘习俗提供了实例⑤。陈伟明利用有关历史文献资料以及民族学材料，梳理了明清时期岭南各少数民族的婚俗文化及其特点⑥。许文清在《广东瑶族婚俗》中，详细介绍了由于居住环境和生活习俗不同而导致过山瑶和排瑶不同的婚俗习惯⑦。刘光琳借助参加民俗旅游节的契机，详尽描述了上思过山瑶极富神秘色彩和民族特色的婚礼习俗⑧。

赵书峰认为，过山瑶婚俗的仪式音乐是宋代以来瑶族传统文化在长期的中国政治、社会、历史发展语境中，经受一系列"儒化""汉化"过程的礼俗文化产物，同时它也是多元化社会、历史背景下的与其他文化互动、交融后的一种选择性文化传承与重构产物。瑶族婚俗音乐中的

---

① 盘桂青：《乳源非物质文化遗产传承与发展的思考》，《神州民俗》（学术版）2011年第4期，第67—69页。
② 许然：《文化的时空演化及其多样性与保护研究——以广东·乳源瑶族文化为例》，博士学位论文，中山大学，2006年。
③ 谢琳：《"乳源瑶绣"非物质文化遗产文化在地方高校设计艺术教育中的教学实践意义》，《艺术教育》2015年第4期，第232—233页。
④ 李挺、欧阳嘉惠：《商业开发背景下民族民间文化传承与利用——以乳源瑶族国家级非物质文化遗产为例》，《西江月》2014年第3期，第56—59页。
⑤ 勉向进：《过山瑶传统入赘习俗研究——以连山庙冲村为例》，硕士学位论文，中山大学，2009年。
⑥ 陈伟明：《明清时期岭南少数民族的婚俗文化》，《中国史研究》2000年第4期，第148—149页。
⑦ 许文清：《广东瑶族婚俗》，《广东史志》2014年第4期，第68—71页。
⑧ 刘光琳：《过山瑶实景演绎瑶家婚俗》，《当代广西》2011年第24期，第56页。

文化符码表明了族群认同意识和文化自觉,是保护与传承瑶族传统文化的一个内在驱动力①。

民歌在瑶族人民的恋爱婚姻中发挥着重要的作用,瑶族以歌为媒,很有特色。肖文朴具体分析了唢呐在过山瑶婚俗中的作用与意义,认为唢呐吹打音乐和敬贺歌词是瑶族婚俗音乐的重要组成部分,它一方面实现了"指挥"的功能,另一方面展现了自身独特艺术风格②。

(6)过山瑶节庆研究。《瑶族风俗志》详细介绍了岭南瑶族的各种风俗节庆文化③。侯知文④、黄钰⑤认为,过山瑶最重要的节日有送懒日、送神节、禾必节、十月朝等。任涛认为,瑶族节日与劳动生产关系密切,集中体现了过山瑶宗教信仰和婚恋观念⑥。玉时阶认为,民族传统节日文化包括文艺活动和体育活动,有其独特的情趣和广泛的群众基础⑦。许爱梅认为,瑶族特有的节庆活动方式是在其长年的依山群居生活中形成的,其中游戏、舞蹈与音乐活动具有体育文化的特征⑧。

奉恒高认为,瑶族盘王节是瑶族人民纪念始祖盘王的传统节日。瑶族盘王祭祀礼仪集中体现了瑶族的历史变迁、风俗习惯、宗教信仰、道德观念、文艺歌舞等文化内涵⑨。张怡千认为,对盘王节日文化的研究不仅可以深入了解民间信仰文化的现状,还可以更深层次地理解民间信仰与瑶胞日常生活的关系,对维护社会和谐促进社会的精神文明建设意

---

① 赵书峰:《瑶族婚俗仪式音乐的历史与变迁》,《中国音乐学》2017年第2期,第12—20页。

② 肖文朴:《过山瑶婚俗及其音乐》,《南京艺术学院学报》(音乐与表演)2012年第4期,第56—59页。

③ 刘保元:《瑶族风俗志》,中央民族大学出版社2007年版。

④ 侯知文:《瑶族风情拾萃》,《中国民族》1990年第12期,第24页。

⑤ 黄钰、俸代瑜:《瑶族传统节日文化》,《广西民族研究》1994年第4期,第23—35页。

⑥ 任涛:《试论瑶族节日文化》,《长沙理工大学学报》(社会科学版)1991年第3期,第68—69页。

⑦ 玉时阶:《民族传统节日文化及其传承与改革》,《中南民族大学学报》(人文社会科学版)1990年第1期,第8—13页。

⑧ 许爱梅:《广东瑶族节庆活动中的体育文化特征》,《少林与太极》2008年第8期,第47—49页。

⑨ 奉恒高、何建强:《瑶族盘王祭祀大典:瑶族盘王节祭祀礼仪研究》,民族出版社2010年版。

义重大①。

（7）过山瑶语言研究。王琴的《广东乳源必背瑶语（勉语）语音研究》② 一文，是过山瑶语言研究的重要成果之一。作者指出，必背瑶族勉语声调经历了合并分化、不断裂变的过程。瑶语中汉语借词的语音很多。这些借词的来源有闽语、客家话、粤语以及部分古汉语语音。必背瑶语浊声母清化稍快，韵尾呈现出塞音韵尾喉塞化、舌根鼻音韵尾脱落或喉塞化、鼻音韵尾发音部位前移等特点。

3. 过山瑶传统文化的旅游化和商业化开发与利用研究

《源流》记者赖南坡对乳源瑶族"十月朝"旅游文化节进行了长期的关注与报道，并发表了相关文章，如《乳源瑶族"十月朝"旅游文化节》（载《源流》2014 年第 12 期）、《五彩瑶山硕果丰　美丽乳源盛事多——乳源瑶族自治县第九届瑶族"十月朝"文化旅游节暨首届粤北（乳源）农特产品博览会开幕》（载《源流》2015 年第 12 期）。赖南坡在《瞭望》上刊文介绍，乳源的文化旅游资源独具特色，境内风光秀丽，民风淳朴，被誉为"粤北明珠"③。秦琦运用资源异质性理论分析乳源过山瑶非物质文化资源的特性，认为乳源过山瑶的非物质文化资源具有不可模仿性，其开发利用能促进当地经济增长④。得出同样结论的还有广东技术师范学院学生廖铭 2017 年的毕业论文《异质性民族文化资源开发与旅游经济绩效》。

吴泽荣、盘小梅以瑶族盘王歌为例，探讨民族文化创新发展的立体产业链条模式⑤。吴泽荣指出，实施瑶族特色村寨保护与发展工作有利于改善群众生产生活条件、保护特色民居、培育特色产业、传承

---

① 张怡千：《东山瑶族庆盘王节日习俗研究》，硕士学位论文，广东技术师范学院，2014 年。
② 王琴：《广东乳源必背瑶语（勉语）语音研究》，硕士学位论文，暨南大学，2013 年。
③ 赖南坡：《充满朝气的美丽瑶乡》，《瞭望》2007 年第 33 期，第 24 页。
④ 秦琦：《不可模仿的非物质文化资源开发与经济绩效研究——以乳源瑶族自治县过山瑶传统文化为例》，硕士学位论文，广东技术师范学院，2013 年。
⑤ 吴泽荣、盘小梅：《民族文化与新媒体的结合转化与创新发展——以瑶族盘王歌为例》，《黑龙江民族丛刊》2017 年第 2 期，第 151—155 页。

民族文化，带动民族地区经济社会快速发展①。李力认为，可以通过提高当地居民的民族文化自觉意识，培养其文化自豪感和民族自尊心，以此来促进民族文化的传承与发展②。隋春花分析了瑶家乐的发展前景及路径，提出营造乡村旅游大环境、坚持旅游资源开发与自然环境保护并举、"三高投入"与"三高效益"紧密结合的现代乡村旅游可持续发展建议③。

4. 乳源瑶族地区的民族关系研究

乳源县内的民族关系主要是瑶汉关系。李永超的《民国时期粤北瑶汉关系研究》通过对民国时期粤北瑶汉两族的经济关系（如生产领域、商品流通及分配）和社会关系（如通婚、认同年、挨伙计、收养）进行史料分析指出，民国时期瑶汉关系具有四个特点，即汉对瑶的影响更大、相对平等地互通有无、瑶汉间社会往来及文化交流较少、瑶汉关系友好多于仇恨④。

练铭志等人讲述了广东民族关系的历史概况，阐明了广东民族和民族文化的形成及其发展过程，揭示了民族发展和民族融合的规律⑤。该书将广东民族关系的发展分为六个阶段，并分别总结其时代特点。先秦时期，中原华夏人与楚人的南来，对粤地的政治、经济、文化影响重大，粤地初染华夏之风；秦汉时期，中原文化成为影响广东的主要文化；东汉末年到唐朝初年，俚人空前活跃，汉族成当地主要人口大族，广东成多民族聚居区；中唐到元朝，俚人后裔中未融入汉族的成为僚人，广东境内的黎族、瑶族、壮族、畲族、回族逐渐形成，广东境内的

---

① 吴泽荣：《广东少数民族特色村寨保护与发展的现状与思考》，《黑龙江民族丛刊》2016年第2期，第86—90页。另见吴泽荣《广东少数民族特色村寨保护与发展的思考——以连南南岗千年瑶寨和乳源必背瑶寨为例》，《广东技术师范学院学报》2012年第7期，第24—26页。

② 李力：《旅游地传统文化变迁与社会发展的矛盾解读——以广东乳源瑶族旅游发展为例》，《未来与发展》2009年第3期，第23—27页。

③ 隋春花：《乡村旅游：21世纪旅游新趋势初探》，《韶关学院学报》2000年第5期，第85—88页。

④ 李永超：《民国时期粤北瑶汉关系研究》，硕士学位论文，广东技术师范学院，2010年。

⑤ 练铭志、马建钊、朱洪：《广东民族关系史》，广东人民出版社2014年版。

广府、潮汕、客家三大汉族民系到元代基本形成；到了明晚期，山居民族出现重大社会变迁，民族成员融入汉族者居多。明清到民国时期，广东各少数民族封建制度纷纷建立。中华人民共和国成立以后，各民族平等团结的关系逐渐形成，民族关系进入新纪元。此外，该书对少数民族接纳汉族的过程、民族融合、民族文化对汉族文化的影响等，也做了详细研究。

三 文化传承研究

1. 文化传承的概念与内涵

我国文化传承研究始于20世纪80年代中期。赵世林认为，"文化传承是文化在民族共同体内的社会成员中作接力棒似的纵向交接的过程。文化传承实质上是一种文化的再生产。不仅要注意到传承文化的民间性，还要重视其民族性、群体性以及传统性与现代性交织在一起的文化变迁性"。此外，他将文化传承分为语言传承、行为传承、器物传承、心理传承等形式[①]。

讨论文化传承问题时，始终要清楚"传承什么"和"如何传承"这两个基本问题。白庚胜认为，需要传承的传统文化包括民族精神、民族标识、制度、民族文化的传人、学术资源、知识系统、情感宝库七个方面。传承方式有教育传承、媒体传承、产业传承、学术传承、民间传承等[②]。郭继承将这两个基本问题总结为"对优秀传统文化思想价值的挖掘和阐发，维护民族文化基本元素"以及"优秀传统文化传承的渠道、方法、载体与方式问题"[③]。

2. 文化传承主体的研究

文化传承主体包括个人、群体、政府、学界、商界、新闻媒体和社

---

① 赵世林：《论文化传承的本质》，《北京大学学报》（哲学社会科学版）2002年第3期，第10—16页。
② 白庚胜：《民间文化传承论》，《河南大学学报》（哲学社会科学版）2007年第1期，第28—34页。
③ 郭继承：《传承传统文化要作出两个回应》，《人民论坛》2011年第31期，第54—55页。

区等传者与受者。当前学术界的研究重心在非遗传承人领域。刘锡诚[1]、黄静华[2]、黄小娟[3]、陈玉茜[4]等学者进行了专题研究。

（1）传承人的认定。学者的主要观点可分为六大类：第一，细化传承人的认定标准，建立公正合理的认定程序；第二，反思现行传承人认定制度，建议补充申请备案制度和群众推荐制度，扭转传承人认定的局限性；第三，名录制度应与传承人认定相统一，对列入名录的重要的、有代表性的非遗项目，政府应积极支持代表性传承人；第四，借鉴日本的"临时性指定制度"；第五，传承人的认定、保护、监管制度化，建立传承人考核、检查、变更、撤销、退出机制；第六，对节日、庙会等集体传承的非遗项目，设立集体性传承人。

（2）传承人的权利和义务。萧放[5]、宋兆麟[6]认为，传承人应当承担相应的义务，主要有自觉、公开展示、传播非物质文化遗产活动，培养新的传承人，有条件的传承人应该著书立说、录音录像，完整保存所掌握的知识、技艺及相关的原始资料、实物、建筑物、场所等。

（3）保护传承人的措施。苑利[7]、赵世林[8]、孙正国[9]、王敏[10]等人

---

[1] 刘锡诚：《传承与传承人论》，《河南教育学院学报》（哲学社会科学版）2006年第5期，第24—36页。

[2] 黄静华：《民俗艺人传承人界说》，《民俗研究》2010年第1期，第207—216页。

[3] 黄小娟：《少数民族非物质文化遗产传承人的权利探析》，《艺术评论》2010年第3期，第24—27页。

[4] 陈玉茜：《关于培养少数民族艺术传承人的思考》，《艺术评论》2011年第3期，第84—87页。

[5] 萧放：《关于非物质文化遗产传承人的认定与保护方式的思考》，《第二届中国非物质文化遗产保护·苏州论坛文集》2008年版，第56—63页。

[6] 宋兆麟：《关键是保护即将消失的非物质文化遗产》，《民间文化论坛》2011年第3期，第84—87页。

[7] 苑利：《非物质文化遗产传承人保护之忧》，《探索与争鸣》2007年第7期，第66—68页。

[8] 赵世林：《主客位语境下的民族文化遗产保护》，《云南社会科学》2008年第1期，第71—75页。

[9] 孙正国：《论非物质文化遗产传承人类型化保护》，《探索与争鸣》2009年第10期，第52—54页。

[10] 王敏：《非遗专业成艺考新亮点　高校培养传承人任重、途艰、道远》，《艺术教育》2012年第3期，第17—19页。

提出如下可行性建议：第一，官助民办，避免政府越位，激发传承人的主人公意识；第二，通过培育民族文化产业，支持文化传承人进行有偿传承活动以解决生计问题，培养青年传承人；第三，鼓励传承人有偿带徒授业；第四，资助无力开展传习活动的濒危非遗项目的传承人；第五，发挥高校尤其艺术院校培养传承人的作用，设立保护性基地，扶持非遗项目传习人；第六，为传承人提供经济保障、社会福利保障和精神关怀；第七，传承人保护类型化，将传承人保护分为扶持性保护、引导性保护和开发性保护三大类，据此制定个性化的传承人保护方案。

3. 文化传承场的研究

冯天瑜[①]、赵世林[②]、张福三[③]、晏鲤波[④]、和晓蓉[⑤]、司马云杰[⑥]等学者对文化传承场进行了研究，主要观点如下。

（1）传承场的概念界定。传承场是一种三位一体的文化精神背景叠加特定时间空间、特定活动群体而形成的、保障传承有序进行的中介实体。

（2）传承场的产生及其特征。人类不同种类的需求催生了不同种类的传承场，传承场具有开放性和动态性等基本特征。

（3）传承场的构成要素。"两要素说"认为，文化传承场由自然环境和社会环境构成。"三要素说"认为，自然场、社会场和思维场组成文化传承场。

（4）传承场类型。传承场分为实在的物质空间（如丛林、火塘、寺庙等）和隐喻的空间（如仪式、婚礼、传统节日等）两大类。随着社会的发展，在民族文化变迁中也派生出新的传承场，比如大众媒介以

---

① 冯天瑜：《文化生态学论纲》，《知识工程》1990年第4期，第13—19页。
② 赵世林：《民族文化的传承场》，《云南民族大学学报》（哲学社会科学版）1994年第1期，第63—69页。
③ 张福三：《论民间文化传承场》，《民族艺术研究》2004年第2期，第27—34页。
④ 晏鲤波：《少数民族文化传承综论》，《思想战线》2007年第3期，第42—47页。
⑤ 和晓蓉：《民族非物质文化传承场及其维护与再造》，《思想战线》2009年第1期，第94页。
⑥ 司马云杰：《文化价值论》，安徽教育出版社2011年版，第119页。

及民族文化旅游等。

（5）传承场的变迁。李红英[①]、翁晓华[②]、孙亚娟[③]、李卫英[④]等学者重点关注了传承场的变迁和重构。综合各家观点，传承场具有以下特征：第一，受现代经济、教育等因素影响，民间传承场迅速地萎缩、消失、转移或扩大；第二，家庭、寺庙、传统歌场等民间传承场因社会变迁而逐渐瓦解，学校以及与之相适应的社会环境成了民族文化传承的重要场域；第三，受文化传承方式和路径变化影响，民族文化传统传承场出现多元化趋势；第四，传承场的变换引发传统文化的变迁，如民族歌舞，因其传承场发生了转变，实现了从乡俗礼仪到民间艺术的传承与变迁。

4. 文化传承方式的研究

传承方式的选择和运用直接影响文化传承的效果。乌丙安[⑤]、刘锡诚[⑥]、白庚胜[⑦]、罗正副[⑧]、姜又春[⑨]等均做了系统研究。按照传承主体的多少，可分为个体传承、家庭传承、群体传承和社会传承；按照传承主体在场与否，可分为在场传承和不在场传承；按照传承的组织形态，可分为血缘传承、地缘传承、业缘传承和神授传承；按照传承途径，可分为口头传承、行为传承、心理传承和书面传承；按照传承场的不同，

[①] 李红英：《论傣族文化的衰微与传统文化的传承》，《艺术教育》2007年第2期，第128页。

[②] 翁晓华：《云南民间民俗的传承与发展》，《云南民族大学学报》（哲学社会科学版）2009年第3期，第33—35页。

[③] 孙亚娟：《少数民族文化传承场域的变迁与重构——基于学校教育的思考》，《教育文化论坛》2012年第2期，第12—15页。

[④] 李卫英：《民族文化传承场域的变迁与学校教育的应对——以贵州侗族大歌为例》，《内蒙古师范大学学报》（教育科学版）2013年第12期，第36—39页。

[⑤] 乌丙安：《民俗文化新论》，辽宁大学出版社2001年版，第55页。

[⑥] 刘锡诚：《传承与传承人论》，《河南教育学院学报》（哲学社会科学版）2006年第5期，第24—36页。

[⑦] 白庚胜：《民间文化传承论》，《河南大学学报》（哲学社会科学版）2007年第1期，第28—34页。

[⑧] 罗正副：《调适与演进：无文字民族文化传承探析》，《中央民族大学学报》（哲学社会科学版）2012年第3期，第43—49页。

[⑨] 姜又春：《民俗传承论》，《青海民族研究》2012年第3期，第140—146页。

可分为民间传承、教育传承、媒体传承、产业传承、场馆传承、学术传承、网络传承等。

5. 文化传承体系的研究

段超[①]、郭继承[②]、王征国[③]等学者都研究了中华优秀传统文化传承体系，主要研究成果如下。

（1）内涵界定。中华优秀文化传承体系是一个层级分明、和谐互动、传承久远的有机体系，是由物质文化（塔基）、制度文化（塔身）、精神文化（塔顶）、理想文化（塔尖）构成的"人类文化金字塔"的层级结构模式的中国化。

（2）构建传承体系的重要性。只有文化传承体系的有效运行才能确保文化从个案到整体的有效传承。

（3）如何建构传承体系。建构方法主要有四种：第一，运用系统论、控制论，分别从传承主体、传承方式、文化本体、保障措施四个方面来统筹建构；第二，以人为本，以确立中华人格理想为目标，建构以国学为基础，以国魂为精神，以国法、国艺、国教、国俗、国技为修身、规范、教化和传播手段的中华文化传承体系；第三，遵从优秀民族文化的基本精神，找对传承方式，全面解决"传承什么"和"如何传承"的根本问题；第四，科学建构，实现文化典籍、文物遗产数字化，利用科技平台展现传统文化内容，利用科技媒介实现宣传手段多样化，利用科技手段挖掘传统文化的科学价值，并促其创新，以实现传统文化的可持续发展。

6. 影响文化传承的主要因素

（1）社会化因素。学者们认为，文化传承可以在人的社会化过程中实现。周益锋认为，一个社会或者一个民族文化的传承、发展、创

---

① 段超：《中华优秀传统文化当代传承体系建构研究》，《中南民族大学学报》（人文社会科学版）2012年第2期，第1—6页。

② 郭继承：《对建构"中华优秀传统文化传承体系"的思考》，《北京教育》（高教版）2012年第5期，第25—26页。

③ 王征国：《论建设优秀传统文化传承体系》，《贵州师范大学学报》（社会科学版）2012年第2期，第49—55页。

新、繁荣，都是在社会化进程中完成的。社会化是以传承社会文化为主要内容、以社会教化为主要形式的动态过程①。赵世林认为，人的社会化具有两个特点。首先，个人主要是在民族群体内部完成文化习得行为，所习得的也主要是本民族文化，文化的适应和认同是同步的。其次，人与文化是互动结合的。人缔造文化，文化又缔造人。民族文化传承是一个能动的社会过程，每个民族社会内部都存在着一个能动的传承机制，所以民族文化才能在共同体的精神维系、民族性格的塑造、社会结构的构筑与整合等方面发挥能动作用②。

（2）教育因素。教育是个人与社会之间的精神文化和行为文化的相互传承，教育对文化传承影响较大。曹能秀认为，教育促进民族文化的心理传承，促进民族文化的选择、积淀和保存。教育内容的选择制约着民族文化传承质量，教育方法的运用制约着民族文化传承的水平。教育在一定程度上既是民族文化传承的产物，又是民族文化传承的动因③。韩永红认为，他人教育只是文化传承的外部条件和影响，自我教育才是文化传承的内在根据、动力和源泉④。

（3）政策因素。汪春燕认为，民族纲领和政策是民族文化传承的根本保证。是否科学、有效、合理地实施民族文化政策，直接关乎民族文化的繁荣或衰败。反之，少数民族传统文化及其传承状况又会反作用于民族政策，检测民族政策实施的可行性和有效度。二者是双向互动的关系，不过，民族政策对文化传承的作用是主要的⑤。

（4）文化互动因素。民族间的文化互动也会影响彼此文化的传承。邓佑玲探讨了土家族语言濒危的主要原因，她认为，土家语与汉语言的

---

① 周益锋：《简论文化的传承发展》，《前进》2008年第10期，第51—54页。
② 赵世林：《论民族文化传承的本质》，《北京大学学报》（哲学社会科学版）2002年第3期，第10—16页。
③ 曹能秀：《论民族文化传承与教育的关系》，《云南民族大学学报》（哲学社会科学版）2009年第5期，第23—26页。
④ 韩永红：《论文化传承中的自我教育》，《焦作师范高等专科学校学报》2011年第1期，第19—22页。
⑤ 汪春燕：《从民族政策视角论民族文化传承》，《西北民族大学学报》2006年第1期，第33—36页。

互动动摇了土家语的传承。具体在社会文化方面，历史上中央王朝对土家族的政治和汉化，推动了土家族的汉化过程；经济活动方式的革新，扩大了土家族汉语的需求；汉族的迁入和民族杂居，形成了土家、汉语言交融互动的局面；汉学教育的实施与普及，加速了土家族转用汉语语言的进程，动摇了土家语传承的社会心理基础①。

四 瑶族文化传承研究

学者对于瑶族的文化传承研究，并没有进行传承人、传承场等传承要素的专题研究，而更倾向于以某个瑶族支系或者地域的瑶族文化事项的传承做整体梳理及研究。具体行文过程中，则会涉及传承主体、内容、方式、场域和问题等要素。另外，关于瑶族文化传承的研究，很多都与瑶族文化变迁的研究一并进行。文化的传承本来就是对文化变迁的见证与回应，因此，学者在关注瑶族文化变迁的过程中，都会对其发展与传承做出推测与建议。

1. 以某个地域的瑶族为研究对象

玉时阶指出，瑶族从中国迁徙到越南时，把过山榜、盘王大歌、祖图、"家先单"、经书等民间文献带入越南。20世纪70年代后，越南瑶族民间文献逐渐流失，民族文化的传承遭遇断裂。21世纪以来，越南老街省文化体育旅游厅采取"政府＋学者＋瑶族村民"相结合的措施，保护瑶族民间文献，有效地遏制了瑶族传统文化断裂的危机，成功地实现了瑶族传统文化的保护与传承②。蒋玮玮通过解读江华瑶族服饰，让人们了解到瑶族人民的审美观、文化观以及宗教观等，探索如何更好地保护和传承瑶族服饰文化，使瑶族服饰文化得到更好的传播③。刘宇指出，目前排瑶古寨的状况是年久失修，风雨飘摇，已破损不堪。当务之

---

① 邓佑玲：《土家族文化与中华民族文化》，《西南民族学院学报》（哲学社会科学版）1996年第6期，第63—67页。
② 玉时阶：《文化断裂与文化自觉：越南瑶族民间文献的保护与传承——以越南老街省沙巴县大坪乡撒祥村为例》，《世界民族》2010年第5期，第75—80页。
③ 蒋玮玮：《试析瑶族服饰文化的传承——以湖南江华瑶族为例》，《湖南科技学院学报》2014年第12期，第199—201页。

急是探索一条行之有效的保护模式，使散落的民居遗址焕发新的光彩，凸显其文化价值①。

在民族歌舞方面，楚燕侠分析广西瑶族民歌的现状，通过论述创新与传统、未来的关系，以及瑶族民歌的风格，探讨广西瑶族民歌的传承与创新②。赵秀芝③、王漫④对江华瑶族民歌的传承做了整体梳理。韦金玲探讨了广西高校瑶族舞蹈教学方式，指出，通过舞蹈教学来传承瑶族文化是一个可行的文化传承途径⑤。吴泽荣总结了乳源瑶族文化发展的举措与成绩⑥。

此外，邱婧⑦、王桂忠⑧分别从粤北过山瑶的瑶歌及长鼓舞文化两个方面，对其传承现状及问题做了梳理。高其才以广西金秀瑶族自治县为例，探讨了瑶族习惯法在当代的传承与使用情况⑨。

2. 以某个瑶族支系为研究对象

何季玲运用田野调查方法，对凤山县蓝靛瑶服饰文化的传承情况与保护问题进行研究，认为，蓝靛瑶服饰具有独特的纹饰、图案、造型、色彩，反映了蓝靛瑶独特的民族风尚，是瑶族传统文化的重要组成部分。但在现代经济的冲击下，凤山蓝靛瑶服饰文化已陷入传承危机，应

---

① 刘宇：《油岭大排瑶寨民居文化及其保护》，《兰州工业学院学报》2015年第1期，第105—109页。

② 楚燕侠：《广西瑶族民歌的传承与创新》，《音乐时空》2015年第1期，第105—109页。

③ 宋灏潺、赵秀芝：《江华瑶族自治县梧州瑶歌传承的现状和思考》，《考试周刊》2008年第2期，第215—216页。

④ 王漫：《江华瑶族民歌现状及其传承与保护研究》，《民族音乐》2015年第3期，第68—70页。

⑤ 韦金玲：《浅析广西民间舞蹈的传承与发展》，《艺术科技》2015年第4期，第137页。

⑥ 吴泽荣：《乳源地区传统文化建设现状与发展途径》，《清远职业技术学院学报》2015年第2期，第5—8页。

⑦ 邱婧、王琴：《当代粤北过山瑶瑶歌变迁的文化人类学考察》，《中华文化论坛》2015年第12期，第101—106页。

⑧ 王桂忠：《粤北瑶族长鼓舞文化传承研究》，《韶关学院学报》2015年第4期，第46—50页。

⑨ 高其才：《习惯法的当代传承与弘扬——来自广西金秀的田野考察报告》，中国人民大学出版社2015年版。

该采取多种措施，对其进行长效保护①。李文轩②、李长友③对花瑶挑花文化的传承及法律保护提出了建议。姚英姿以花瑶民族歌舞为例，指出随着社会经济的全球化发展，文化形式逐渐从单一形式趋于多元化，人们的视角亦呈多元化趋势，花瑶的原生态歌舞音乐面临着被人遗忘乃至被灭绝的潜在危机④。何季玲对布努瑶服饰文化特点及其保护进行研究，并指出，瑶族服饰上体现民间信仰的刺绣花纹对瑶族文化的传承和发扬具有现实意义⑤。李艳辉以广西富川瑶族自治县莲山镇大莲塘村为例，从非遗角度考察平地瑶蝴蝶舞传承人，认为，只有尊重和发挥传承人的主体性，引导她们进行调适与创新，蝴蝶歌音乐文化才能得到更好的传扬⑥。

3. 瑶族文化传承的整体性研究

黄玲指出，只有走保护和开发并举的多元发展之路，才能使民族那些不可复制的传统音乐文化走出困境，实现可持续发展⑦。张天慧指出，瑶族音乐的传承与发展要与时俱进，凸显特色，并且建立规范的保障机制⑧。谢青分别阐述了瑶族盘王节的政府传承和民间传承两种方式的功能和意义⑨。周伟萌从知识产权的角度探讨了广西瑶族文化传承的

---

① 何季玲：《凤山蓝靛瑶服饰文化传承研究》，《广西民族大学》2015年第4期，第19—22页。

② 李文轩：《论花瑶挑花文化的保护》，《湖南科技学院学报》2014年第4期，第159—160页。

③ 李长友：《湖南花瑶挑花文化保护的法律思考》，《齐齐哈尔大学学报》（哲学社会科学版）2015年第6期，第1—4页。

④ 姚英姿：《多元文化下花瑶原生态歌舞音乐传承与发展的探析与思考》，《音乐时空》2014年第10期，第83—84页。

⑤ 何季玲：《瑶族服饰折射的信仰之光——以广西都安县布努瑶为例》，《柳州师专学报》2014年第3期，第14—16页。

⑥ 李艳辉：《非物质文化保护视角下的平地瑶蝴蝶歌传承人调查——以广西富川瑶族自治县莲山镇大莲塘村为例》，《黑龙江民族丛刊》2011年第1期，第127—133页。

⑦ 黄玲：《试论中国少数民族传统音乐文化的传承与保护——以瑶族为例》，《黑龙江民族丛刊》2008年第4期，第120—123页。

⑧ 张天慧：《试论中国少数民族传统音乐文化的传承与保护——以瑶族为例》，《黑龙江民族丛刊》2008年第4期，第120—123页。

⑨ 谢青：《瑶族盘王节的传承与保护》，《中南民族大学学报》（人文社会科学版）2013年第3期，第45—48页。

保障机制问题①。毛汉领分析恭城瑶族自治县盘王节的承袭情况，指出，对瑶族乡村盘王节的保护和开发将有助于对少数民族传统文化的传承和发展，促进当地少数民族社会进步和经济繁荣，有利于社会主义新农村建设②。周生来从瑶族文化生态保护区建设的角度对瑶族文化传承方式进行了研究③。他认为，建立南岭瑶族文化生态保护区能打破现有行政区划的壁垒，形成瑶族文化调研的整体合力，提升民族自信心和凝聚力，维系瑶族文化生命力，实现瑶族文化和区域经济共融互进。此外，盘淼针对瑶族文化遗产的保护提出，应从发挥政府主导作用、加大资金筹措力度以及加快保护人才培养等方面入手，使瑶族文化遗产保护工作不断迈上新台阶④。

黄芳苗对布努瑶密洛陀文化的传承情况进行了非遗角度的研究，指出，人是文化传播的最重要载体，所以在非物质文化遗产传承中，传承人的因素至关重要，在重视传承人工作的同时，要加强新闻媒体的传播功能，发挥基础教育中的文化课传播作用，利用新媒体对文化进行传播⑤。

五　研究述评

1. 研究成果

现有研究成果从数量上看，汗牛充栋；从内容上看，涉猎广泛，主题多元。尤其是民族文化传承和瑶族文化及其传承的研究，历史悠久，而且资料翔实。学者们综合运用文化变迁和文化传承的相关理论来分析民族文化传承的主体、场域、传承方式、保障体系建构、影响因素、传

---

　　① 周伟萌：《知识产权法视野下广西瑶族文化的传承与保护》，《法制与经济》2015年第1期，第12—14页。

　　② 毛汉领：《保护瑶族乡村盘王节非物质文化遗产的意义和策略——以恭城瑶族自治县西岭乡新合村盘王节为例》，《广西民族大学学报》（哲学社会科学版）2011年第2期，第104—108页。

　　③ 周生来：《关于建立南岭地区瑶族文化生态保护区的思考》，《民族论坛》2013年第12期，第23—27页。

　　④ 盘淼：《关于瑶族文化遗产保护的创新思考》，《黑龙江民族丛刊》2011年第4期，第159—162页。

　　⑤ 黄芳苗：《布努瑶密洛陀文化传承探究》，《广西大学》2011年第3期，第78—82页。

承问题及对策建议等，为本书研究过山瑶传统文化传承提供了理论支撑和分析框架。另外，学者对过山瑶传统文化的构成要素、文化特色等的细致分析，为本书从微观了解研究对象提供了前期资料。

2. 研究不足

前辈学者们根据自己的研究兴趣以及主题聚焦，对瑶族文化传承问题做了大量分析。但在以下几个层面有所不足。

（1）研究主体与内容尚存不足。现有研究中，明确以"乳源过山瑶传统文化"为研究对象的不多；涉及过山瑶传统文化的研究，也多是侧重对文化构成要素及其特色的微观静态研究，较少从文化传承体系这个层面对过山瑶传统文化传承过程进行宏观动态的研究。另外，研究文化传承的多，研究文化调适的少，尤其是关于新时代下民族文化如何调适并有效传承的研究更少。

（2）研究视角有待开拓。现有研究主要是从历史人类学和民族学角度进行介入，较少引用其他学科研究视角。本书虽然也是以此角度作为切入点，但是，结合笔者研究兴趣与专业特长，本书尝试从传播学的角度来分析新时期过山瑶传统文化传承面临的媒介化冲击，以及过山瑶如何利用现代媒介搭建新的文化传承与传播平台。

（3）研究时间维度有待延长。涉及过山瑶传统文化变迁及传承的研究多集中在明清到民国时期。对中华人民共和国成立后，尤其是乳源县成立以来的文化传承情况的研究较少涉及。本书在提炼过山瑶民族文化传承方式及其特点的时候，除了借鉴先前学者的研究资料，拙著更想在前辈研究基础上，将过山瑶传统文化传承的动态过程书写至今，从而在时间维度上弥补中华人民共和国成立以来的空白。

第四节　研究内容和思路

一　研究内容

1. 过山瑶传统文化及其精髓

本书首先对研究对象进行梳理，以提炼过山瑶传统文化传承中的动力之源，并对过山瑶传统文化概貌及其精髓进行总结。

2. 过山瑶传统文化传承的基本模式

一千多年来过山瑶传统文化保持相对完好，除了自然地理环境的相对封闭，阻隔了外界文化的干扰与入侵外，其内在传承模式的凝聚力也是一个重要原因。本书拟通过对过山瑶传统文化传承模式的历史考察，提炼挖掘其具体表现形式、特点等，进而探究传统传承模式的当代适应性。

3. 过山瑶传统文化传承过程中面临的新机遇

中华人民共和国成立前，由于地理环境的封闭、自然物质条件的丰富、民族关系的单纯以及道路建设的匮乏等因素，过山瑶传统文化变化不大。中华人民共和国成立以来，随着我党民族政策的实施以及政治权力对瑶山的各项介入，过山瑶的内部社会结构等发生剧烈变迁，过山瑶传统文化传承面临新的机遇和挑战。本书拟从自然及社会环境变迁、政治权力介入、经济方式变更、族群互动、大众媒介影响五个层面，具体分析中华人民共和国成立以来过山瑶传统文化所面临的新机遇及其对过山瑶传统文化的影响。

4. 过山瑶传统文化传承主体面对新机遇时的坚守与调适

面对新机遇，瑶胞积极坚守与调适。本书对此的分析归纳采取纵横交错的经纬脉络。"纵"是全面分析中华人民共和国成立至今 60 多年的脉络；"横"是从传承主体、内容、方式、保障机制等几个方面进行梳理。以时间为经，以类目为纬，立体地展示过山瑶传统文化传承主体对民族文化坚守的自觉性。

5. 过山瑶传统文化传承的策略

在传承实践过程中，乳源过山瑶积累了丰富经验，也出现一些阻滞其文化有效传承的问题。本书将在具体调研基础上，针对其问题提出可行性应对策略。

二 研究思路

图 1-1 形象地展示了本书对过山瑶传统文化的研究思路。

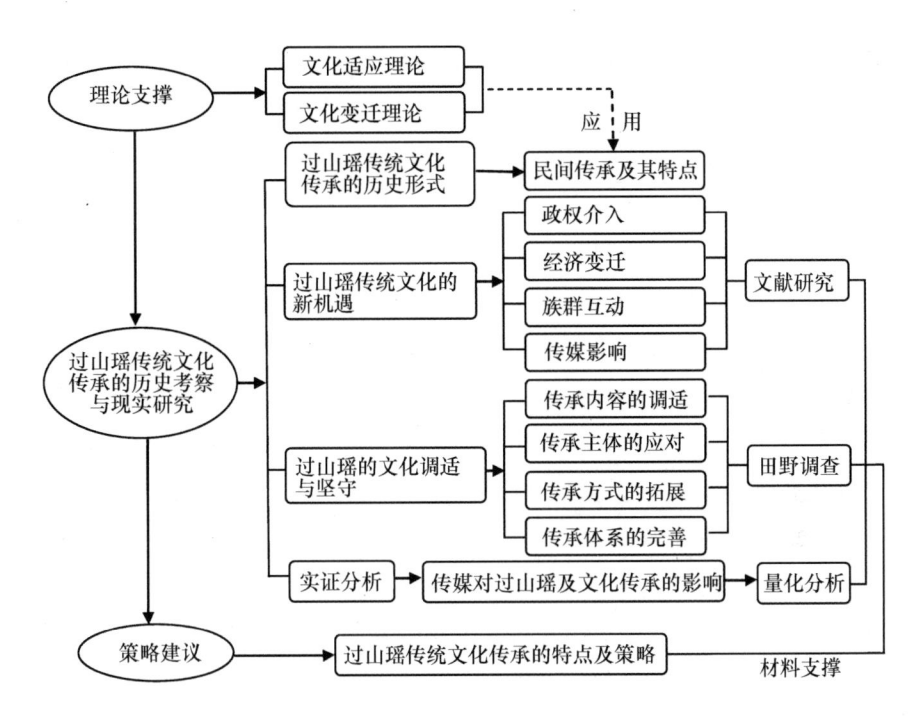

图 1-1　过山瑶传统文化研究思路

第五节　研究方法

一　文献研究法

本书文献包括文化变迁、文化传承、瑶族文化等的书籍和论文，还有地方志（如《乳源县志》）、地方文献（如《乳源瑶族的传统社会》）、族谱（乳源过山瑶三大姓氏——盘氏、邓氏、赵氏的族谱）、口述历史资料（如非遗传承人的口述录音资料）、政府文件（如《乳源历年政府会议纪要》《乳源县旅游局工作汇编》）等多种类别，从而增加了资料的丰富性。

二　田野调查法

本书的田野调查点位于广东省韶关市乳源瑶族自治县，即过山瑶在国内的主要居住地。乳源县的汉族人口占主要比例，也是瑶族、水族、畲族、苗族等民族杂居的少数民族自治县。过山瑶主要居住在乳源县的县城、必背镇等瑶族镇、方垌林场、瑶山以及瑶族移民新村等地。乳源过山瑶的特点是人口总数少（2010年第六次全国人口普查显示，乳源县境内瑶胞总人口约2.2万），居住点多而且分布广泛（瑶胞居住在县城及其周边130个自然村）。

为了全面掌握过山瑶传统文化传承的历史及现状，更好地使调查问卷对各居住点全覆盖，笔者于2016年前后三次历时半年时间，深入乳源县城以及必背镇等瑶族聚居区，进行实地调研与考察，查阅县志、档案、史料、相关书籍，走访文化传承人和普通瑶胞等。通过主客位相结合的观察视角，忠实地记录了瑶族群体对本民族文化所受冲击以及如何承袭传统文化的看法。

在田野调查过程中，笔者充分利用访谈法来搜集资料，使用深度访谈与随机访谈相结合的方法，对过山瑶如何坚守自己的民族文化认同感以及积极承袭本民族文化的过程与机制做定性描述。深度访谈适用于典型文化事项的代表者与文化主管机构的管理者，如师公、非遗传承人、歌娘代表、民宗局负责人等。随机访谈适用于普通瑶族群众及乳源县的其他民族群众。

本书的行文过程中，采取问答记录式（如对乳源瑶族自治县文化馆馆长的采访）和录音誊写式（如对乳源县非物质文化遗产"瑶绣"国家级传承人邓菊花的采访、对乳源县民族实验学校副校长赵天金的采访）两种方式，完整记录被采访对象的主要观点及态度，保证对其观点的客观记录。

三 定性分析法

本书在对搜集的数据进行量化分析的基础上，对其背后的事实及现象进行定性描述。本书使用的数据主要来源于三个途径：第一，职能部门的统计年鉴，如乳源瑶族自治县统计局、旅游局历年的数据统计资料。第二，田野调查数据。笔者在瑶族自然村进行相关调查时，会走村入户，并和村干部进行交谈，以获得村落的相关数据。第三，笔者自制调查问卷。为了了解乳源瑶族自治县瑶族同胞的媒介拥有情况（包括媒介接触类型、家庭拥有媒介类型）、媒介使用情况（包括媒介使用频次、使用方式、使用目的、使用习惯等）以及媒介对其生活方式、民族文化的影响效果等，笔者自制了一份调查问卷，并在乳源县城瑶族聚居区（如县城内的瑶乐居）、三个瑶族聚居区（东坪镇、油溪镇、必背镇）以及瑶胞搬迁新居（水源宫八一瑶族新村、东下山村）发放调查问卷。在乳源瑶族自治县，瑶族人口占比不足整个县城人口的十分之一，且分布十分松散，大部分青壮年都外出打工，常住乳源县城及其下辖乡镇、瑶区的瑶胞，以40岁以上中老年和18岁以下青少年为主。鉴于许多中老年人，尤其是瑶族妇女文化程度较低、汉字识别能力较差的实际情况，本次调查问卷采取随机抽样发放、入户调查（主要针对中老年瑶胞，调查员将问卷内容逐一读给被采访者听并解释选项的意思，被采访者做出自己的判断，调查员代为标注答案）和网络投递三种方式相结合的途径，共计发放问卷220份（其中网络问卷30份，随机发放和入户调查190份），实际回收208份（其中网络问卷10份），有效问卷192份，有效比例为92.3%。对于回收的有效问卷，笔者用数据分析软件SPSS18.0进行量化分析。本书第三章第五节就集中呈现了调查问卷的结果。

第六节　研究理论

一　文化适应理论

1954年，美国社会科学委员会将文化适应定义为"因接触两种或多种不同文化而产生的文化变迁"。帕迪利亚（Padilla）认为，文化适应包括文化意识（个人对本民族文化和外围主流文化的调和）和民族忠诚（个人对本民族文化的偏向包括个人的民族自豪感和认同感)[1]。

---

[1] 李晓：《Berry文化适应理论及其启示》，《湖北函授大学学报》2014年第10期，第83页。

约翰·贝利则认为,"文化适应"是指来自不同文化背景的社会成员通过相互接触,给接触的一方或者双方带来文化模式改变的一种社会心理现象①。贝利还指出,文化适应包括群体和个体两个层面。群体层面的文化适应包括社会结构、经济基础、政治组织和文化习俗的改变;个体层面的文化适应则包括认同、价值观、态度和行为能力的改变,即个人所经历的心理变化以及对新环境的最终适应。

贝利依据对文化适应的两大主流问题即"保护传统文化重要吗"和"适应外围主流社会环境重要吗"的不同回答,总结了四种文化适应策略:第一,融合,指文化适应中的个人既重视保持本民族传统文化,又注重融入外围主流文化;第二,分隔,指文化适应中个人只注重保持本民族传统文化,拒绝融入外围主流文化;第三,同化,指文化适应中个人不再重视本民族传统文化,转而注重融入外围主流文化;第四,边缘化,指文化适应中个人既不重视保持本民族传统文化,也不重视融入外围主流社会②。

贝利的文化适应理论涉及文化认同的概念和模式,即个体对于所属文化以及文化群体内化并产生归属感,从而获得、保持与创新自身文化的社会心理过程。该理论试图厘清文化适应群体,并提出引人深思的问题,即群体和个人在文化交往和变迁中如何自我定位、如何对应这一过程、跨文化的有效策略、如何改变个人的经历和承受压力以获得最终的适应。该理论对本书的启示是,过山瑶传统文化在逐渐形成与完善过程中,与迁徙地文化进行交流并逐渐适应了迁徙地的环境与文化生态。中华人民共和国成立后,面对新的文化传承际遇,过山瑶传统文化在与西方文化、官方主流文化以及其他民族文化的交往、接触过程中,自我坚守与调适,进行自我反思与重新定位,并最终找到适合自己的生存发展空间与路径。

---

① 参见孙进《文化适应问题研究:西方的理论与模型》,《北京师范大学学报》(社会科学版)2010年第5期,第45页。

② 参见顾力行、戴晓东《跨文化适应:理论探索与实证研究》,上海外语教育出版社2012年版,第13—15页。

笔者认为，过山瑶在新的传承机遇之下，其文化适应过程采取的是融合策略，即在积极坚守与传承本族优秀传统文化的同时，主动融入新的文化环境，并保持二者的平衡。本书会在此理论指引下去厘清这一文化适应的过程及其影响因素。

二 文化变迁理论

文化变迁是一种社会现象，它发生在一定的社会环境和社会文化背景当中，受社会因素的影响和制约[①]。文化变迁的原因有很多，社会生产方式的变更是最根本的原因。地理环境的变化、外来群体文化的传播都能引起文化变迁。

1955年，美国人类学家朱利安·斯图尔德提出多线进化思想。斯图尔德认为，文化变迁是文化的适应过程。具体的文化形式是对具体的生态环境适应的结果[②]。随后一些人类学家继续补充斯图尔德的观点，主张文化变迁的过程和原因受制于人、自然、社会、文化等变量的相互作用。

文化是人类与外部环境相互适应与协调的手段和途径，文化的性质和特征与人类的生态环境、社会环境密切相关。同时，文化也是一个内部要素按照一定原则组织起来的生态系统。任何一种文化的变迁，都要考虑环境和人的互动关系。

该理论对本书的启示是，过山瑶传统文化的形成与传承受到所处自然环境及社会环境的影响。关注过山瑶传统文化的变迁与传承，除了找寻其内部构成要素原因外，还要重点关注推动过山瑶传统文化变与不变的外在动力，如自然地理环境的封闭与开放、社会环境的变化（包括族群关系、经济变革、政治力量介入等）。同时，过山瑶传统文化的未来走向与发展前景如何，关键在于人（文化的创造者与传承者）的主体性行为及其对外在刺激的有效反应。本书将从以上三个层面进行分析。

[①] 王铭铭：《文化变迁与现代性的思考》，《民俗研究》1998年第1期，第1页。
[②] ［美］朱利安·斯图尔德：《文化变迁论：多线性变革的方法》，谭卫华译，贵州人民出版社2013年版。

第七节 研究的主要创新点

一 研究观点的创新

首先，本书认为，乳源过山瑶传统文化的传承模式是以民间传承为主，以官方传承和市场化传承为辅，是适应时代需要的传承模式，它具有灵活性高、适应性强、与时俱进的特点。

其次，本书认为，民族文化的传承要处理好传承与创新的关系，处理好激活内生动力与借助外力的关系，处理好适应时代需求与保存精神内核的关系。

二 研究视角的创新

本书从历史人类学范式和文化适应的理论视角，对过山瑶传统文化传承情况，特别是对中华人民共和国成立以来的情况进行探讨。过山瑶传统文化的形成与发展是个漫长的过程，文化也不是一成不变的，在其存续的漫长历史时期，过山瑶也会根据实际情况对其文化进行调整。内外部因素的改变同样会引起文化的变迁，尤其是中华人民共和国成立以来的70年里，过山瑶传统文化遭遇传承的困境与冲击。本书在总结提炼过山瑶传统文化在传统社会的传承模式以及梳理其传承所遭遇的冲击时，会使用历史人类学和文化适应理论。同时笔者关注到，中华人民共和国成立后，随着乳源瑶区大众媒介传播体系的建立与完善，媒介及其传播的信息对过山瑶和过山瑶传统文化的影响十分显著，因此本书尝试引入传播学，关注媒介对过山瑶传统文化传承的影响情况。

目前，中华优秀文化传承体系研究的相关成果与研究理论框架已经比较完善。本书尝试运用文化传承的框架体系，对处于变迁中的过山瑶传统文化传承情况进行综合研究，力求完整呈现乳源过山瑶传统文化传承的动态过程。将宏观理论落实到个案研究之上，使得本书具有一定创新意义。

第一章

过山瑶的历史与文化

第一节 瑶族历史发展轨迹

一 瑶族的形成与支系

（一）瑶族历史简况

瑶族是我国具有悠久历史的一个民族，其先民在南北朝以前被称为"尤人""九黎""三苗""荆蛮""楚蛮""盘瓠蛮"。盘瓠蛮又包含"长沙蛮""武陵蛮""五溪蛮""荆州蛮""雍州蛮""零陵蛮"等。在不同的历史时期，瑶族的称谓是不同的，从不同的称谓到统一的称谓，经历了一个漫长的历史演变过程。

南北朝以前，南方少数民族被统称为"蛮"，其中一部分就是瑶族先民。"徭"的称呼最早出现于南北朝。《梁书》卷第三十四列传第二十八："州界零陵、衡阳等郡，有莫徭蛮者，依山险为居，历政不宾服。"《宋史》卷四九三《蛮夷列传》："西南溪峒诸蛮皆盘瓠种……历晋、宋、齐、梁、陈，或叛或服，隋置辰州。"《隋书·地理志下》载："长沙郡又杂有夷蜒，名曰莫徭。自云其先祖有功，常免徭役，故以为名。""莫徭"实际上就是现在勉语中的"我们瑶人"，与长沙蛮、武陵蛮、零陵蛮是一脉相承的。"莫徭"的称呼一直沿用到唐朝中期。当然，这一时期也有不称"莫徭"，继续称"蛮"的。如《湖南通志》载："宪宗七年，武岗蛮作乱，发师讨之，不克。"

"瑶"的称呼第一次出现在史籍中是唐末时期。唐朝宰相李吉甫著

《元和郡县图志》载:"潭州……春秋时为黔中地,楚之南境……自汉至晋并属荆州。怀帝分荆州湘中诸郡置湘州,南以五岭为界,北以洞庭为界。汉晋以来亦为重镇。今按其俗,杂有夷人,名瑶。自言先祖有功,免徭役也。"这里的"瑶",就是指长沙蛮、武陵蛮之后。元代以后,统治阶级推行民族压迫和民族歧视政策,"徭"和"瑶"都被改为犬字旁,出现了"猺""蛮猺""猺人"的侮辱性称谓,一直沿用至民国时期。

这期间也出现了许多他称。主要有以下几类:第一,因宗教信仰被称为盘瑶、盘古瑶的;第二,因居住地区而得名,如"高山瑶""平地瑶""五堡瑶"等;第三,因服饰而得名的"大板瑶""小板瑶""顶板瑶""狗头瑶""箭杆瑶";第四,因与封建王朝关系是否密切而得名的"生瑶""熟瑶""良瑶""恶瑶""民瑶";第五,因生产生活特点而得名的"蓝靛瑶""背篓瑶""过山瑶";第六,因姓氏多少而得名的"七姓瑶""八姓瑶""十二姓""真赝瑶"等。五四运动前后,民族工作者建议改回"瑶"。中华人民共和国成立后,经过民族识别并征求本族意见,定为"瑶族"①。

(二)瑶族的主要支系

瑶族支系繁多,自称和他称有几十种。为便于识别,根据语言使用情况大致可以分为四种②。

1. 自称"勉"的盘瑶

盘瑶使用的语言属于苗瑶语族瑶族支。盘瑶是瑶族的主要支系,因信奉盘王(盘瓠)而得名。主要使用苗瑶语族瑶语支"勉语"或"标敏"方言。其内部又可以区分为过山瑶、山子瑶、排瑶等支系。盘瑶主要分布在广西金秀瑶族自治县,广东连南、连山、乳源等县。盘瑶在迁徙过程中注重对深山老林的探索与开发,因此其内部有"先有瑶,后有朝"的俗语。盘瑶虔诚信仰盘王,每年农历十月十六日前后必祭

---

① 王明生、王施力:《瑶族历史览要》,民族出版社2005年版,第15页。
② 盘朝月:《瑶族支系及其分布》,《贵州民族研究》1988年第1期,第91—95页。

奠盘王，唱"盘王大歌"，跳长鼓舞。《过山榜》是盘瑶最为珍贵的文化凭证。

2. 自称"布努"的布努瑶

布努瑶使用的语言属于苗瑶语族苗语支。布努瑶信奉以密洛陀女神为核心、数十位男女大神为支撑的诸神。他们主要聚居在广西西部的都阳山脉以及红水河周边的都安、大化、巴马和南丹等县，还有广西、云南、江西交界的溶岩地带。由于长期和壮族邻近杂居，其语言较多借用壮族词汇。布努瑶民间保留的铜鼓别具一格，每年农历五月二十九日的前后三日，布努瑶杀羊宰鸡、打（铜）鼓跳（傩）舞，祭祀密洛陀。

3. 自称"拉珈"的茶山瑶

茶山瑶使用的语言近似于壮侗语族侗水语支。茶山瑶集中分布在广西大瑶山腹地。石牌律是茶山瑶最具特色的文化形态。它是金秀地区茶山瑶、山子瑶、花蓝瑶等族群民间特有的、刻在石板上或书写在木板、纸上的成文习惯法，对维护生产和社会秩序十分有帮助。

4. 自称"炳多优"的平地瑶

平地瑶使用的语言属于与当地汉语（西南官话）有较大差别的汉语土语。历史上由于阶级矛盾和民族矛盾尖锐，战事连连，民不聊生，瑶族被迫起义。起义被镇压后，部分瑶族被迫招安，被封建王朝编入户册统一管理，迁下山定居平地，因此得名"平地瑶"。平地瑶长期与汉、壮及其他民族杂居，一般也会使用汉语、壮语等民族语言。平地瑶分布地域广泛，在广西富川瑶族自治县、湖南江华瑶族自治县以及其他南方省份，都有平地瑶居住。

二 瑶族的迁徙轨迹

（一）瑶族在国内的迁徙与地域分布

瑶族先民从远古时期就以蛮的身份生活在黄河中下游地区，其后的几千年中他们不断迁徙，足迹遍及我国南方六省市广大地区。远古时期，生活在我国黄河下游和长江中下游一带的人类，形成了以蚩尤为首的"九黎"部落联盟。《国语·楚语》中记载："九黎，黎氏九人，蚩尤之徒也。"蚩尤中的尤部，就是瑶族先民部落①。《评皇券牒》又云："公主（评皇三宫女）嫁与龙犬为妻，封官三十四相公侯，交钱粮八十万，送入应天府会稽山七贤洞。"② 应天府是北宋景德三年（1006）升宋州置，治所在宋城（今河南商丘），辖境相当于今河南省宁陵以东除永城以外地区，正处于黄河下游与淮河流域之间。

尧舜禹时期，瑶族先民的一部分已迁至长江中下游地区，并形成了强大的"三苗"部落，统称南蛮。《尚书·吕刑》："三苗，九黎之后。盖黎与苗，南蛮之名，今日犹然。"《战国策·魏策》："昔者三苗之居，左有彭蠡之波，右有洞庭之水，汶山在其南，而衡山在其北。"在长江中下游地区，瑶族先民与尧、舜、禹集团又进行了多次的战争。《史记·五帝本纪》就有"三苗在江淮、荆州数为乱"的记载。

夏商周时期，因战败而往西南迁的部分三苗形成"荆蛮"或"蛮荆"，所以此时的瑶族先民成为"荆蛮"的一部分。战国末期，瑶族先民继续向南迁徙。秦汉时期，瑶族先民主要居住在湘江、资江、沅江、澧江流域和洞庭湖岸一带，称为"长沙蛮""武陵蛮"。

战国晚期已基本形成的新的民族分布状况，到汉代末期变动不大，时人在典章书籍中开始用秦汉时期的行政区划来称呼居住在各地的族群。大体上看，以湘西为中心，包括清江以南、乌江中游以东的邻近地区，秦为黔中郡，汉为武陵郡。武陵郡以东的今湖南东部大部分地区，则为长沙郡辖地，因此，《后汉书》称为"武陵蛮""长沙蛮"。武陵蛮主要在五溪地区活动，所以又称为"五溪蛮"。从后汉到魏晋，武陵五溪蛮大致在原地活动，地方政府对之常有征伐、招抚等活动，但对群蛮的生存和发展没有产生大的影响③。

南北朝时期，由于中原战乱后人口大减，土地荒芜，统治者对周边的少数民族实行招抚政策，瑶族先民的一部分又向北迁徙，到了长江、

---

① 吴永章：《瑶族史》，四川民族出版社 1993 年版，第 11 页。
② 《中国少数民族社会历史调查资料丛刊》修订编辑委员会：《广西瑶族社会历史调查》（第八册），民族出版社 2009 年版，第 30 页。
③ 徐祖祥：《瑶族文化史》，云南民族出版社 2001 年版，第 20—21 页。

淮河之间的广大地区。后因统治者不断压迫，逐步南迁。瑶族先民进入湖南后，改称"湘州蛮"或者"莫徭"，并加入了长沙、武陵蛮集团。《梁书·张缵传》记载："零陵、衡阳等郡，有莫徭蛮者。"又据《隋书·地理志》记载："长沙郡又杂夷蜒，名曰莫徭。"

隋唐时期，瑶族主要居住在湖南境内的大部分地区以及广东北部和广西东部，包括长沙、武陵、衡阳、桂阳、零陵、巴陵、澧阳、熙平等郡①。从唐末到五代十国，湖南资江中下游以及湘黔之间的五溪地区，仍有较多瑶族居住。唐人李吉甫《元和郡县图志》记载："潭州……春秋时为黔中地，楚之南境……自汉至晋并属荆州。怀帝分荆湘中诸郡置湘州，南以五岭为界，北以洞庭为界，汉晋以来亦为重镇。今按其俗，杂有夷人，名徭。自言先祖有功，免徭役也。"唐朝的潭州下辖今天湖南省长沙、湘潭、株州、益阳、浏阳、湘乡、醴陵等市县。这里的"徭"就是瑶族先民。

两宋时期，湖南除长沙、湘潭以外的大部分地区（包括西北部、西南部、中南部、东南部），广东北部的韶州、连州，广西北部的贺州、平乐府，都是瑶族的主要分布地区。广西的静江府（今桂林）所属各县，融州（今融安、融水）、南丹、宜州等地，已有不少瑶族活动。广西"静江府五县与瑶人接境，曰兴安、灵川、临桂、义宁、古县"②。广东的瑶族除了连州和韶州外，已迁徙至高州、雷州、化州、德庆州等地③。

到了元代，瑶族开始形成大规模西移的趋势，湖南省境及湘桂粤三省交界地区虽仍为瑶族重要居地，然广西东部与部分西部地区、广东大部、贵州的八番、顺元、新添、思州等腹地以及云南南部均有瑶族分布④。由于战争的影响，瑶族被迫大量南迁，不断深入两广腹地。到明

---

① 魏征：《隋书·地理志·荆州》，中华书局1997年版，第75页。
② 周去非：《岭外代答校注》，中华书局2006年版，第178页。
③ 李筱文：《粤西江流域瑶迁徙原因》，《广西民族学院学报》（哲学社会科学版）2002年第11期，第97—101页。
④ 徐祖祥：《瑶族文化史》，云南民族出版社2001年版，第25页。

代,两广已成为瑶族的主要居住地区。当时,广西由北至南包括今十万大山,由东至西包括今百色地区,大部分地区都有瑶族居住。广东境内11个府的54个州县,包括东部潮州、西部罗旁山、北部连州、韶州及乳源、新兴,南部南海、增城等县,都有瑶族居住。云南境内有瑶族见诸史籍,始于元代。据《元史》卷二十九《泰定帝本纪》记载,至治三年(1323)冬十月丙戌,"八番顺元(今贵州)及静江(今广西桂林)、大理、威楚诸路瑶兵为寇,敕湖广、云南二省招谕"。元代威楚路下辖今天楚雄州的中、西部和思茅地区北部[①]。

明清时期,瑶族分布的范围变动不大,向云南迁徙的趋势却加速了。事实上,云南的瑶族大多于明清时期才由广西迁入,部分由广东或贵州迁来。如民国出版的《墨江县志稿》第二册引道光朝《他郎厅志》云:"瑶人,自粤迁来,居无定处,每至深山开垦耕种,俟田稍熟又迁别所,开垦如前。"今墨江县在清代隶属普洱府他郎厅。明代有关云南瑶族的史料阙如,但瑶族仍居于云南应无疑问。清代的开化府、广南府及邱北等地,今均为文山州所辖,在明清时期或至少在清代,这里曾是云南瑶族的主要居留地。至今云南瑶族中的多数仍居于文山州[②]。

(二)瑶族在国外的迁徙与地域分布

从明朝开始,部分迁移到我国西南及南部地区的瑶族便跨越国境,向越南、老挝等东南亚国家迁徙,这一过程持续了几百年。

1. 迁入越南的瑶族

瑶族迁入越南过程漫长,从明代初年一直持续到中华人民共和国成立。瑶族从中国南部迁入越南北部山区和丘陵地带,并与当地民族杂居。瑶族迁入越南大致有三条线路:第一条路是从湖南、福建向广东、广西、越南迁徙[③];第二条路是从广西进入云南,再到越南[④];第三条

---

① 姚舜安:《瑶族迁徙之路的调查》,《民族研究》1988年第2期,第76—82页。
② 吴永章:《瑶族史》,四川民族出版社1993年版,第189页。
③ 玉时阶:《瑶族进入越南的时间及其分布》,《社会科学战线》2013年第1期,第140—148页。
④ 广西壮族自治区编辑组:《广西瑶族社会历史调查》(第四册),广西民族出版社1986年版,第279页。

路是由广东沿海进入越南。据越南老街省文化体育旅游厅调查，瑶族迁徙到越南的路线很多，也很复杂。有的从陆路来；有的既走陆路，也走水路；窄裤瑶则是跨海逆河而上，进入越南①。

2. 迁入老挝的瑶族

18世纪或19世纪，瑶族从中国南方迁入老挝。老挝学者坎占·巴迪认为，苗族和瑶族于1840年开始从中国南方来到老挝②。也有学者认为，瑶人大约于中世纪移入，似早于17世纪至19世纪③。不过对瑶族来讲，老挝只不过是他们不断迁徙的一个中间站④。

3. 迁入泰国的瑶族

从1890年后，瑶族陆续在一百年间迁入泰国⑤。泰国瑶族分布在泰国北部的清迈、清莱、帕夭等10个府178个自然村，总人口45571人⑥。泰国瑶族都是从中国的桂、湘、粤、滇等地迁去的，但迁徙的路线和时间有所区别。他们最早进入的一般是泰国的难府、清迈府、帕夭府和清莱府⑦。迁徙路线有三条：第一条是从广西或云南进入越南，而后经过老挝迁入泰国；第二条是从云南过缅甸进入泰国；第三条是从广西出发，经云南到达老挝，再经老挝进入泰国。各姓瑶族大多数是沿着这条路线进入泰国的。还有些瑶族是从湖南、广东和贵州迁出的，也是走这些迁徙路线⑧。

4. 迁入缅甸的瑶族

缅甸的瑶族人数很少，主要分布在靠近云南西双版纳的掸邦景栋、

---

① 老街省文化体育旅游厅：《瑶族古籍》，民族文化出版社2009年版，第57—59页。
② [老]坎占·巴迪：《老挝外交史》，万象出版社1971年版，第18页。
③ 《世界各国民族概览（亚洲部分）》，世界知识出版社1986年版，第225页。
④ 张有隽：《越老泰缅各国瑶族人口分布、来源和称谓》，《广西民族学院学报》（哲学社会科学版）2005年第3期，第82—86页。
⑤ [泰]刘玉兰：《跨国瑶族家庭语言使用现状研究：以泰美刘家四代人为个案》，《民族论坛》2012年第4期，第74—83页。
⑥ 张有隽：《越老泰缅各国瑶族人口分布、来源和称谓》，《广西民族学院学报》（哲学社会科学版）2003年第3期，第82—86页。
⑦ 广西民族学院：《泰国瑶族考察（三）》，广西人民出版社1992年版，第28页。
⑧ 张冠梓：《关于国外瑶族的分布与变迁》，《民族研究》1995年第1期，第90—97页。

勐洋以及金三角的勐萨、勐帕亚一带。

5. 迁入欧美国家的瑶族

20世纪70年代以来,"印支地区"战火连绵,政局动荡。大部分瑶族男青年被迫从军,部分瑶族为躲避战乱而逃往泰国难民营。当时国际红十字会呼吁印支难民由中国、美国、法国、加拿大分摊接收。于是,从1975年开始,瑶胞从泰国分批移居美国,也有不少人去了法国、加拿大、新西兰等地。另外,在南美洲、非洲等地,也有瑶族居住。如美国,瑶族主要分布在美国西部的加利福尼亚州、华盛顿州和俄勒冈州,拉斯维加斯人口不多。加利福尼亚州是美国瑶族人口最多的一个州,近两万人,尤以萨克拉门托市人口最多[①]。

第二节 乳源过山瑶的由来及文化

一 乳源过山瑶的形成与发展

过山瑶是广东瑶族中人口最多、分布最广的一个支系。过山瑶在广东已经繁衍生息上千年。在瑶族民间珍藏的《评皇券牒》中,"寻山捕猎,砍种养生""刀耕火种,入山捕猎""刀耕火种,游山转岭打猎"一类的描述俯仰即是[②]。由于其耕作粗放,等地力耗尽之后,就扶老携幼寻找土地,另觅居所,如此周而复始,形成了"食尽一山,复徙一山"的游耕生活。于是,人们称为"过山瑶"[③]。

过山瑶在广东的分布区域为"北至乐昌县北乡镇,西达连山壮族瑶族自治县、连南瑶族自治县、怀集下帅壮族瑶族乡、连州市三水、瑶安瑶族乡,南至阳春县永宁镇,东至龙门蓝田瑶族乡",形成以湘、粤、赣交界地为中心的聚居区[④]。

---

① 刘涛、李筱文:《曾经沧海难为水——美国瑶族的盘王节情节》,参见网页(http://blog.sina.com.cn/s/blog_ 4ded63930100dyik.html)。
② 黄钰:《评皇券牒集编》,广西人民出版社1990年版,第284—285页。
③ 练志铭、马建钊、朱洪:《广东民族关系史》,广东人民出版社2003年版,第286页。
④ 李筱文、赵卫东:《过山瑶研究文集》,民族出版社2008年版,第36页。

第一章 过山瑶的历史与文化

历史上，乳源瑶区长期分属乐昌、曲江、乳源三县管辖，三县县志以及史料中，对辖区内瑶山情况均有详略不同的记载。《梁书·兰钦列传》载，梁大通元年（527），"双假钦节，都督衡州三郡兵，讨桂阳、阳山、始兴叛蛮"。乳源与阳山接壤，可见当时乳源境内已有瑶族居住。《广东通志》载，唐代永徽初，王睃为连州刺史，"民瑶安之"。唐德宗贞元二十年（804）韩愈任阳山县令，有"纵横瑶俗"的诗句。现在的乳源瑶山包含了原属于乐昌、曲江管辖的瑶山，是历史上韶州府瑶族曾经居住的主要山区。

宋仁宗庆历三年至七年（1043—1047），连阳、韶州、英州的瑶人"依山自保"，与统治者进行了多年的斗争。《阳山县志》载："庆历七年，瑶人劫掠州县，帝受畋（杨畋）东染院使荆湖南路兵马铃辖……诏往南韶连等州招安之……贼果复出阳山，畋即领众出岭外。"宋人的《舆地纪胜》载："广东乳源西北（南）有月坪、杉木角隘，路通阳山。县境高车等十四隘，俱瑶民错杂，其西山、牛婆洞与湖广宜章与阳山接壤。因皆贼巢也。"《英德县志》多处记载的杉木角瑶，是在乳源境内，与英德接壤。书中记载："顾孺履……宋淳禧……英德府。五年峒瑶煽乱。远近骚然。"《乐昌县志》载："骆尧道，邑人。宋末由茂才辟富川县尉升本邑尹。时山瑶为乱……瑶迁入深山。"上述的月坪、杉木角、牛婆洞是今乳源的古母水乡和大布镇境内，乐昌西山即今乳源必背镇一带。

南宋时，韶州府属的曲江、乐昌、乳源、英德县专门设有管理瑶族的官员，也从侧面显示当时的瑶人众多。可见，宋代的乳源瑶族，人多势众，进入了兴盛时期。

明崇祯年间，郎中张若麒《兵部残稿》记载，瑶人在明崇祯"十三年春夏之间时时蠢动，秋冬以来，大肆狂逞，阳、乳、英之间，迄无宁宇。思连宜章富贺乳间之有瑶，真犹人附体之有痈。各峒散瑶以及土宄二万人。嘉靖年间剿后，又荼毒三省。天启年间剿后，残氛得志。崇祯五年，杀吏目吴中选、守备（驻守城哨的武官，地位次于游击将军。——笔者注）刘唐衢……崇祯十三年，又劫何道光、毛乡官、黄举人……又劫英德，乳源钟乡官，杀许把哨。知县李子章（阳山）、蒋明凤（乳源）、吴家澄（英德）或鲜抚驭之能，或疏扼防之法，应各降二级"。这个明代的题奏，多处谈及乳源瑶人的状况，由此可知，当时的乳源瑶人已遍布整个县境。

韶州府和乳源、乐昌、曲江县志也有相关记载。《乳源县志》记载，清顺治四年（1647）七月十九日，乳源瑶族起义，首领黄万胜与连阳瑶族起义队伍汇合，率领万人围攻乳源县城。康熙二年（1663），瑶人挟寇为难，警报频生。"上自连阳，下至英德，东西瑶寇，与曲江之水源宫相聚交讧，官兵不能制，数年来作祟地方。"康熙十四年（1675），乳源瑶族起义，与吴三桂部属配合反清，康熙二十三年（1684）又与吴的部属"盘居丫髻山"反清。又据《曲江县志》载："道光年间，大料坑瑶叛群山为害。"①

从明正德九年（1514）到清道光十一年（1831）的300多年中，乐昌瑶先后三次起义，反抗封建王朝。由于耕作方式、王朝征调等原因，从明初起，乐昌瑶举家携眷向外迁徙，如今，生活在中国的湘、桂、贵、滇四个省区以及越南、老挝、缅甸、泰国、美国、加拿大和法国等国的过山瑶的祖先，多来自乐昌县。乐昌东西二山（西山在今乳源县必背镇一带）是过山瑶的重要祖居地之一。过山瑶尤其国外过山瑶基于对先祖英勇反抗强权事迹的缅怀以及故乡的思念，对乐昌怀有特别的感情②。

中华人民共和国成立后，尤其是1963年乳源瑶族自治县成立以后，原来分属于三县的过山瑶基本隶属于乳源县。乳源过山瑶逐渐改变过去的游耕迁徙生活，转而定居农耕。过山瑶主要居住在乳源县东北部以及中部的崇山峻岭间，面积有424平方公里，有一百多个村寨。这些村寨分布在群山的山头、山腰、山坑之间，高度一般都在海拔500米以上，最高的溪背和中心坑等村寨，海拔1000多米。乳源的瑶族大都是以姓

---

① 李筱文、赵卫东：《过山瑶研究文集》，民族出版社2008年版，第55—58页；第45页。

② 练铭志：《乐昌过山瑶及其迁徙考略》，《民族研究》2008年第4期，第82—92页。

氏聚族而居，依山建起一排排房子，一般都是十多户二十余户一个村寨，也有三四十户甚至近百户的大村寨。

截至1989年，乳源县有赵、邓、盘、冯、王、邝、黄、李、庞、吴、傅、赖、郑、钟、邵15个姓氏的瑶族，他们分别来自五个方面。一是来自湖南。如《韶边瑶族自治县成立纪念刊》（1957）说，乳源瑶族源自湖南，因年景不好、疾病流行而迁徙韶州曲江一带。现在必背镇南坑村瑶族同胞自称来自湖南。二是来自福建。邓、冯、邵、王、邝等瑶族自称祖籍福建。三是来自广东各地。如海岱村黄姓来自广东省阳山县太平洞瑶族乡南木村，庞姓则来自广东省怀集县，邵姓来自广东省英德县龙潭村。四是汉人入赘瑶族，繁衍而成瑶族新支系。五是土著。清光绪《曲江县志》载："瑶人盘姓，古盘瓠之裔。别种……系以土著而隶属于瑶者，俱居县西北境（按，今乳源县地）。"[1]

二 乳源县的环境

1. 自然地理环境

乳源瑶族自治县地处广东省北部，位于北纬24°28′—25°09′，东经112°52′—113°28′。县城位于韶关市区以西38公里。县境东邻曲江，南连英德，西接阳山，北与乐昌以及湖南省宜章县交界[2]。全县总面积2299平方公里，下辖9个镇，115个村（居）委会，1082个自然村。

2. 社会环境

古乳源地广人稀，据旧志记载，乳源"蕞尔僻隅""人烟稀薄"，"北望梅辽声教隔远三百里，人迹罕至"。清代以后，当地人口逐年增加。清康熙二十年（1681），全县在册人口不超过万人。嘉庆二十四年（1819），全县在册人口已达到31347人。民国三十七年（1948），全县

---

[1] 转引自《乳源瑶族志》编纂小组《乳源瑶族志》，广东人民出版社2000年版，第753—754页。

[2] 《乳源瑶族自治县概况》编写组：《乳源瑶族自治县概况》，民族出版社2008年版，第1、2—5页。

人口达到 82251 人。

1964 年，全县总人口 103505 人，其中少数民族 9440 人。1990 年统计，全县在册人口总数为 81602 人。2003 年统计，全县在册人口总数为 105260 人。2005 年年末，全县总人口 204985 人，其中少数民族人口 24798 人，瑶族（过山瑶）人口又占少数民族人口的 90%。截至 2015 年年底，全县户籍人口 21.68 万人，其中农业人口 14.57 万，瑶族人口 2.2 万人①。

乳源境内人口语言较为复杂。汉族 70% 的人口使用客家方言（客家话），其他人使用白话（广东话）、虱避话（乳源县桂头镇汉族使用的方言）、船话（水上居民语言）、连滩话（福建话）、湖南话等。瑶族使用瑶语，瑶语属汉藏语系苗瑶语族瑶语支的勉语，但是多数瑶族人会讲客家话，一部分还会讲普通话及白话（广东话）。畲族使用客家方言（客家话）。瑶族、畲族均使用汉字。

从表 1-1、表 1-2 可以看到，乳源县历史悠久，建制很早。历代政府对其的行政规划进行了多次调整。民国以前，乳源县以下行政区域设置乡、坊、都、里；民国时期设置区、乡镇、村；1940 年，乡以下设置保、甲。中华人民共和国成立后到 1956 年，设置区、乡镇、村。1953 年 12 月到 1954 年 3 月 31 日，广东省政府派出民族工作队，帮助瑶区建立民主建政工作，废除"瑶官"制度，建立了东坪、茶坪等 12 个瑶族乡政权。其后经历了一系列建制的变化，直到 2002 年撤并乡镇，撤销附城、杨溪、大坪 3 个镇和方洞林场，除方洞划给桂头外，其余回归原建制②。目前，乳源全县辖有乳城、一六、桂头、洛阳、大布、大桥、东坪、游溪、必背 9 个镇，115 个村（居）委会，1082 个自然村③。

---

① 乳源瑶族自治县统计局：《乳源瑶族自治县统计年鉴》，内部刊印 2016 年版，第 12 页。

② 《乳源瑶族自治县概况》编写组：《乳源瑶族自治县概况》，民族出版社 2008 年版，第 32—34 页。

③ 《乳源瑶族自治县基本概况》，详见网页（http://www.ruyuan.gov.cn/zwweb/page.aspx?artid=37170&listid=0000000100120001. 2016-3-3）。

第一章　过山瑶的历史与文化

表1-1　　　　　　　　　乳源县行政区划归属

时间（年、月）	行政建制
乳源县建县前	秦朝（隶属南海郡）—汉朝（隶属桂阳郡）—三国时期（隶属始兴郡）—唐朝（隶属韶州）
南宋	南宋孝宗乾道三年（1167）设置乳源县，隶属广南东路韶州
元朝	隶属江西行省广东道韶州路
明朝	隶属广东布政司韶州府
清朝	隶属广东省韶州府，光绪年间属南韶东道韶州府。
民国	1914年属南韶连道，1919年属南韶连道韶州府，1947年属广东省第二行政督察区
1949.10.9—1952.3	乳源解放，属广东北江行政公署（后改称"粤北行政公署"）
1952.3—1953.5	乳源县与曲江县合并，划梅花、秀水、清洞、高富、龙阳5个乡归乐昌县管辖
1953.5—1957.7	恢复乳源县建制
1957.7—1958.12	建立韶边瑶族自治县
1963.10—1983	成立乳源瑶族自治县，先后隶属韶关专员公署、韶关地区革委会、韶关地区行政公署
1983—	1983年韶关地区与韶关市合并，乳源瑶族自治县隶属韶关市

表1-2　　　　中华人民共和国成立以来乳源瑶区机构建制名称

时间（年、月）	区乡、公社机构	行政村、大队机构	自然村、小队、组机构
1949.11—1952.3	区人民政府	乡人民政府	村人民政府、村农民协会
1953.5—1956.6	区公所	乡人民政府	村人民政府初、高级农业生产合作社
1956.6—1957.6	区公所	高级农业生产合作社	生产队
1957.6—1958.10	乡人民政府	高级农业生产合作社	生产队
1958.10—1968.4	乡民公社管理委员会	管理区生产大队管理委员会	生产队
1968.4—1980.12	人民公社革命委员会	生产大队革命委员会，后改为管理委员会	革命领导小组生产队
1980.12—1983.11	人民公社管理委员会	生产大队管理委员会	生产队
1983.11—1986.11	区、镇公所	乡人民政府管理区、居民委员会	生产队
1986.11—1989.11	乡、镇人民政府	村民委员会管理区居民委员会	村民小组、居民小组
1989.11—今天	乡镇人民政府	管理区办事处经济合作联社居民委员会	村民委员会、居民小组

乳源瑶族自治县是个多民族聚居区。乳源县统计局历次人口普查数据显示，乳源瑶族自治县八成以上是汉族，少数民族占比不到两成，其中瑶族是少数民族中人口最多的。此外，乳源县还有畲族、苗族、壮族、蒙古族、满族、朝鲜族、彝族等其他少数民族。

三 过山瑶的传统文化概貌

过山瑶居住在广东乳源县东北的崇山峻岭之中，其文化是在适应自然环境、社会环境以及历史记忆基础上逐渐发展起来的文化形态。过山瑶属于盘瑶的一支，信奉盘瓠，并有"拜盘王"的习俗。总体而言，过山瑶的文化呈现出盘瑶以及山居民族的独有特性。这种特性在其居住饮食、节庆习俗、服饰刺绣、歌舞以及宗教信仰、民间禁忌中，都有所体现。

以居住为例，过山瑶居住在乳源境内东北部和中部高山之上。人们根据其居住地地理位置的不同，分别称其为"东边瑶"和"西边瑶"。东边瑶很早就已经形成村寨，过上定居生活。其房屋多是以杉木、杉树皮、沙土、泥石构筑的多间排列、依地势建造的平房。有些地方住户相对集中，有些则零星分布，村落并不整齐划一。西边瑶在历史上没有定居的村寨，都是三两户散居一处，刀耕火种，等到三五年地力耗尽，又迁居别处。西边瑶住的都是简陋的寮房，竖几根木柱，用小竹子或竹片做个栅栏，上面覆盖茅草既可。全家的财产只有几件简单的生活生产用具，方便搬迁携带。

过山瑶能歌善舞，逢节庆就会载歌载舞。男性擅长跳长鼓舞。乳源过山瑶使用的是小长鼓，也叫作"花（番）鼓"。打花番一般两人一对，在平地上按东西南北中顺序跳；部分长鼓舞高手则会站立在高台上对跳。过山瑶在节日或者"跳王"时，会请师爷表演将诗、歌、舞三者结合的请神驱邪活动，师爷时而吟诵诗文，时而轻声喃唱，其他男女手舞足蹈，齐声和唱，声势壮大。

基于对其祖先盘瓠的尊敬与崇拜，乳源过山瑶自古禁吃狗肉，而且，所饲养的猪等牲畜一律不得变卖出售，专供祭祀盘瓠和举行宗教仪式使用。直至20世纪六七十年代,乳源过山瑶传统社会中,几乎所有的长者以及度戒的人都禁食狗肉。

乳源过山瑶的服饰和刺绣也独具民族特色。尤其是深居大山的东边瑶,因为与外界相对隔绝,故而在服饰上保留更多的传统特色。

东边瑶的男子蓄发留辫,用绣花蓝色或白色布包头,多穿青蓝色布衣服,上衣短大,胸前及背后刺绣方形花纹图案。下穿长及小腿的肥大裤子,扎绑带。女子成年后戴平角高帽,结婚后改戴帆船形三角高帽,用猪油和蜜蜡粘接头发,并用布包好,最后在上面覆盖一条青蓝色的绣花巾。《曲江县志》卷三载:"瑶……女子穿双裙,惧绣花边,头戴板,发髻沐以蜡油,光闪闪如蜻蜓羽。"[1] 妇女上衣用青色布,没有衣领、大襟,长度到膝盖,纽扣在右侧。腰部围一条短裙,胸前挂一条长围裙,扎上一条两端各有彩色丝线垂下的腰带。妇女上衣背后及胸前亦各镶方形图案,并刺绣精美花纹。

顾亭林《天下郡国利病书》说:"瑶……衣斑斓布褐。"《曲江县志》卷三记载:"瑶人……衣服通体着绣花边,首裹花帽。"《广东通志》卷三三〇载:"曲江县瑶人……男子椎髻、耳环,领缘尚绣,膝以下束布至胫。"[2]

---

[1] 转引自杨成志等《瑶族调查报告文集》,民族出版社2007年版,第374页。
[2] 同上书,第371页。

第二章

过山瑶传统文化的历史传承

第一节　过山瑶传统文化传承的内容

"文化"是人类学和社会学探讨的重要定义之一。19世纪中叶,"文化"一词成为一种专业术语。1952年,美国文化学家克拉克洪在前人基础上提炼出文化的定义。他认为,"文化由外显的和内隐的模式构成;这种模式通过象征符号获得和传递;文化代表了人类群体的显著成就,包括他们在人造器物中的体现;文化的核心部分是传统的(即历史的获得和选择的)观念,尤其是他们所带来的价值;文化体系既可以看作活动的产物,也是进一步活动的产物"[1]。我国民族学界将文化解释为:"文化是人们在体力劳动和脑力劳动过程中所创造出来的一切财富,包括物质文化和精神文化,以及人们所具有的各种生产技能、社会经验、知识、风俗习惯等。"[2]

按照不同标准,文化可分成不同类型。"二元结构说"将文化分为物质文化和精神文化;"三元结构说"将文化分为物质文化、制度文化和精神文化或者实物文化、行为文化、观念文化;"四元结构说"将文化分为物质文化、精神文化、制度文化、行为文化或者物质文化、规范文化、精神文化、智能文化。杨成志认为,人是理性的动物,这是希腊

---

[1] 转引自高丙中《从文化的代表性意涵理解世界文化遗产》,《清华大学学报》(哲学社会科学版)2017年第5期,第40页。

[2] 林耀华:《民族学通论》,中央民族大学出版社1997年版,第384页。

哲人亚里士多德的名言。因为动物的人，故有物质与经济组织的需要；因为理性的反顾与静察，故有精神与增加权力的制度的需要；因为社会的人，故有自然联合的需要，这种联合能够组成事实或制度。换言之，这三方面可以用经济、心理、社会三个方面的词来代表。同时也是造成人类文化的基础①。因此，本书采用三分法，将文化分为物质文化、制度文化和精神文化。

物质文化也称"器物文化"或者"实物文化"，一般指体现一定生活方式的具体存在物，比如服饰、住宅等，是一种表层文化表现，是人创造并为人所用的看得见、摸得着的存在。制度文化（也叫作"行为文化"）是指在历史发展中根据意识形态所形成的各种制度，它们或者历代传袭，或者不断变化，是一种中间层次的文化。它既没有实体的存在物，却也不是完全抽象不见的。精神文化也可以称作"观念文化"，主要是指一个民族的心理结构、思维方式和价值体系，它是一种深层次的文化②。

过山瑶的文化是其在适应自然环境、社会条件以及迁徙历程中不断积淀的历史产物。瑶族在历史上长期遭受歧视与迫害，不得不隐居深山。山居的被动选择以及缺乏外在定居的社会条件，使得乳源过山瑶长期保持传统的游耕经济模式。经久不变的传统经济模式不可避免地影响到瑶族文化的各个层面，这也印证了马克思所说的"物质生活的生产方式制约着整个社会生活、政治生活和精神生活的过程"③。本章重点从解读其文化特征和内涵的角度，对过山瑶传统文化进行学理分析。过山瑶传统文化的类型及其内涵如下。

一 过山瑶的物质文化

根据王兴瑞《瑶人的经济社会》，江应樑的《瑶人之房屋与工具》

---

① 杨成志等：《瑶族调查报告文集》，民族出版社2007年版，第194—195页。
② 林耀华：《民族学通论》，中央民族大学出版社1997年版，第384页。
③ 马克思：《政治经济学批判序言》，载《马克思恩格斯选集》第2卷，人民出版社1972年版，第82页。

和《瑶人之衣饰》，庞新民在民国时期的调查等资料可知，过山瑶的物质文化具体表现如下。

1. 建筑文化

因为过山瑶先民长期过着游耕生活，经常在地力枯竭后便迁居他山，因此，其住房样式主要是简易便宜的竹木篱笆房舍。总体而言，乳源过山瑶的生活地域比较固定，成村寨较早。民国时期，过山瑶的房屋"皆因地势而建筑，在较平坦地面，一连三五间而至七八间。但山坡地面狭小之处，多为二间或小三间，亦仅有一间者。彼等迷信，门前不得有物遮掩，故绝无上下两栋相连者。一村之中，其房屋横列成排，可以指数"①。

根据江应樑1937年的调查，瑶人房屋从其建筑样式和用途上看，有以下几种。第一，平房，单间或者多间平列。屋后一般用树皮（泥砖）建造一间小房子，安放从山里引入的泉水，用以洗澡。第二，两层房屋。它不同于汉族上下两层都可以住人的楼房，而是用泥土或者石块垒砌的不太高的两层房。其用途较为灵活，或者上层住人，下层养猪；或者上层储藏农作物，下层养猪；或者上层住人，下层储物。过山瑶房屋中最具特色的是厨房在卧室内。在每间房屋的中心位置，都用土砖垒砌一个双眼灶，两灶相通，一灶烧火，另外一灶则有热气。灶除了可以烧火煮饭外，还是瑶胞谈天闲聊之地。瑶胞屋内一般物品凌乱，光线暗淡，墙壁乌黑②。

2. 服饰和刺绣文化

过山瑶的服饰与他们生活的自然环境相适应，也反映出本民族的图腾崇拜和传说。过山瑶犬图腾崇拜的产生，与其早期族源传说"盘瓠故事"有关。传说盘瓠是一只龙犬，其毛五彩。平王信守承诺，将公主许配给杀死高王的盘瓠为妻，并且送五色斑斓衣服一件遮蔽其身体，

---

① 庞新民：《两广瑶山调查（广东之部）》，国立北京大学中国民俗学会民俗丛书专号二《民俗篇》，1934年版。
② 江应樑：《瑶人之房屋与工具》，国立中山大学研究院文科研究所《民俗》（第一卷）1937年第3期（广东北江瑶人调查报告专号）。

绣花腰带一条捆其腰，绣花手帕束其额头，绣花裤子一条藏其股，所以其后裔都爱穿刺绣花衣。清康熙二十六年（1687）《乳源县志》记载："瑶人男女或衣彩袖裙。"

过山瑶服饰也与耕山狩猎密切相关，是其狩猎生活的反映。唐代诗人刘禹锡出任连州刺史时看过瑶族狩猎，写下了《连州腊日观莫瑶猎西山》的诗句："围合繁钲息，禽兴大筛摇。张罗依道口，嗾犬上山腰。猜鹰虑奋迅，惊鹿时局跳。"诗中描写了狩猎时犬与人密切配合的关系。在狩猎方面犬比人灵敏，犬更容易发现和追捕猎物。因此，瑶族先民在狩猎过程中把犬当作精灵和神，进而奉盘瓠为氏族始祖，加以崇拜①。

乳源过山瑶一般分为东边瑶和西边瑶。西边瑶除头饰外，服饰和汉族差不多；东边瑶的服饰则特点鲜明。第一章已经描述了过山瑶男女服饰的特征，在此不再赘述。过山瑶男女束髻，头巾缠头，既可以使头部最大限度地散热，避免阳光直射头部，同时也能保护头部或头发在山野穿梭时不被树枝、荆棘挂扯。穿无领无扣长衣，则是方便解脱散热，是对湿热气候的一种适应。瑶族男女打绑腿，也是因为山间林木荆棘丛生、道路崎岖，在进行山地生产劳作时，腿部容易被划伤或被虫蛇叮咬，绑腿可以保护小腿，防止划伤或动物咬伤。

乳源过山瑶刺绣独具一格的配色和针法，是近两千年来瑶女不断摸索积累的经验与文化呈现。常见的瑶绣图案有兽蹄印形纹、兵王印章形纹、鹿形纹、八角花形纹等，有30多种，具体分为以下三类。（1）植物、人物和走兽（瑶人称为"鹿纹"），还有月亮、星星等原生形态的摹拟变形。（2）几何形体的演变类，有横直线和对角线演变的正方形、直角三角形、齿状形、城堞形几种。（3）外来吉祥符号，如"万"（卍）字纹、"寿"字纹等。

过山瑶刺绣的创作题材，主要表现在对原始宗教的信仰和对美好生

---

① 刘保元：《略论瑶族服饰的图腾意识》，《民族文化比较论》，中央民族大学出版社1994年版，第68—73页。

活的向往两个方面，同时也受制于其生活的地理环境、历史文化、宗教信仰等诸多因素[①]。因为过山瑶没有文字，瑶绣就成为穿在身上的历史和文化，成为融入"瑶山的历史、政治、宗祖、生产劳动、经济生活、信仰、文化艺术和大自然生态"[②]的独特艺术形式。

过山瑶的服饰及刺绣文化除了具有"穿在身上的历史书写"功能外，其刺绣符号也能起到身份与族群识别标识的作用。乳源过山瑶男女上衣前后，绣有像田地一样的"盘王印"，它由30多个传统图案构成，可以称得上是乳源瑶族刺绣的"母图"。这些图案既包括动物、植物的实物图形，又有各种自然物的变形纹和几何图形。这些图案和刺绣技法代代相袭，从中可以部分还原瑶族祖先的生活场景。在每种刺绣图案背后，都有一段历史、一个故事，刺绣成为承载过山瑶民族历史与文化的显性载体。

3. 饮食文化

过山瑶随山而居，瑶山丰富的自然资源以及在房屋周围开垦的小片土地的农作物，基本能够满足瑶人日常饮食需要。传统瑶山社会中，普通瑶民出山到汉族聚居区换取食盐、农具等物资，其他皆可以自给自足。因为山中水田较少，所以其主食一般是玉米、红薯、芋头、荞麦、山芋等耐旱杂粮。蔬菜一般为辣椒、青菜、萝卜、竹笋、蕨菜等，且一般都做成酸菜或者干菜。山中的香菇、木耳等菌类也深受瑶胞喜爱，野生采摘的果实菌类除自食外，也用于到汉族聚居区交换生活生产物资。因为山区不常有鲜肉，所以过山瑶喜吃腊肉。瑶胞也猎取山中野味，待客和节日自食。食物制作便于携带，节日爱做糍粑、粽叶粑、竹筒饭。

气候对饮食的影响是显而易见的，气候的变化刺激了人类对食物的需求，进而形成了当地人对食物的特殊喜好。过山瑶住在高寒地带，加上体力活繁重，因此男女尤爱饮酒。岭南自古就是瘴气之地，饮酒可以祛除风湿。晋人嵇含《南方草木状》云："南海多美酒，不用曲糵，但

---

① 黎洁仪：《乳源过山瑶传统服饰刺绣纹样探析》，《韶关学院学报》2011年第5期，第152—155页。

② 邓菊花、盘才万、莫瑞福：《瑶绣》，广东人民出版社2008年版，第7页。

杵米粉杂以众草叶，治葛汁、滫溲之，大如卵。置蓬蒿中荫蔽之，经月而成，用此合糯为酒。"[1] 瑶酒度数不高，20度左右，且为自酿酒，一般分为水酒、苦爽酒、甜酒三种。其中水酒是大米酿造，另外两种则为糯米酿造。水酒和苦爽酒是瑶胞平时的饮料，男女老少皆宜；甜酒则是上等滋补酒，一般为产妇和女性食用。瑶人一般在农历二月二十七日酿酒，酿酒时祭祀神五婆，并唱《五婆造酒歌》。"每年酿酒，须谷七百斤。"[2]

酒在瑶民生活中具有以下功能。第一，用酒祭祀天地神祖。瑶胞在拜王、打幡等宗教仪式中，都会用酒作为师爷的道具和酬劳之一。劝酒、敬酒是仪式必备环节。第二，酒是婚嫁节庆活动重要的礼品，如婚嫁时的"拦门酒"。春节时，家人亲朋欢聚一堂，酒是必备品。第三，用酒招待亲朋，结交新友。瑶胞重情义，守承诺。很多瑶族和本族或者汉族结交生死朋友时（认同年）要举行仪式，必然会推杯换盏，把酒言欢。

乳源过山瑶酒文化中也有一定禁忌。在丧葬时禁止饮酒；日常生活中饮酒吃饭时，主客席位倒置，客人坐上位，主人坐旁席；碰杯后第一杯酒要一饮而尽；客人若不是高手，不能操持酒壶；酒席过程中不能倒置酒杯；女主人敬酒代表很高的敬意；自己饮过的酒，不能倒给辈分高的长者喝[3]。

二 过山瑶的制度文化

1. 婚姻制度

婚姻在任何人类文化中，并不是单纯的两性结合或男女同居。它总会以一种法律上的契约，规定男女共同居住、经济担负、财产合作、夫

---

[1] （西晋）嵇含：《南方草木状》，转引自《中国酿酒科技发展史》，中国轻工业出版社2015年版，第52页。

[2] 庞新民：《两广瑶山调查（广东之部）》，国立北京大学中国民俗学会民俗丛书专号二《民俗篇》，1934年版。

[3] 赵文彬：《乳源瑶族风情录》，珠海出版社2007年版，第74—75页。

妇之间及双方亲属间的互助。婚姻亦总是一公开的仪式，它是一件关系到当事男女之外一群人的社会事件，婚姻的解除及结束，亦都受到一定传统规则所支配①。总体而言，乳源过山瑶流行自由恋爱下的一夫一妻制，未婚男女结为夫妻一定要明媒正娶并举行相应仪式，才能被社会认可。

　　王兴瑞认为，过山瑶的婚姻制度是族内婚（同姓婚）和族外婚（异姓婚）混合存在的。"同姓的人当然都是有血统关系的。所以这里的同姓婚和古代社会的族内婚是一致的。瑶人从很早直到现在还是行着同姓婚的。"②清同治《韶州府志》卷十一《舆地略·附瑶俗》记载："瑶人……婚姻不辨同姓。"异姓婚则俯仰皆是。

　　根据庞新民和王兴瑞的调查，乳源过山瑶异姓婚的形式有五种：第一，同村通婚，与异村通婚。第二，兄亡弟袭嫂婚。这种婚姻制度的产生，一方面可以看作集团婚的残留；另一方面可以看作财产私有制的产品，因为妻子既是用金钱买来，自然成为家族中可继承的动产③。第三，入赘婚。"瑶人无子者，或为女招婿到家配合，婿常住岳家，岳家财产由其继承，所以他和妻以后所生的子女，便以妻之姓氏为姓氏。"招郎在瑶族内部比较普遍，具体可以分成三种情况。男子入赘后，完全脱离自己父母的家庭，更名改姓，所生子女一律随母姓。或者男子入赘后，不脱离自己父母的家庭，也不需要更改姓名，所生子女，第一个随母姓，第二个随父姓，以此类推。若只有一个孩子，则两家有份，孩子可继承双方遗产。也有全部子女都随父姓的。入赘之婿并不受歧视④。第四，马头亲（半路亲）。指的男子娶寡妇或再婚女子为妻。寡妇招郎入赘也叫作"回头亲"。一般都是家境贫寒者实行此种婚姻，花费不多，一切从简。第五，买卖婚姻以及"担名"婚姻。瑶族无子家庭，

---

①　[英]马林诺斯基：《文化论》，费孝通译，华夏出版社2002年版，第29页。
②　王兴瑞：《广东北江瑶人的经济社会》，国立中山大学研究院文科研究所《民俗》（第一卷）1937年第3期（广东北江瑶人调查报告专号）。
③　同上。
④　庞新民：《两广瑶山调查（广东之部）》，国立北京大学中国民俗学会民俗丛书专号二《民俗篇》，1934年版。

留一女在家，任其恋爱怀孕，父母在其怀孕后，从亲友中选择一位未婚男子担任腹中胎儿的名义上的父亲。男子担名期间，可与女子同宿，所生子女归女方所有；女方若觉情感不和，可付少量金钱，脱名另嫁。中华人民共和国成立后，瑶汉可以通婚，结婚、离婚均按《婚姻法》规定履行手续①。

2. 丧葬制度

传统社会，瑶人去世后，将尸体停放床上，用湿毛巾清理死者身体，并穿戴丧服入殓，富者有寿衣，贫者穿平常衣服，没有陪葬品。做丧堂治丧，请师爷2—6人。死者生前已度身的做两天，未度身的做一天。孝子贤媳包白布守灵一天，第二天出殡。

出殡时，由十余人肩扛棺材缓缓前行，一个师爷助手在棺材上撒谷子，一女子撑伞遮盖棺头，直至墓地。扛着棺材出发时，两个师爷手执木斧、棍棒作为先导，边走边敲。到达墓地则用土掩埋棺材；也有不掩土，用杉树皮盖在棺面上即返者。回家后，师爷做法事，流程烦琐。每一流程结束，师爷都会烧纸钱法牒。全部法事结束后，用一块白布将所有纸灰包起来交给师爷。师爷及其助手抬着米缸、瓦碗和灰包到墓穴边上，将灰包丢到棺材中，再次埋土。

葬礼结束后，将米缸放在坟墓东边，碗放缸旁，并将出殡时导路用的两把木斧和四条木棍插在坟墓旁边。一个师爷念咒语，吹牛角，烧纸钱，完毕后返回。全家举行送神礼，同时将厅内悬挂的榜文、白纸条等扯下烧掉，撤去纸马神像，孝子除去白布，丧堂仪式最终结束。第七天晚上举行迎七丧礼。师爷坐在桌旁念经，之后诵读家先单一遍。

孝子在一个月内不剪头发，当年不可在家门口贴红纸和对联。三四年至多不得超过五年，要举行捡骨入缸搬迁葬礼。孕妇难产及因烈性传染病死亡的，则实行火葬。若是被杀害或死因不明的，在案情尚

---

① 《乳源瑶族自治县概况》编写组：《乳源瑶族自治县概况》，民族出版社2008年版，第22—25页。

未查清之前停尸不葬。中华人民共和国成立后，传统瑶族社会中某些丧葬陋习已被摈弃①。

3. 社会组织及管理制度

历史上瑶族的社会组织形态和发展演变过程，相关研究专著较少，李本高考察各类《过山榜》相关记载，认为，瑶族的社会基本组织形式是"峒"，"峒"这种社会组织在历史上经历了家庭制度式的"峒"、原始公社（农村公社）式的"峒"、小农乡村式的"峒"、抚瑶土官制式的"峒"等几个发展阶段②。

家庭制度式的"峒"是一夫一妻制家庭与血缘家庭混合的复杂父系家庭，其中男子占据主导地位。峒民进行祖先崇拜，耕山狩猎为其主要生计方式，无版籍，不通汉人，不纳税，不服徭役。其后，瑶族形成以族为大聚居、以姓为小聚居、小峒组成大峒的格局，即原始公社（农村公社）式的"峒"，学界称为"瑶老制"。

唐末宋初，封建王朝统治势力开始深入瑶区，实行羁縻政策，先后在武陵、巴陵、韶州等瑶族聚居区设置州郡，统治瑶人。瑶族社会出现了小农乡村式的"峒"。峒内头人（峒长）由封建政府委任的瑶人担任，峒内事务不再由习惯和传统管理，而是立法有溪峒之专条，行事有溪峒之体例。峒长是土地所有者，峒民是农奴，峒民租佃峒长土地，并缴纳租赋，出现阶级萌芽。大约宋代后，瑶族出现抚瑶土官制式的"峒"，元代沿袭，明清两代完善。

这种"峒"的特点是，封建王朝在瑶区委任瑶官，瑶官再招聘所属部下。瑶官一般世袭。峒内土地属于瑶官，瑶官将土地献给封建政权，封建政权再将其赐予瑶官，瑶官将辖区内土地以"计口授田""均定赋税"的方法分给峒民。"峒"成为封建政府的部署，峒内的事务管理执行朝廷制定的法规，一般纠纷由峒长、甲长处理，较大事务则送府衙究治。

---

① 《乳源瑶族自治县概况》编写组：《乳源瑶族自治县概况》，民族出版社2008年版，第25—26页。

② 李本高：《瑶族〈评皇券牒〉研究》，岳麓书社1998年版，第103—114页。

第二章　过山瑶传统文化的历史传承

在历史上,封建政府对广东瑶族多采取羁縻统治,如明太祖平定广东瑶僚后,在瑶区设立了瑶首,下有瑶总、瑶甲,管理溪峒瑶民。在明代,乳源瑶山实行瑶甲,甲长相当于明代推行的里排(十甲)基层组织的一甲之长,称为"大甲",世袭,没有子嗣则甲内众人推选。直到民国一直实行此制度。抗日战争前,推行乡保甲制度,甲长由政府委派,称为"小甲",此时大甲仅有虚名。清屈大均《广东新语》卷七记载:"明洪武初,命将讨平溪峒,立瑶首以领之,朝贡方物,赏赐有颁。"另据清裘秉钫《乳源县志·瑶僮》载:"摄之以瑶总,岁时或一谒县官,正德中,曲江由溪山瑶诱引为盗,本府通判莫相,令其瑶总擒斩之。"

在乳源瑶区,过山瑶的社会组织相对简单,并不完全符合李本高的研究。不过,其传统社会存在一个与"峒"这种基层组织相似的组织,即"坑"。"坑"管理若干个小村寨。清黄丕烈《天下郡国利病书》卷二十八《广东》载:"瑶三坑田土,俱系各租承佃……又各坑成家男丁九百九十五人,妇女九百五十九口,编为一里,作十排,每排管下甲首五户,每户二丁上册。"[①]

根据王兴瑞的调查,民国时期,乳源瑶村有两种,即单独姓氏村寨(如桂坑全村姓盘)和多个姓氏村寨(如方垌村民有盘、邓、赵三个姓氏)。每个村有村长(总甲或大甲、瑶甲或小甲),一人到多人,由村寨大小决定。村长民主产生,且能识文断字,能说会道,"拜王"及"度身",村长一般兼具师爷身份。村长为义务性质,但权力很大,对内管理村寨事务,对外则是村寨的代表和军事指挥。中华人民共和国成立后,对瑶区进行社会主义改造,瑶区被纳入大的行政建制,具体情况见下文第三章第二节。

乳源过山瑶除了"坑"以外,还有一种联盟组织,即"公众会",它是瑶族上层联合宗族或者近邻坑寨的异姓瑶人联合成立的、巩固瑶族上层统治的村寨联会,其主要任务是对付外部势力入侵、处理瑶族内部

---

① 转引自李默《瑶族历史探究》,社会科学文献出版社2015年版,第38页。

严重违反规约者、执行处决被诬为"野法"的人等。没有加入"公众会"的村寨若遇到外敌入侵，不会得到帮助①。

4. 乡约族规（习惯法）

"习惯法是独立于国家制定法之外，依据某种社会权威确立的、具有强制性和习惯性的行为规范的总和。"② 各少数民族在长期的生产生活实践中逐渐形成了本民族的习惯法，以维护民族整体利益，维持本民族内部秩序，促进民族地区的安定和发展。"少数民族习惯法具有民族性、地域性、强制性、稳定性、原始性、神威性的特点。"③

在长期的发展过程中，瑶族固有习惯法形成了自治、原始民主、内部平等、社会安定的基本精神和法律价值④。过山瑶的习惯法是一种从民族生产生活中自然形成的内在秩序，它伴随一个瑶民的一生。它蕴藏着瑶族浓厚的共同心理情感。瑶胞受到习惯法的熏陶，时时处处学习模仿，不断进行内化与强化。正如瑶族谚语所言："白天有太阳，晚间有月亮，官家有法律，瑶民有私约。"⑤

乳源过山瑶的乡约族规一般有两种。第一种是约定俗成、人人遵守的规约。民国时期王兴瑞的调查总结了以下几条：土地、房屋等私产要典当或者出卖，一定要先问亲房，后问近邻，内外有别，远近有别，如果私自买卖，则亲房有权收回财产；盗卖公共财产者，钱款收归亲房，且要罚款；偷盗行为要受到惩罚，轻则罚款，重则处死，且亲房负有连带责任；伤害他人或者损害他人财产要受罚及赔偿，打架者先动手的要罚款；不守信用和偷盗者受人鄙视，且所受惩罚最重；村民之间有互助义务，包括安全互助、工作互助、经济互助⑥。

---

① 《乳源瑶族志》编纂委员会：《乳源瑶族志》，广东人民出版社2000年版，第16、108页。
② 邹渊：《习惯法与少数民族习惯法》，《贵州民族研究》1997年第4期，第84页。
③ 高其才：《中国少数民族习惯法研究》，中国政法大学出版社2002年版，第49页。
④ 高其才、罗昶：《瑶族固有习惯法的现代价值——以"大瑶山团结公约"的议订为考察对象》，《人民论坛》2011年第17期，第57—59页。
⑤ 金秀瑶族自治县志编纂委员会：《金秀瑶族自治县志》，中央民族学院出版社1992年版，第594页。
⑥ 王兴瑞：《广东北江瑶人的经济社会》，国立中山大学研究院文科研究所《民俗》（第一卷）1937年第3期（广东北江瑶人调查报告专号）。

第二种是明文禁止的规约。一般是村或者几个姓氏一同订立,刻碑石为证。乳源瑶区东坪镇发现的乾隆二十一年(1756)制定的《禁山源碑》、游溪中心洞发现的道光十九年(1839)制定的《邓家禁碑》就属此例。前者规定:"合众同守,良规民瑶不得违照滋事,永绝争讼,万古不朽,是为记。今众公议十条禁例开刻于上。"后者则对违禁者付款数量作出明文规定:"次山岭树木……不得乱砍松杉。乱砍者罚银钱三千文,捉拿者赏钱五百文。若然有不遵者,送官究治,绝不容情。"①

过山瑶的乡规民约一般带有强制性和民主性。无论瑶族头人、首领还是普通百姓,在规约面前人人平等,违约都要受到惩处。在处理纠纷时,一般采取规劝说服的方式,避免刑讯逼供等强制手段,尽量使双方和解。规约的裁断人一般是村寨的长者(族长)。"有所争,不决,则推其乡高年众所严事者,往直之,为之叫老。老以为不直,则罚酒食谢罢。"②

瑶族习惯法"适应了维持生存的自足经济要求,维护了社会秩序的自然稳定,避免了权力斗争,缓和了争端纠纷,增进了血缘亲情,同时也增进了人们的团结,促使社会秩序稳定有序,长期不变"③。

三 过山瑶的精神文化

1. 语言文化

过山瑶有本民族的独特语言系统,它属于汉藏语系瑶语支勉语族。乳源过山瑶说勉语中的"尤勉"土语,比较晦涩难懂,具有较强的排他性和内部一致性。即使其内部在语言和词汇上有一点差别,但迁居各地的过山瑶基本上交流无障碍。清同治年间《韶州府志》卷十一《舆地略·风俗·瑶俗附》说:"瑶人一种,惟盘姓八十余户为真瑶,皆盘

---

① 房先清:《乳源瑶族的碑刻文献》,载《过山瑶研究文集》,民族出版社2008年版,第72—74页。
② (清)谢启昆:《广西通志》卷二七八《诸蛮》,广西人民出版社1988年版。
③ 周敦耀:《金秀瑶族石牌制度的社会管理机制》,《广西大学学报》(哲学社会科学版)1996年第3期,第4页。

瓠之裔也。别姓八十余户，性狂悍，鸟言，今亦渐习华语。"

过山瑶没有自己完备的文字系统，古代常常"刻木为契"。周去非《岭外代答》卷十《蛮俗》中记载："瑶人无文字，其要约以木契合二板而刻之，人执其一，守之甚信。"瑶族民间也有用汉字加上瑶族自创的土俗字来记录家先单、族源、故事传说、契约和碑文的①。

2. 歌舞文化

"民歌是传统文化的精粹，集中体现了一个民族的民族精神、性格、气质、心理素质和风土人情。"② 瑶歌实际上属于瑶族口头文学的一种具体表现形式。瑶歌历史上都是口头传唱，没有文字曲谱，歌师、歌姆传唱或者即兴发挥，使得瑶歌内容丰富，形式灵活，句式长短不一，韵律节奏质朴简单。

瑶歌伴随着过山瑶的日常生活和节庆习俗，其内容很丰富。有围绕民族起源、民族生活奋斗的历史歌，如《盘王置天又置地》；有纪念祖先、庆祝丰收、传播知识的"歌堂歌"，如耍歌堂中的《盘古皇歌》；有日常劳作过程中解闷、生产经验总结等劳动山歌，如《节气歌》《伐树歌》《收禾歌》；有互通款曲、互表真心、哀叹失恋丧偶、渴望纯真爱情的情歌，如《爬山调》《讴莎瑶》；有宗教活动、祭祀礼仪、红白喜事中唱的礼仪歌，如《请神歌》《送嫁歌》③。

就演唱形式而言，乳源瑶歌可分为念歌（小声领唱和传授时用）和喊歌（对远处大声喊唱）两种。乳源瑶族人以歌来谈古论今，以歌谈情述理。乳源瑶歌大多围绕《大歌书》的底本展开，但并非一成不变，随着时间的推移和社会背景的变化，瑶歌的内容和歌者的身份也有所变化④。

过山瑶不但能歌而且善舞，其舞蹈题材广泛，形式丰富，有长鼓

---

① 《瑶族简史》编写组：《瑶族简史》，民族出版社 2008 年版，第 5 页。
② 唐力：《瑶族民歌研究与创新应用》，《广西民族大学学报》（哲学社会科学版）2008 年第 5 期，第 82 页。
③ 练海虹：《广东瑶歌讲述的故事》，《青年文学家》2011 年第 9 期，第 230—231 页。
④ 邱婧：《"传统"、"传承"与日常生活——当代广东瑶歌发展模式研究》，《民族论坛》2016 年第 10 期，第 63—68 页。

舞、伞舞、关刀舞、蝴蝶舞、铜鼓舞、草席舞、铙钹舞、打马兵舞，等等。其中长鼓舞最能反映瑶族质朴、浪漫的历史和文化，体现瑶族人民的个性和情致①。

长鼓舞就是一边击打长鼓一边跳舞。瑶族有句俗语，叫"有瑶就有长鼓"。长鼓最早是祭祀的用具，后来，瑶人把长鼓融入生活甚至战斗之中，长鼓舞就成为过山瑶最具代表性的舞蹈。长鼓舞可分为单人舞、双人舞、群舞三种类型。表演程式有72套，现在留存36套，每一套分"起堂""移堂"等若干动作细节。其动作特征粗犷、奔放、雄劲、洒脱。所有动作都表现了瑶族人民热情奔放、坚强勇敢的性格特征。按照不同场合，长鼓舞的表演又有具体区别。祭祀一般跳《木狮舞》《羊角长鼓舞》和《还愿长鼓舞》等，节庆活动一般跳《狮子长鼓舞》《贺年长鼓舞》和《高台长鼓舞》等，宗教节日（如农历十月十六日"耍歌堂"）则跳兼具二者的《耍歌堂长鼓舞》。

瑶族舞蹈几乎全是群众性的，不论男女老少均可参加，并且都有一定的道具，如长鼓、花鼓、牛角、阳伞等，喜闻乐见，易学易传。

3. 宗教信仰

古代瑶族社会发展缓慢，有浓厚的原始宗教信仰，表现出强烈的信巫、尚鬼习俗。南宋祝穆《方舆胜览》载："瑶俗，畏鬼神，喜淫祀。"② 瑶人认为万物有灵，每件事物都有专神管理，世界就是一个充满灵魂的所在。乳源瑶经《引度师爷书·契拜》就反映了瑶族的自然崇拜，认为小孩要健康成长，必须契给神（太阳神、月亮神、大树神、石头神、路神等）作儿子；女子出嫁，过桥时新娘要在桥头行半跪礼，并放一枚铜钱敬桥头伯公，祈祷顺利过桥。

灵魂观念是瑶族所有崇拜与祭祀的思想基础。它萌芽于原始瑶族先民早期的实践活动和直觉感知，比如做梦。瑶民相信，人和自然神灵之间可以通过祭祀仪式互相沟通。祭祀一般是通过巫祝祈祷来进行，后来

---

① 黄芬：《浅析广东粤北瑶族长鼓舞文化》，《文艺生活》2011年第6期，第167—168页。

② 转引自李默《瑶族历史探究》，社会科学文献出版社2015年版，第184页。

受到道教一些咒语、牒、榜等的影响,从而自成一种程式化的宗教活动。瑶人信巫,认为巫既能沟通天神、自然神灵,又可以驱赶鬼怪。《古今图书集成·神异典》记载了祭祀盘瓠时的巫舞。宋李焘《续资治通鉴长篇》卷一四三也记载了巫师兄弟诱惑瑶民叛乱的史事。

江应樑认为,"瑶人现时的宗教,已经深度的受到汉族的道教化,其程度很深,但其信仰的意识和宗教的仪式,仍有一部分保持着野蛮民族之原始宗教意味"①。

瑶人的信巫、尚鬼传统,可以从史料中追溯到秦汉时期。一直到明清时期,瑶人"信鬼畏誓"之风依然盛行。清姚柬之《连山绥瑶厅志》卷四《风俗》记载:"凡瑶之有疾病者……使其众分而祷祟之,其有不愈者,则曰神所恶,非祷之不诚也。"

除崇拜鬼神外,"瑶人认其祖先为盘古,其所敬祀之盘王神,则不仅代表盘古,真是代表一切祖先的灵魂"②。据《乳源瑶族古籍汇编》记载,瑶族宗教信仰是以盘王为核心的祖宗崇拜、自然崇拜的多种信仰,它受道教影响很深,甚至一些直接移入道教的经典,同时也渗透了佛教,而融入瑶族固有的宗教信仰中,形成瑶族独特的民间信仰。婚丧二事、年节喜庆以及拜王度身,都要拜祭盘王。每年农历十月十六日传统瑶族社会在村寨中举办规模不等的"拜王"仪式。一为不忘根本,酬谢盘王创族救命之恩;二为祭祀祖先;三为祈求来年风调雨顺,喜获丰收。

瑶族民间信仰在传统村寨中是重要的村寨文化组成部分。总体而言,过山瑶的宗教信仰,其作用基本上是针对瑶人生产、生活的需求,强调其"斩妖除魔,收捉瘟神"的能力,并没有其他宗教的"高尚"理想。

对于瑶族祭祀盘瓠,史载颇丰。晋郭璞《晋纪》载:"糅杂鱼肉,叩槽而号,以祭盘瓠。"唐朝刘禹锡作《蛮子歌》。宋郑伸《桂阳志》

---

① 江应樑:《广东瑶人的宗教信仰及其经咒》,国立中山大学研究院文科研究所《民俗》(第一卷)1937年第3期(广东北江瑶人调查报告专号)。

② 栾福臣:《深山里的人家:过山瑶》,《生命世界》2011年第11期,第74—83页。

载:"峒瑶斑其衣,言语侏离,称盘王子孙。"宋朱辅《溪蛮丛笑》载:"瑶人十月朔日,各以聚落祭都贝大王,男女各成列连袂相携而舞,谓之踏瑶。"清屈大均《广东新语》卷七《瑶人》载:"礼祀其先祖狗头王(盘瓠),以小男女穿花衣,歌舞有侑。"民国《乐昌县志》卷三记载:"拜王,有三日功课,意在祈丰驱疠。"①

4."家先"情结

过山瑶视自己为盘瓠后裔,因此利用节庆、婚嫁、宗教仪式等祭祀盘王。此外,过山瑶也以家庭或者宗族为单位祭祀自己的祖先,即家先,以"家先单"(瑶族自己撰写的祖先族谱,一般由师爷代为记录)来构建其"家屋社会"②。过山瑶十分重视和家先的交流,家中重大事件都要请师爷告诉家先。"家先单"是过山瑶社会普遍存在的祖先登入名册。

竹村卓二认为,瑶人"家先单"是"经营独立的经济生活的'房'的领导,即房主地位的象征"③。在乳源,"家先单"以"厅"为单位保存。"厅"一般指血缘组织,由少数几个血缘关系很近的同胞之家构成。同时,"厅"也是指由厅下几家合用的祭祀空间。通常,"厅"和瑶人的灶头在同一个屋檐下④,放置在神龛下的"家先单",在一定意义上具有灵牌意义。

"家先单"呈现出过山瑶祭祀的基本原则,即家先均以夫妻双方法名登入为基准,"法名具有宗教之功能,能够通神"⑤。祭主一般以个人为单位举行礼仪祭祀,同一父系兄弟共同举行的礼仪只是一时的合作,家先的祭祀反映了过山瑶以家屋为中心的行为规范。"家先单"的主体

---

① 转引自李默《瑶族历史探究》,社会科学文献出版社2015年版,第150页。
② 何海狮:《"家先单"与过山瑶的家屋社会》,《文化遗产》2013年第4期,第131—137页。
③ [日]竹村卓二:《瑶族的历史和文化——华南、东南亚山地民族的社会人类学研究》,金少萍、朱桂昌译,民族出版社2003年版,第135、138页。
④ 何海狮:《"家先单"与过山瑶的家屋社会》,《文化遗产》2013年第4期,第131—137页。
⑤ 张泽洪:《文化传播与仪式象征——中国西南少数民族宗教与道教祭祀仪式比较研究》,巴蜀书社2008年版,第453页。

是家屋,其意义也在于家屋本身的延续①。在"厅"发生分裂时,新的"厅"会制作新的"家先单"。两个"厅"和两份"家先单"原则上是独立平等、无主次之分的。

书写"家先单"的权力一般属于师爷。师爷主持葬礼的一个环节,就是将已通过挂灯或者度身仪式的逝者登入"家先单"。乳源瑶族也会通过"偷法名"来让未参加仪式的祖先进入"家先单"。乳源瑶山的"家先单"中,一般第一个家先都是本地的开山始祖。如盘姓均以"盘安山"打头。赵姓都以"赵松公"打头。

5. 民族文化心理

民族文化心理是指受民族历史积淀的社会文化影响而形成的对人、事、物等客观存在和关系的心理行为反应倾向和方式,其外延包括民族的价值观念、态度特征、意志特征、情绪特征、思维方式②。过山瑶的文化心理表现为以下三个方面。第一,同宗共祖意识,它是瑶族内部团结的心理基础。过山瑶信奉盘瓠和平皇三公主为自己的祖先,十二姓瑶人都是其后裔。因为同宗共祖,所以同心同德。过山瑶的族群意识很强烈,他们集体迁徙,内部平等互助,对外共同抗击压迫和剥削,语言保持一致,婚嫁不通外(汉)人。第二,崇拜祖先意识。这种意识直接影响其日常生活,瑶胞祭祀盘瓠,尊敬老者,恪守古训,以《评皇券牒》里的训诫作为自己的行动指南。第三,重农轻商意识。这种意识的形成,与过山瑶长期迁徙并且居住深山、自然环境封闭、生产方式落后有关。在长期处于居住深山、刀耕火种的自然经济状态下,土地所有就显得尤为重要。瑶歌中有很多体现过山瑶"农本"意识的唱词,如"万般殷勤守本分,耕种立家为本宗""第十劝君要耕种,耕田种地要勤心",等等③。

---

① [日]吉野晃:《泰国北部的优勉(瑶)的亲族组织及祖先祭祀相关的社会人类学研究》,博士学位论文,东京都立大学大学院,2006年,第101—121页。
② 查明华:《民族文化心理概念辨析——兼论民族心理学学科特性的显现》,《广西民族研究》2012年第1期,第131—134页。
③ 李本高:《瑶族文化心理结构探微》,《民族论坛》1992年第2期,第82—88页。

6. 节庆习俗

过山瑶节日包括春节、送懒节、送神节、禾必节、清明节、鬼节、尝新节等。其中春节是从头年的小年夜一直到新年初四的下半夜。从小年夜到年三十晚，各家每晚要祭祀祖先，同房同宗的可以联合举行，焚香烧纸钱，祭祀完毕全家才吃晚餐。大年初二至初四，各村的成年人尤其是未婚青年，盛装打扮，结伴出游，男女情投意合即可合宿。

送懒节是农历大年初五，主人在屋里一边打扫卫生一边念咒语。之后将垃圾放在粪箕中，以一支筷子串猪肉、糍粑各一块，插在粪箕上，送出屋外，将垃圾倒于路旁焚化，并燃香、放鞭炮。

送神节是正月初六至初十，以猪肉、豆腐、酒等陈列在正厅里，焚香、点烛、烧纸钱，请师爷将家先送回阴间，年节即告结束。年初七不出门探亲，外出探亲者初八不能回家。

禾必节是二月初一，又叫作"封鸟嘴"。要以糍粑粘白纸条于小棍上，将小棍子插满田埂以驱赶飞鸟，不用祭神。

此外，清明节需要修坟头、扫墓，以糍粑、猪肉、活鸡焚香祭祖。若是扫公共祖坟，则请师爷做法事，占卜吉凶，祭祀结束返回家中聚餐。鬼节是七月十五日。在家里或众厅内祭祀家先。尝新节俗称"十月朝"，祭祀家先，庆祝丰收，用糍粑喂牛，并用糍粑粘牛角、牛腰、牛尾等处。过山瑶的节庆习俗无不体现其对祖先的崇拜以及崇神惧鬼的心理。

第二节　过山瑶传统文化传承的主体

一　师爷、长者是文化传承的表率

师爷是过山瑶传统社会非常重要的角色群体，他们是过山瑶中为数不多的文化人。前文已述，在过山瑶村寨或者"公众会"等基本社会组织中，师爷是神权—族权—政权三位一体的实际权力者。就其文化传承而言，师爷的权威主要体现在以下五个方面。

第一，师爷是过山瑶宗教信仰的记录者、执行人和传承者。过山瑶的宗教信仰是一个集合自然崇拜、图腾崇拜、祖先崇拜、道教文化为一体的复杂思想体系，自有一套复杂图文、法器道具和科仪、流程等，需要有专人完成。师爷具有博闻强记、识文断字、能说会道、通神镇鬼、三界（神界—人界—鬼界）互通的能力，具有实际控制瑶民精神世界的权威性，是瑶民的精神领袖。师爷通过占卜、打醮、诵读经书等多种形式，传承过山瑶特有的宗教文化；同时在日常生活中对瑶胞进行身心调适与情绪疏导。

第二，师爷是瑶民成人仪式的见证者，是过山瑶重大节庆、婚丧活动的主持人。挂灯和度身作为过山瑶的成人礼，在瑶族文化中起到重要作用，而师爷是唯一有资格主持的群体。

第三，师爷是过山瑶传统文化符码内涵的解读者。过山瑶传统文化水平整体低下，文盲比例高，大多不具备写画能力。家族珍藏的《过山榜》、"厅"制作的"家先单"、祭祀使用的经书、祈福驱鬼用的符箓等，都需要师爷来撰写和解读。

另外，师爷对瑶族刺绣纹样背后蕴藏的历史故事、神话传说一般都有清晰的解读。师爷也是瑶歌高手，尤其是祭祀类大歌和其他仪式类歌曲，其唱词的传诵与即兴创作，师爷往往起到带头作用。师爷举行各种宗教仪式时所使用的文书，既是瑶族宗教和历史文献，也是瑶族文化的重要表征。已经被整理出来的《瑶人经书》有100余种，这些经书具有宗教学、语言学、历史学、文学艺术等方面的价值，"它以特殊方式如实记录了色彩斑斓、扑朔迷离的瑶族文化"[①]。瑶族师公世代诵唱、手抄并向瑶胞解读这些经典文献，使得其成为记录与传承瑶族传统文化的重要载体。

第四，师爷是瑶胞日常疾病的医治者，也是瑶族传统医学知识与生活常识的保存者。师爷通过特有的仪式为瑶胞驱除病魔，疗治身心。如史料记载，广东乳源瑶族师爷常用"架桥"仪式来治病人。

---

① 张有隽：《张有隽人类学民族学文集》，民族出版社2011年版，第250页。

"架桥"是瑶族的一种宗教仪式,用于为久病或重病人招魂[①]。这里的桥,是象征性地在真正的桥上搭一座仪式结束后随即拆除的小桥。桥的类型有黄河大桥、长生保命桥、十保桥等。其中,黄河大桥只能架一次,是在人病危、非架不可时才架的桥;长生保命桥是人生重病时举行的一种仪式;十保桥是平常疾病架的桥,也是师爷经常架的桥。架桥仪式主要有请神到坛、造台请玉帝、祭星送星、造桥招魂、封桥压魂、送玉皇大帝等[②]。

除了通过各种仪式为瑶胞驱鬼辟邪外,师爷在日常实践活动中积累了大量的民间医药知识。过山瑶在长期颠沛流离、深山迁徙的生活中,常常面临蛇虫鼠蚁的叮咬、草木荆棘的割伤或者跌落山谷的身体折损,因此一般瑶胞多会就地取材,在山中寻找草药进行简单的伤口处理。师爷因能识文断字,所以,他们不但能在日常生活中积累相关经验,更能从汉族书籍以及瑶族典籍中系统地收集、整理并实际应用相关医疗知识、偏方等。笔者在乳源县调研过程中,在县城街头看到很多家瑶族诊所,瑶医很多都是祖上做过师爷,其特别擅长治疗跌打接骨。在乳源县瑶族国家级传承人、师爷盘良安家中,也保存大量手抄的瑶医诊疗方法和瑶药配置秘方。

第五,瑶族师爷是过山瑶传统文化的早期教育者。瑶族作为无文字民族,过去常借用汉族的文字。由于瑶族经济文化落后,社会结构简单,传统瑶族社会没有规范化的教育体系,一般只有瑶族师爷能用汉字手抄经书,并且熟读吟诵。很多没有机会接受教育的瑶族青年在师爷的指导下,通过读抄经书识文断字,学习生活常识。

很多瑶胞从师爷那里学会了《三字经》《百家姓》《千字文》等汉族蒙学内容,学习师爷自编的《破理书》《自从盘古书》《四言杂字》《六言杂字》等民族典籍。随着瑶族宗教的发展,师爷逐渐职业化。师

---

① 赵家旺:《瑶族招魂简述》,《广东民族学院学报》(社会科学版)1992年第1期,第40—44页。
② 高崧耀:《魂兮归来:广西昭平县仙回瑶族乡茅坪村盘瑶"架桥"习俗研究》,《广西瑶学会2011年年会暨学术研讨会论文集》,2011年版,第128页。

爷通过瑶族社会内部盛行的挂灯、度戒活动，为弟子讲解经义，训以戒词，这种宗教教育是过山瑶传统社会的一大文化特色，也是社会生活的重要组成部分。

除师爷外，过山瑶传统社会中的长者也在文化传承中起到表率作用。在传统瑶山社会，文化的传习主要是靠口传心授、观察临摹、复制模仿。瑶胞普遍文化程度低下，艰苦的生活条件和恶劣的生活环境不允许瑶胞尤其是青壮年瑶胞有过多闲暇时间专门学习，于是，文化的记录、传承、推广任务落在年长者头上。

在过山瑶的游耕狩猎生活中，具体的生产分工是：青壮年男女外出务农，狩猎采集；老年留在家中料理家务，照料儿童，饲养供宗教祭祀使用的家禽，同时对儿童进行民族文化及生活技能的传授。年长或者记忆超群者（比如师爷），因为丰富的经历和对过往的熟知，"使他们有资格……为部落提供可贵的经验"[①]，从而对晚辈进行文化教育。

长者从祖先处承袭了关于民族历史及文化的全部记忆，加上多年参与文化活动，浸润于民族文化之中，积累了许多经验，对文化技艺的反复实践（如耍歌堂、制作瑶服、刺绣、酿酒等）提升了自己的熟练程度，完全能胜任家庭、村寨等传承场域的师傅角色。他们通过身体力行、口传心授、亲身示范，在抚养幼童的日常生活中承担起家庭教育者的角色，自然地完成代际之间的文化传承工作。瑶族自古及今都有尊老敬老的传统，不无道理。

二 全体瑶胞是文化传承的生力军

过山瑶传统文化在中华人民共和国成立之前的漫长岁月中，基本保持完整不变。其民族文化在这段历史过程中，经历更多的是一种逐渐适应迁徙生活及深山居住环境，不断认同自己王瑶子孙、盘瓠后裔身份，

---

① 申凡：《传播媒介与社会发展——媒介功能理论研究》，人民出版社2008年版，第75页。

第二章　过山瑶传统文化的历史传承

牢记与外族压迫及自然环境做斗争的辉煌历史，逐渐丰富内容、完善形式的过程。所有十二姓瑶人都以姓氏或者宗族为核心，在村寨首领（包括瑶老、村长、师爷、瑶官）的统领下，以民间传承的方式延续和丰富自己的传统文化。所以，过山瑶传统文化的传承主体是全体过山瑶同胞。

以过山瑶重要的宗教活动"度戒"为例。一次具体的度戒活动需要调动村寨全体成员。男女老幼在其中各司其职，各安其位。传统瑶族社会，过山瑶男性到达一定年龄时，必须参加度戒仪式。度戒有不同层级，其中"挂灯"是必须参加的，往上的层级则视各自财力高低择机举行或不举行，每个层级都有对应的现世能力和地位。乳源过山瑶主要是进行挂灯（初级）和度身（中级）两个仪式。日本学者竹村卓二在泰国的瑶人中发现的"加职"（高级）、"加太"（最高级）两个形式[1]，乳源本地基本没有。

度戒虽然普遍存在于瑶族社会，却有着十分明显的地域性特色，也受到瑶族不同支系的影响。乳源过山瑶的度戒仪式是在家先观念指引之下，以父系血缘组织"厅"为载体，代际相传的重要宗教活动[2]。度戒仪式烦琐，1941年，梁钊韬在乳源地区进行调研发现，度戒仪式包括变身、变锣鼓、召集神人、召请诸神、道场完满等34道程序[3]。因此，度戒耗费巨大，耗时颇长，头一年便昭告乡邻，正式仪式耗时七天七夜。同时，度戒涉及人员广泛，需要提前请定师爷、歌姆、童男和童女，临期通知亲朋，遍请临近村寨亲友。届时，度身者、歌者、观者在师爷仪式流程指引下，亲身参与整个度身过程，见证并且体会瑶族成人礼的文化意义。

---

[1] ［日］竹村卓二：《瑶族的历史与文化——华南、东南亚山地民族的社会人类学研究》，金少萍、朱桂昌译，民族出版社2003年版，第76页。
[2] 何海狮：《家先观念与度身仪式——以粤北方洞过山瑶为例》，《广西民族大学学报》（哲学社会科学版）2013年第5期，第103—108页。
[3] 梁钊韬：《粤北乳源瑶民的宗教信仰》，国立中山大学研究院文科研究所《民俗》（第二卷）1943年第1—2合期。

第三节　过山瑶传统文化传承的方式

"模式"是主体行为的一种方式，具有一般性、简单性、重复性、结构性、稳定性、可操作性的特征。模式在实际运用中必须结合具体情况，实现一般性和特殊性的衔接，并根据实际情况的变化随时调整要素与结构，才有可操作性①。

文化传承的模式就是文化传承主体根据本民族文化的特征以及存在的具体环境而采取的传承行为。总体而言，在传统社会，过山瑶传统文化的传承主要使用民间传承模式。"无文字民族文化传承从传统到现代，历经口头语言、实践记忆、实物图符、文字借用、传媒介质、网络空间等多种方式。"②

过山瑶作为典型的无文字民族，其传统文化的民间传承模式在形式选择上也经历了类似嬗变。在传统瑶族社会，过山瑶传统文化民间传承模式的具体表现形式如下。

一　家庭传承

瑶族历史上没有自己的文字，所有的历史、文化经验等都靠有形的歌舞动作、民俗科仪、绣纹图样等来记录与传承。其中家庭成员之间的代际承袭十分重要。"家庭教育是传统文化传承的重要环节，传承侧重点在于传统文化的行为系统。"③ 正如黑格尔所言："每种艺术作品都属于它的时代和它的民族，各有特殊环境，依存于特殊的历史的和其他的观念和目的。"④

瑶胞代代相传的瑶族服饰、刺绣纹样，歌姆反复吟唱的瑶族民歌，

---

① 彭漪涟、马钦荣：《逻辑学大辞典》，上海辞书出版社2010年版，第112页。
② 罗正副：《文化传承视域下的无文字民族非物质文化遗产保护省思》，《贵州社会科学》2008年第2期，第19页。
③ 容中逵：《家庭教育：你在传统文化传承中都做了些什么——论当前我国家庭教育中的传统文化传承问题》，《教育理论与实践》2008年第16期，第54页。
④ ［德］黑格尔：《美学》第一卷，朱光潜译，商务印书馆1979年版，第346—347页。

甚至深山清泉酿造的苦爽酒，深林猎取、自家腌制的美味腊肉，都是其民族历史和文化心理的呈现，是承袭民族文化的重要载体。过山瑶同胞就是在日常生活中以家庭为最初的传承场，自然承袭并不断丰富自己的民族文化。

过山瑶的家庭教育过程也是代际之间传授生活、生存技能的过程。瑶女幼年便随母亲、姐姐制衣刺绣，瑶族男子起小便随父辈耕山狩猎或者种树采药；在重要的家庭祭祀活动、节庆活动中，小辈往往作为长辈的助手参与其中，眼看手做，脑思心记，将各项风俗习惯、生活禁忌、生存技能习得并转化成自己的知识储备。

以瑶绣为例，"瑶绣……每一个图案、每一种绣法都蕴含着美丽动人的故事，潜藏着瑶家祖祖辈辈生生不息的密码，解读它，需要对瑶家的生活、情感世界有深入的熟悉和了解；瑶绣是传统的，瑶族的历史……就是靠瑶歌、瑶绣等口头或者艺术的形式来记载；他们的愿望也在瑶歌、瑶绣中含蓄地表达。一幅瑶绣作品……是瑶族文化发展的某一段体现"①。世代瑶女在穿针引线中悄无声息地承担起传承民族文化与记录民族历史的使命。瑶女自小就从母亲、姊妹那里学习刺绣和制衣，女性长辈和亲朋会在瑶女年幼时口传心授瑶族的刺绣技法、纹饰图样，亲自示范，反复纠正，直到瑶女掌握刺绣技巧为止。会刺绣、善刺绣是一个瑶女在瑶族社会和夫家安身立命之本。

> 邓菊花（女，65岁，瑶族，国家级非遗项目瑶族刺绣传承人）：我是五六岁开始跟着奶奶、妈妈、姐姐学刺绣，那时候看着她们绣，慢慢自己就会上手了。我们的规矩就是待嫁的闺女要自己绣好出嫁的新衣服；新媳妇到婆家后，一定要给婆婆绣一套新衣服。婆家人一般是从新媳妇的绣工高低来判断她的持家能力的。我们年轻时，家里的衣服、小孩的帽子什么的，都是自己亲手绣的，不会绣的女人在家里是没有地位的（图2-1）。

---

① 邓菊花、盘才万、莫瑞福：《瑶绣》，广东人民出版社2008年版，第2页。

图 2-1　国家级非物质文化遗产瑶族刺绣传承人邓菊花

二　师徒传承

瑶山的传统教育，包括家庭内部成员的启蒙教育和技能传习、宗教领域的师徒教育。师爷是过山瑶中的精英人士，集合神权—族权—政权于一体，同时控制着瑶胞的精神世界和世俗社会，在瑶族传统社会中是不可或缺的角色。师爷带有世袭性质，虽然师爷不是父子相传，但是讲究家世，其徒弟的家世一般和师爷职业有直接渊源。根据1941年梁钊韬的调查，他所认识的一位师爷，"他的祖父是一位巫师。他现在的徒弟的父亲亦系巫师"①。

宗教生活是传统瑶族社会的日常生活组成部分。作为宗教生活主持者的师爷，需要经过严格训练、遴选才能胜任。师爷会选择与自己家世职业有渊源且能说会道、博闻强记、吃苦好学者为徒，通过举行挂灯仪式传法给徒弟，包括给师男戴师帽，带师男跳"学法歌"，给徒弟传授《大戒文书》等经书。另外，徒弟一般辅助师傅在日常大小瑶族仪式、节庆活动中作法，通过认真观察、反复模仿、诵读记忆等漫长的学习过

---

①　梁钊韬：《粤北乳源瑶民的宗教信仰》，载国立中山大学研究院文科研究所《民俗》（第二卷）1943年第1—2合期。

程,实现由徒弟到师爷的身份转变。成为资深师爷后,亦通过重复以上过程,将瑶族师爷的权责、能力、技艺等传递给自己的徒弟,以使这一群体的历史绵延下去。

盘良安(男,80岁,瑶族,国家级非遗项目瑶族盘王节国家级传承人):我两岁时爸爸就死了,我妈妈带着我给一个本家亲戚做工。那家主人是个师爷,他看我面相好,也很聪明,就让我给他当徒弟,他把我当儿子养,我就跟着他学习怎么做师爷。我18岁时,师父就让我独自出去给人做法事。开始是打醮,后来拜王我也能自己做,不需要师父带着了。我一直记得师父教我的道理:做师爷一定要善良,要有善心,一定是真心为别人好,这样的人才有资格做师爷。这些年来我凭借记忆,再加上一些老人帮忙,又写了这些东西(经书、符箓。——笔者注)。过去我们瑶山还是有很多相关资料(彩版一,图2-2)。

图2-2 国家级非物质文化遗产瑶族盘王节传承人盘良安(前排右一)全家福

三 实践记忆传承

《说文解字》云:"实,富也,从宀从贯。贯,货贝也。""践,履也。"①"实践"合称,最早见于宋朝吴泳《鹤林集》卷三十"上邹都大书"记载:"执事以天授正学,崛起南方,实践真知,见于有政。"这里的实践是实地履行的意思②。实践就是人们习惯性地反复做某事,并从中获得某种东西(如记忆、技能等)的行为。

"记忆"是心理学的重要概念,指"对经验过的事物能够记住,并能在以后再现(或回忆),或在它重新呈现时能再认识的过程。它包括识记、保持、再现或再认三个方面:识记即识别和记住事物特点及其间的联系;保持即暂时联系以痕迹的形式留存于脑中;再现或再认则为暂时联系的再活跃。通过识记和保持可积累知识经验,通过再现或再认可恢复过去的知识经验"③。

实践与记忆二者在"重复某事,习惯行为"上重叠。因此,"实践记忆"是无文字民族传承本族文化重要的形式。具体而言,实践记忆是指"人们在日常交往、生活、行为或仪式实践活动中,耳闻目睹、耳濡目染、潜移默化习得的文化记忆"④。"实践记忆以现实文化生活为基础,以记忆和实践的理论为学理依据,并修正补充传统记忆理论的不足,具有涵盖日常交际或仪式实践对人们所产生的整体观和情境性文化记忆的特点,具有独特的文化传承和功能意义。"⑤过山瑶的宗教信仰、风俗制度等,主要依赖言传身教,因此,实践记忆传承显得尤为重要。

康纳顿认为,群体的记忆如何传播和保持,会导致对社会记忆作为政治权力的一个方面,或者作为社会记忆中无意识因素的一个方面加以关注,或者兼而有之。也就是说,一个民族或者集体的记忆的传播与保

---

① (汉)许慎:《说文解字》,中华书局1978年影印版,第46、150页。
② 《辞源》第2册,商务印书馆1980年版,第859页。
③ 《辞海》(上),上海辞书出版社1979年版,第870页。
④ 罗正副:《实践记忆论》,《世界民族》2002年第2期,第47页。
⑤ 罗正副、王代莉:《仪式展演与实践记忆——以一个布依族村寨的"送宁"仪式为例》,《广东民族研究》2008年第3期,第35页。

持受到两个层面的影响。首先是政治权力对社会记忆的控制，群体要记忆什么、遗忘什么，都存在着权力的支配和掌控。另外，社会记忆是在无意识状态下习得。人们在一个群体里长期生活或实践，不知不觉学到群体的文化、观念、历史等，从而获得了群体社会的记忆或群体的社会记忆，即康纳顿强调的"任何社会秩序下的参与者必须具有一个共同的记忆"[1]。少数民族传统文化在生活中自有一套传承的网络体系，"其网络结构系统的经线是各民族的习惯法，纬线是宗教禁忌和道德伦理，经纬网格是各民族民俗生活习俗，节点是民族的社会组织和文化职司"[2]。

瑶族传统文化体现在过山瑶生活的点点滴滴，在漫长的历史岁月中，瑶民一代代重复父辈、祖辈的生产生活方式，延续前辈的思维习惯和认知方式，严格遵守本族的习惯法和伦理规范，践行本民族的宗教科仪和习俗传统，听命于本族的权力人物（瑶老、父辈、师爷等），并将这一切传递给子孙，从而维持过山瑶社会的稳定与文化的传递。文化记忆是"关于一个社会的全部知识的总概念，在特定的互动框架之内，这些知识驾驭着人们的行为和体验，并需要人们一代一代反复了解和熟练掌握它们"[3]。如以"厅"为单位书写家先单，年节祭祀家先，这都是过山瑶必须遵从的重要习俗。瑶家女性从小就要跟随长辈学习制作瑶服，刺绣瑶族纹样。过山瑶正是通过日常生活事项的反复实践，在潜移默化中形成对本民族的文化记忆。

四 歌舞节庆传承

过山瑶是个能歌善舞、喜歌爱舞的民族。载歌载舞不仅是瑶族许多生活场景的必备环节，也是其传统文化的重要载体。瑶胞经常以歌代言互通心曲，交流经验。瑶歌内容涉猎广泛，天文地理，凡人俗世，远古

---

[1] ［美］保罗·康纳顿：《社会如何记忆》，纳日碧力戈译，上海人民出版社2000年版，导论第2—3页。
[2] 赵斌：《贵州民族传统文化的传承》，《经济研究导刊》2011年第25期，第265—266页。
[3] ［德］哈拉尔德·韦尔策：《社会记忆：历史、回忆、传承》，季斌等译，北京大学出版社2007年版，代序第4页。

传说，婚丧喜庆，随口而唱，皆成曲调。"音乐作为一个民族文化重要组成部分，无疑要融入民族认同之中，尤其对于那些无文字的少数民族更具有价值，因为音乐往往是传承本民族文化的媒介。"[①] 伴随着一代代歌师、歌姆示范演唱，一批批瑶胞积极传唱，承载在瑶歌中的过山瑶历史、故事、情感、记忆等就流传至今。

随口哼唱的瑶歌内涵丰富，文化价值很高。以《盘王大歌》为例，它所记录的盘瓠传说，把瑶族族群的一个英雄人物与汉族皇帝的驸马（一个有功于国家的英雄）联系起来。渡海传说则进一步把瑶族的英雄人物上升为民族救世主的地位，进而强化了盘瓠在瑶胞中的地位，正是他拯救了整个民族，并开启了整个民族虽然颠沛流离但顽强生存的历史。通过反复吟唱《盘王大歌》，在瑶胞心中强化盘王始祖的故事。通过在农历十月十六日盘王节这种恩谢仪式上不断跳起长鼓舞，唱起《盘王大歌》，让瑶胞与神圣的联动，得到心灵的净化，民族认同感增强[②]。

前文已述，过山瑶民族节日繁多，每个节日上都有相应的器物（如糍粑、粽叶把在鬼节中的使用）和歌舞（如"耍歌堂"中的长鼓舞）、仪式（如"十月朝"中的祭祀盘王）。在频繁迁徙和繁重的山地劳作之余，这些节日不仅可以缓解压力，增进感情，更能够教育后辈不忘根本。

以过山瑶最重要的"十月朝"节为例，农历十月祭祀盘王是过山瑶的一项重大活动。"跳盘王"是其中一个重要的体现过山瑶民间信仰的宗教仪式。传统的民间信仰文化包括信仰、仪式和象征三个不可分开的体系，其中信仰体系主要包括神、鬼和祖先，仪式形态包括家祭、庙祭、墓祭、公共节庆、人生礼仪、占验术等，象征体系包括神系的象征、地理情景的象征、文字象征（比如对联、族谱、道符）、自然物象征，等等[③]。

[①] 孙未：《少数民族题材歌剧音乐浅析》，《剧作家》2006年第2期，第129—130页。
[②] 陈敬胜、陈霞：《瑶族文化的象征性表达——瑶族盘王大歌的文化考察》，《湖南科技学院学报》2010年第3期，第60—63页。
[③] 王铭铭：《神圣、象征与仪式：民间宗教的文化理解》，王铭铭、潘忠党主编《象征与社会》，天津人民出版社1997年版，第175页。

过山瑶通过跳盘王仪式编织自己的意义之网，实现民族聚合与身份的认同，在特定仪式中实现格尔兹所言的"宗教象征符号所引发的情绪和动机，与人们传统观念系统中表述的有关存在秩序相遇，达到相互强化。在仪式中，生存世界与想象世界借助一组单独的象征符号得到融合，变成同一个世界"①。"无论宗教生活的外表多么复杂，本质上都是一元的和一体的。无论何时何处，它都对应于同一个需要，来源于同一种心态。"②

在跳盘王祭祀中，主办方（集体）通过仪式凝聚社会团结的需要；个体通过群体集合的仪式唤起集体力量，并从中提升自我力量。过山瑶通过自古及今一直保有的这种节庆传统与祭拜仪式，实现了无文字民族的文化传承与身份认同（彩版六）。

五 民间典籍传承

瑶族历史上是一个无文字民族，但这并不代表瑶族的传统文化没有图文记载。虽然大多数瑶族历史、经文都是通过口传诵记的方式传承下来。但过山瑶中的师爷群体以及后来的瑶官在长期与迁徙地汉族接触的过程中，也学会借用汉字来记载本族重要的典籍资料。家先单、宗教挂像、瑶族经书、宗教符咒、券牒文书等都是其典籍传承的载体。

有学者对美国国会图书馆馆藏瑶族写本做过细致研究，发现美国瑶族（其先民为乳源县必背镇的过山瑶）的典籍都是用汉字以及自创的土俗字撰写的，其中还配有很多图画和手绘图案③。通过对其进行科学分析发现，美国国会图书馆馆藏的古籍很多都是宋明以来的珍贵手抄本。这说明，瑶族自古就有意识地将自己的文化通过图文形式保存下去，以弥补口传文化之不足。

瑶族古籍中最重要的就是《过山榜》（也叫作《过山榜文》《榜

---

① 古家容：《仪式与象征——下古陈村瑶族师公跳盘王的人类学解读》，《广西民族研究》2006年第2期，第66页。
② 张建建：《杀猪献祭与结合意义》，《世界宗教研究》1996年第4期，第38页。
③ 何红一：《美国国会图书馆藏瑶族写本及俗字举例》，《民族研究》2013年第1期，第94—106页。

文》《白箓敕牒》《天皇敕书》《过山牒》《榜牒文书》《评皇券牒》《评王券帖》《评王券榜牒文》等①）。它是过山瑶同胞世代珍藏的一种历史文书。根据体裁、内容不同，可分为四种类型：第一种是称为《评皇券牒》《盘古皇圣牒》《白箓敕帖》的牒本，内容完整翔实，一般文长六七千字，多者达13000余字，流传量多面广；第二种是称为《过山榜》《瑶人榜文》的券牒，内容较简短，文长一般四五千字，短者仅几百字，为券牒之简本；第三种称为《龙凤批》《过山图》等，文长三四千字，是修编版本；第四种叫作《瑶人分基来路总图》《十二姓瑶人来路祖途》《瑶人出世根底》，记录盘瓠传说和祖先族谱等情况，过山瑶也常将其当作券牒收藏。其中《评皇券牒》应该是1300多年前唐宋王朝统治者用来招安瑶族先民的券牒文书。

一个特定群体的历史文献表达着至少四个层面的内容，即族群历史记忆的书写、群体情感和自我的经验表述、历史和政治身份的折射、建构自我和表达认同。瑶族《过山榜》通过讲述族群历史记忆来建构自我，表达认同②。各地过山瑶所拥有的《过山榜》虽名称各异，版本不同，长短不一，但基本包括了关于瑶族起源、瑶族迁徙历史和封建王朝授予瑶族祖先官爵以及特权、瑶族耕山生活方式等内容。有的券牒文后还附上当地历史事件、山林土地资源分配情况、本姓氏的宗支谱系等，对于我们了解过山瑶历史、迁徙地情况、族群关系、婚姻制度等具有重要的参考价值。

另外，笔者在乳源县大王村进行调研时发现，一位师爷家中所藏手抄的经书，许多都是从其师祖辈传下来的。据江应樑民国时期的调查发现，在过山瑶整个度身仪式中，会挂多幅神像画（有盘王像、道教三清等），并诵读多本经书。其中经书包括起马出门书、请神书、开天门书、接王书、度师男书、挂灯书、盘王大歌、拜神圣歌书等十几种。这些挂画、经书是过山瑶宗教信仰的集中反映（图2-3、图2-4）。

---

① 李本高：《瑶族"过山榜"的由来》，《广西民族研究》1992年第4期，第69—74页。
② 谢耀龙：《族群历史记忆的文本表达——瑶族〈过山榜〉的表征研究》，《青年文学家》2016年第26期，第95页。

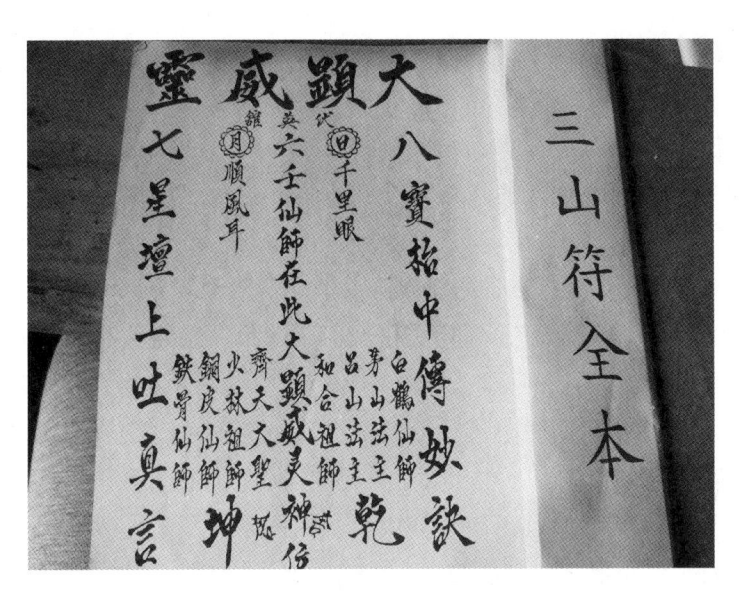

图2-3　瑶族师爷手抄经书

图2-4　瑶族师爷作法所用的挂画

此外，中外学者的田野调查也推动了文化传承。据史料记载，1910—1911 年，德国的弗雷德里希·威廉·勒斯尼尔来到乐昌县，先后三进瑶山，搜集到乐昌、曲江、乳源三县过山瑶的渡海神话。R. F. 福琼在对粤北瑶族调研的基础上，于 1936 年发表了《瑶族文化概论》。汉斯、斯伯图尔于 1936 年进入曲江县，考察瑶人聚居和农业生产情况，并于 1938 年出版《广东省的瑶族》一书。

1928 年，中山大学语言历史研究所荣肇祖教授到乳源县黄茶坑考察，并发表《瑶民访问记》。1930 年 3 月，中山大学生物系采集队分赴瑶山采集标本，采访瑶胞，并发表论文，如庞新民《广东北江瑶人杂记》等。1936 年 11 月，中山大学研究院杨成志教授带队十人到乳源荒洞进行田野实习，并且出版系列成果，如杨成志《瑶人的文化现象与体质型》、江应樑《广东瑶人之今昔观》等。

1941 年 4 月 24 日至 5 月 4 日，杨成志教授再次带队到乳源乌坑等地调研，并发表系列成果。其中，顾铁符《瑶民的刺绣图案》通过今昔对比，搜集整理了乳源过山瑶 62 种基本刺绣图案纹样。梁钊韬《粤北乳源瑶族的宗教信仰》则认为，瑶族的宗教信仰是神灵崇拜、有灵崇拜和妖物崇拜三者的混合，而不是道教。1940 年，胡耐安调查过山瑶的谱系、居住环境与迁徙历史，此后于 1964 年和 1966 年分别发表《中国民族志》《说瑶》等研究成果。

虽然学者们的研究并未提及当时的瑶胞如何积极配合，帮助其进行各项调研工作，但是，从大量学术文章的顺利刊发和第一手资料的顺利获取中可以看到，当时的瑶胞对学者关注并记录本族的文化是持肯定态度的。通过这些成文而系统的研究成果，在特殊历史时代与自然环境下过山瑶传统文化的全貌得以呈现及保存。

第四节　过山瑶传统文化传承的保障

一　文化认同是传承的基础

文化认同是人类对文化的倾向性共识和认可，是文化的核心，是文化存在与发展的主位因素①。亨廷顿曾指出,在后冷战的世界中,人民之间最重要的区别是文化的区别。人们用祖先、宗教、语言、历史、价值、习俗和体制来界定自己,并以某种象征物作为标志来表示自己的文化认同②。过山瑶传统文化即如此。

过山瑶传统文化能保存完整并延续千年,就在于瑶胞对本民族文化的强烈认同感。人的活动往往受到已经形成的认同的影响,当人们一致认为一种文化有其存在的意义时,人们就会出于不同的动机而保留或改进、发展这种文化。过山瑶传统文化最大的特点就是实用性,它满足了瑶胞日常世俗生活和精神生活的全部需要。文化认同有以下几个层次:首先是对文化本体的认同,其次是对家庭、家族、血缘关系的认同,最后是对自身文化体系中其他要素的认同③。过山瑶对本民族有强烈的认同感,《过山榜》中反复书写强调本民族高贵的血统与身份。基于山居生活而形成的文化于过山瑶而言就是其生命的一切,民族文化融于日常生活、文化,型塑了瑶胞的思维模式和行为模式。

当一个民族受到压迫时,需要以民族文化作为生存的武器;当一个民族处于上升时期,民族自豪感较强的情况下,文化认同感就会增强。文化认同感的强弱直接决定一种文化的存续。在历史上,过山瑶之所以不断迁徙,原因很多,但最根本的原因就在于作为少数族群而被主流政权和封建统治者所迫害与歧视。于是,过山瑶拿起文化作为武器,他们不断强化自己"王瑶子孙"的显赫身份,以《过山榜》为凭证,抵御汉人对山地资源的侵占,并以此为证免于徭役赋税之扰。他们不断神化民族英雄盘瓠,并希求通过度身来获得调动天兵天将的神力。

文化认同是文化群体中最基本的价值取向,具有一定稳定性,文化认同对文化群体而言起到黏合剂的作用。对于存在于自己文化体系中的

---

① 郑晓云:《文化认同论》,中国社会科学出版社1992年版,第4页。
② [美]塞缪尔·亨廷顿:《文明的冲突与世界秩序的重建》,周琪等译,新华出版社1999年版,第6页。
③ 郑晓云:《文化认同论》,中国社会科学出版社1992年版,第39—46页。

各种要素，比如风俗习惯、经验、信仰、艺术等，一旦形成认同，往往可能被规范化、制度化、法律化乃至神化①。过山瑶的盘瓠崇拜及拜王仪式、习惯法中的"神判"等，都是文化认同的具体表现。

拜王也叫"还盘王愿"。盘瓠是盘瑶供奉的始祖，关于盘瓠的神话，史料丰富。最早的记载见于东汉应劭所著的《风俗通义》，《山海经·海内北经》"犬封国"条②、郭璞的《玄中记》补叙③都有提及。直到南朝宋人范晔《后汉书·南蛮西南夷列传》④，使盘瓠神话传说成为正史。此后，在《通典》《太平广记》《册府元龟》《文献通考》等古籍中都有相关记载。瑶族民间古籍如《评皇券牒》中，也重点记载了盘瓠神话。对于与其他民族杂居甚至远隔千里、互相不通的瑶族来说，"盘瓠神话成为维系着瑶族族群共同体的精神核心。同时，盘瓠神话派生的渡海传说、千家峒传说则进一步强化和发展了瑶族的族群认同和民族精神"⑤。

祭祀盘瓠的习俗，最早见于晋代干宝《晋纪》。宋范成大记载："（瑶）岁首祭盘瓠，杂糅鱼肉、酒饭于木槽，扣槽群号为礼。"⑥ 其后一直延续千年。在拜王过程中，师爷诵念瑶经，歌姆领唱盘王歌，跳长鼓舞，瑶民虔心吟唱，载歌载舞，顶礼膜拜。瑶族歌舞"不同程度地积淀着本民族的民族心理、审美情趣、风俗习惯等文化现象，对于本民族的形成、迁徙、居住环境、经济基础、社会结构等各个方面都有所展示"⑦。拜王仪式及其歌舞是过山瑶祭祖、娱神、凝聚民族自信与强化民族认同的重要途径，是神圣而庄严的。乳源瑶山的民众自进山以来，

---

① 郑晓云：《文化认同论》，中国社会科学出版社1992年版，第22页。
② 参见袁珂《山海经校注·海内北经》，上海古籍出版社1980年版，第307页。
③ 《太平御览》卷九〇五，《四库全书》第901册，第112页。
④ 《后汉书·南蛮西南夷列传》，中华书局点校本2005年版，第2829—2830页。
⑤ 李学钧、马建钊：《瑶族盘瓠神话与渡海神话的象征意义》，《广西民族学院学报》（哲学社会科学版）1996年第1期，第75—81页。
⑥ 转引自练志铭、马建钊、朱洪《广东民族关系史》，广东人民出版社2003年版，第286页。
⑦ 赵世林：《云南少数民族文化产业与文化传承机制研究》，民族出版社2010年版，第84页。

一直在师爷和族长的引领下传承这种民间信仰。

二 《过山榜》是传承的内容保障

在中华人民共和国成立之前，过山瑶传统文化的传承主要以民间传承为主。相对封闭的居住环境和单纯的民族关系、自给自足的小农经济生活方式、自成一体的组织社会结构，对其文化发展与存续都起到很好的屏蔽外来文化侵扰的作用。但更重要的是过山瑶世代珍藏的《过山榜》，因为它对过山瑶传统文化起到规约、认证、内容指引的作用。传统过山瑶社会总体而言处于比较落后、相对简单的状态。瑶胞普遍文化程度低，文盲多，识文断字者少。"恪守祖训、因循守旧"被认为是过山瑶传统社会的一种美德，一代代过山瑶以《过山榜》为行动指南和精神指引，承袭着自己的民族文化。

《过山榜》是过山瑶特有的宗谱[1]和"身份保证书"[2]，也是很多过山瑶传统文化内容的源头。它集中反映并实际影响着过山瑶的政治、经济、文化和民族意识。正如竹村卓二所言，《过山榜》对盘瓠传说、瑶族特权及瑶汉关系、特有的十二姓氏制度专门做了强调与说明[3]，以"皇牒"（特许状）的形式形成一种规约和凭证，增加其权威性，进而以此为基础和纽带，确立自己内部的社会模式，共同构建特有的民族精神家园。具体而言，《过山榜》的内容与过山瑶传统文化对应关系如下。

1. 记录了过山瑶的民族起源

盘瓠传说、渡海传说使得过山瑶有祭祀祖先、崇拜盘王的传统。现存的《过山榜》皆记载了过山瑶先民祭祀盘瓠的盛况，如"一准秋冬祭拜盘王，吹唱鼓板笙歌乐会，不许外人妄谈怪异"[4]。

---

[1] 胡耐安：《说瑶》，《政治大学报》1960年第2期，第78页。
[2] ［日］竹村卓二：《瑶族的历史与文化：华南东南亚山地民族的社会人类学研究》，朱桂昌、金少萍译，民族出版社2003年版，第235页。
[3] 同上书，第240—241页。
[4] 盘才万、房先清、李默：《乳源瑶族古籍汇编》，广东人民出版社1996年版，第1144页。

2. 规定了过山瑶的生活方式

乳源县《龙凤批》记载："王瑶子孙，浮游天下，逢山吃山，逢水吃水，过水按桥，刀耕火种，活命生全。"①

3. 规定了过山瑶内部的婚姻制度

"准令十二姓王瑶子孙自行嫁娶，不许与族外配婚成亲。""妻女不许乱嫁，不娶百姓为夫，亦不许州县派遣公差，强迫瑶人妻女为妻。""民人不娶瑶人为妻，瑶人不种军田。"②这种严格执行族内婚、禁止族外婚的婚姻制度，被过山瑶代代遵守。

4. 规定了过山瑶的服饰文化和歌舞文化

如"赦伊十二子孙摇动长鼓，吹笛笙歌鼓板，引出大男小女，连手把肩，身穿花衣赤领"③。

5. 规定了过山瑶的姓氏制度

据《评皇券牒》记载："所生六男六女，平王闻之喜笑。赦六男六女为王瑶子孙。就要一十二姓，长男随父姓'盘'，其余姓沈、黄、李、邓、赵、胡、郑、冯、雷、蒋、周。赦令六男婚娶外人之女为妻，以传其后，赦令六女招赘外人之子为夫，以继其宗，皆可以传其十二宗枝（香火），而后必有绵远无穷之裔，正是开发千枝之木皆发乎根，如水之分派皆本乎源。"④

6. 记录了瑶族的生产、生活和迁徙颠沛的历史

连州市《盘古榜文》载："盘古大王子孙万代平安，管山吃山，管水吃水。赶牛不上，打马不行，高山瑶祖业，瑶田在山，尽力耕种，山林打箭，望青山砍伐。"

7. 形成了瑶族的民族意识

《过山榜》中有许多关于不准汉家侵占瑶人山林田土的规定。如乳

---

① 盘才万、房先清、李默：《乳源瑶族古籍汇编》，广东人民出版社 1996 年版，第 1149 页。
② 《中国少数民族社会历史调查资料丛刊》修订编辑委员会：《瑶族〈过山榜〉选编》，民族出版社 2009 年版，第 78、82、86 页。
③ 盘才万、房先清、李默：《乳源瑶族古籍汇编》，广东人民出版社 1996 年版，第 1139 页。
④ 李筱文：《过山瑶与过山榜》，《过山瑶研究文集》，民族出版社 2008 年版，第 78 页。

源《龙凤批》云："不许外民作害形势，妄以各色取掠，而有违者，刺配施行。"

乐昌《龙凤批》云："当地之人，不许持豪富欺凌侵夺山货牟利，如有百姓侵夺山林，瑶人无靠，当该赴官宪治。"这些规定从侧面反映了当时汉族对瑶山资源的争夺。正是因为瑶人常常遭受盘剥与利益侵害，所以他们更加团结，有着强烈的互助意识。

三 习惯法是传承的法律保障

各民族总是强调一些区别于其他民族的风俗习惯与生活方式上的特点，并把它升华为代表这一民族的标志①。瑶族习惯法是瑶族特有的心理、意识的反映，凝结了瑶族强烈的民族情感，它深受瑶族居住地自然环境、经济生活、社会状况等因素的影响，是构成民族特征和民族性的重要组成部分②。

在历史上，中央政权对瑶族的管治和法律调整比较有限，如宋真宗曾下诏说："朕常诫边臣，无得侵扰，外夷若自相杀伤，有本土之法，苟以国法绳之，则必致生事，羁縻之道在于此。"③"瑶族社会并没有建立统一、有效的政权组织，瑶人以大分散、小集中的居住方式生存和发展，通过自治、依靠习惯法形成内生秩序维系民族的繁衍。"④ 因此，过山瑶的社会发展及文化传承都依赖习惯法。

过山瑶习惯法为其民族文化的传承提供了"法律"保障，具体表现在以下两个方面。

第一，过山瑶习惯法本身是民族文化的集大成者，是瑶族的百科全书，其内容包罗万象，涉及社会生活的方方面面。瑶族习惯法成为瑶人自我识别和民族认同的基本内容。例如，过山瑶在迁徙过程中总结出了

---

① 费孝通：《民族与社会》，人民出版社1981年版，第18—19页。
② 高其才：《瑶族习惯法特点初探》，《比较法研究》2006年第3期，第1—14页。
③ （南宋）李焘：《续资治通鉴长编》卷七二，中华书局1979年版。
④ 莫金山：《金秀大瑶山瑶族在中国瑶学研究中的地位》，《广西民族研究》2003年第2期，第13—15页。

一种财产所有权与使用权标识的习惯做法——示标习惯法。以草结为记，只要将自己的物品或者最先发现但是无法立即转移回家的财物用茅草打结，其他人就不会擅自挪用或者占为己有。又如瑶族没有重男轻女的习惯，乡约民规都比较重视保障女性的基本权利与地位，在婚嫁、继承等方面，男女一视同仁，对于无子家庭为女招赘、未婚女生子为其找担名丈夫等婚姻形式，都予以肯定。有瑶族习惯法明文规定："凡招赘入舍，视为骨肉一体，不得做外人。各位遵禁。"[①]

宗教生活在过山瑶社会生活中所占比重较大，瑶族习惯法对宗教信仰、宗教活动和宗教节日等进行了规定，从而对人们的行为以及民族文化产生一定的影响[②]。瑶族人民认为，大自然的一切都有神灵，并产生了"万物有灵"的观念，发展成为对自然物的崇拜、图腾崇拜、祖先崇拜，并形成了相应的习惯法规范。

遵守并贯彻习惯法是传承民族文化的手段之一。习惯法世代相传的过程，就是民族文化继承、传递的过程。

第二，瑶族习惯法对于违反者有明确的惩戒，从而起到警示并维护瑶族传统文化的作用。瑶族习惯法很多是禁止性规范，条例以"不得、不许、不准、禁止"等行文规定瑶族的行为。如过山瑶赶山捕猎前，要根据习惯法在鸡叫前的深夜祭祀猎神。祭祀时，除猎头与猎手外，不准无关人等观看。参祭者必须是此前没有同房者。参加者神态严肃，不准打赤膊，不准说话，更不准发出声响，否则就是对神灵的不敬，会遭到神灵的严厉惩罚，出猎凶多吉少[③]。

四 民族文化生活化是传承的形式保障

过山瑶传统文化的特色在于民族特色明显，生活气息浓厚。所有的

[①] 广西壮族自治区编辑组：《广西瑶族社会历史调查》（第一册），广西民族出版社1984年版，第36页。

[②] 金秀大瑶山瑶族史编纂委员会：《金秀大瑶山瑶族史》，广西民族出版社2002年版，第80页。

[③] 《东山瑶社会》编写组：《东山瑶社会》，广西民族出版社2002年版，第403—404页。

文化构成要素基本融入日常生活，过自己的民族生活就是传承自己的民族文化。自先秦以来，各种史籍都记载了瑶族先民被封建政权"羁縻"的史实，作为"蛮""瑶"以区别于汉族的少数族群，过山瑶一直过着被封建政权压迫、排斥、剥削的颠沛生活。

过山瑶在宋元时期来到乳源境内，住在大山，深居简出。相对恶劣的自然环境和迁徙游耕的生活方式，使得过山瑶传统文化的传承方式必须简洁高效，易于掌握，便于移动。所以，生活化的传承就是最好的选择。

早期的化外之民到明清时期归属于政府管辖，受制于瑶官，但其仍然说自己的勉语土话，即使是为方便出山换取必要的生活生产物资而习得汉族方言，日常生活中仍以勉语为主要交流工具。瑶首、瑶甲虽然是形式上的政权统治者，但其村寨内部，瑶老、师爷、父亲仍旧具有实际的权威，或者担任封建政府的瑶官。身份叠加在很大程度上保证政府不干扰瑶族内部的文化及生活事务。此外，他们祭祀盘瓠，跳长鼓舞，唱盘王歌，穿五色衣，遵习惯法，绣千年不变的纹样，传承繁简不一的《过山榜》。一代代瑶胞对祖先生活的歌颂、对民族英雄的祭拜、对父辈生活的重复，就是对其民族传统文化最好的传承。

五　共同的文化心理是传承的情感保障

心理传承是各种传承形式的核心和中枢，它最强烈、最持久和最深刻。构成民族特征的各种文化要素的传递，只有经过心理传承的过滤和整合，才能在民族内部达成共识。各种传承方式和文化要素的传递都将有机地反映并作用在心理传承上，最终又强化了民族的认同意识[1]。

前文已述，过山瑶具有很强的同宗共祖、崇拜祖先和重农抑商意识。笔者认为，除此之外，过山瑶对自己是"王瑶子孙"具有极强的身份认同感。尽管学者对《过山榜》中记录的瑶族先民"不司赋税，

---

[1] 赵世林：《论民族文化传承的本质》，《北京大学学报》（哲学社会科学版）2002年第3期，第10—16页。

不服徭役"是否真的源于其祖先娶了公主各执一词，尽管历史上过山瑶一直过着受剥削、受压迫的生活，但是过山瑶对自己血统中的高贵性确认不疑。他们认为，自己作为英明神武的盘瓠后裔，且兼具皇家血统，必须感念祖先恩德，并且沿袭祖宗文化。于是，过山瑶不论跋山涉水抑或漂洋过海，都一样珍藏《过山榜》，书写家先单，沿袭十二瑶姓氏，祭祀盘王，挂灯度身。

第三章

过山瑶传统文化传承的新机遇

第一节 环境变化对过山瑶传统文化传承的改变

一 自然环境的改变：从仰仗敬畏到利用开发

瑶族先民自进入乳源瑶山以来，很长一段时间内都保持刀耕火种、狩猎采集、引泉入房的生活习性。瑶族历史上生产力低下，生产技术落后，思想观念保守，所以一直对大自然充满敬畏与膜拜之情，随山力而生，几乎没有刻意改造自然环境的想法与举动。中华人民共和国成立后，随着新政权对瑶族同胞生产生活方式规划与改善进程的推进，瑶山丰富的水资源和物产资源得到了开发与使用，从而改变了瑶胞的自然生态环境与理念。

（一）瑶山水电站的建立

整个瑶区共有6条河流，即东坪的长溪水河、必背的杨溪河、方洞林场的五官庙河、游溪的新街河、柳坑的柳坑河和水源宫河。河流落差大，水流急，流域面积广泛，可开发电力资源充沛。1959年，瑶山第一座水电站——中心洞水电站动工修建，1960年竣工发电。1964年改建后，电站附近的7个瑶族自然村和公社全部用上电灯，瑶山的粮食和木材加工用电也得到保障。1960年10月，瑶山公社冷水岐长坑尾生产队建成小水电站。1976年，必背公社水电站建成使用。20世纪70年代到1982年，瑶区掀起办小水电热潮，公社、生产大队、生产小队、自然村先后办起大小微型电站 33 座。1990 年,瑶区实际使用的水电站有 4 座[①]。

(二) 瑶山自然资源的开发

瑶山自然资源丰富,自瑶族迁徙进入瑶山以来,野生动、植物都成为瑶胞生息繁衍的物资基础与生活来源。中国共产党解放乳源瑶族山区后,派专人帮助瑶胞适应新的社会制度和新的生活方式,因地制宜,开发瑶山自然资源,解决瑶胞生活出路问题。从 20 世纪 60 年代起,瑶山开始出现各种集体合作社和经济产业。

1. 建立冬菇场

1961 年冬,在瑶区的海岱、石背山建立冬菇场,砍放冬菇树 7000 多棵。

2. 造林创收

1965 年春,瑶山各公社开始种植杉树,连片造林。到 1966 年春,共造林 4.6 万亩。游溪林场首批种植速生丰产林 600 亩,原有部分阔叶林树被砍,改种杉树,到 20 世纪 70 年代中期达到 16.3 万亩。1975—1977 年,必背、游溪、东坪先后建成 3 个林业采育场,助长了乱砍滥伐,一直到实行林业生产责任制后才停办。1986—1990 年,造林面积 13.152 万亩,其中经济林达 1.1 万亩[②]。

3. 林地梯田各归其主

1978 年改革开放后,中国开始实行家庭联产责任承包制,瑶区的林业也实行了生产责任制,各家分到了自己的林地和梯田。个人可以根据自己的意愿,自由种植各种林木和农作物。各种旱粮和杉木等作物,也大量在瑶区种植。一些有经济门路的瑶民开始种植茶叶、香菇等经济作物。

4. 集体手工业和制造业的出现

改革开放后,尤其是 20 世纪 80 年代中期到 90 年代中期,瑶区工

---

① 《乳源瑶族志》编纂小组:《乳源瑶族志》,广东人民出版社 2000 年版,第 32 页。
② 同上书,第 14—16、18、91 页。

业逐渐发展起来，各种村办企业、乡镇企业和联办企业纷纷创立，不但因地制宜，变山林资源为物质财富，也解决了瑶山民众的就业问题，为瑶山商品经济的发展开辟了新的途径（表3-1）。

表3-1　　　　　　　　1990年瑶区主要企业①

乡镇	主要企业	从业人数（人）	主要产品
必背	桂坑电站	38	电力资源
游溪	子背电站	38	电力资源
	竹器厂	?	木竹制品
	木模厂	?	木制品
	香粉厂	2	香粉
	供销组	5	生活生产用品
柳坑	木器加工厂	47	木家具
	电站	18	电力资源
	木材加工厂	10	方木、板材、家具
东坪	东坪电站	9	电力资源
	东坪林场	31	木制品
	木器加工厂	20	木制品
	购销公司	4	生活生产用品

虽然表3-1中提到的很多瑶区企业在后来的市场竞争中逐渐被淘汰而退出了历史的舞台，但是，从当年种类繁多、规模大小不一的乡镇企业繁盛的景象看，改革开放不但让封闭的瑶山自然环境有所改变，也改变了瑶胞传统的生计方式。

二　社会环境的改变：从封闭一体到开放多元

"路的作用，并不是把运动、运输、轮子或道路引入人类社会，而是加速并扩大人们过去的功能，创造新型的城市、新型的工作、新

---

① 资料来源：乳源县必背镇政府档案。

型的闲暇。"① 乳源地区社会环境的改变主要体现在以下三个方面。

(一) 交通和通信条件的改变

乳源历史上交通闭塞,通信落后。中华人民共和国成立前,瑶山不仅没有公路,连稍宽的大路也没有,仅有几条羊肠小道通往汉族地区,且道路盘山而下,行走艰难,沿途跋山涉水,艰险异常。中华人民共和国成立后,特别是自治县成立以来,在人民政府的大力支持下,瑶区的交通条件和通信条件有了很大改观。

1. 公路网的建设

1964—1990 年,瑶区共修路 11 条,总长 114.5 公里,架公路桥 11 座,总长 445 米。1978 年,全县公路通车里程 553 公里。改革开放后,全县掀起了公路建设的热潮。第一阶段是在 1991—1995 年,主要任务是国道、省道的改建,开通 50 多个行政村和一些大自然村的公路。第二阶段是在 1996—2000 年,重点对县通镇公路的水泥路硬底化。2000 年年末,100% 的行政村通机动车②。第三阶段是在 1997—2010 年,是提速升级阶段。

1998—2003 年,建成京珠高速公路乳源段 58.5 公里,惠及大桥、东坪、乳城 3 个镇 17 个行政村 103 个自然村。武广高速铁路建成通车,广东高速公路和国道 323 线武江区交界处至乳源县城段路面大修工程完工,乳源顺利融入珠三角一小时生活经济圈。完成省道 248 线(韶乐公路)、249 线(坪乳公路)、250 线(乳桂公路)乳源段和 258 线洛阳路口至大峡谷段路面升级改造,实现 100% 行政村公路硬底化③。随着公路网络的建成,公路运输也随之兴起。1952 年,乳源汽车站在县城建立,专营货运兼客运。1973 年,县内各个公社都开通班车,结束了山区人民步行、肩抗、背挑进城贸易的历史。1997—2010 年,建成客

---

① [加] 马歇尔·麦克卢汉:《理解媒介:论人的延伸》,何道宽译,商务印书馆 2000 年版,第 34 页。

② 《乳源瑶族自治县概况》编写组:《乳源瑶族自治县概况》,民族出版社 2008 年版,第 121—124 页。

③ 彭璧玉、董志强、曹宗平:《乳源模式》,民族出版社 2012 年版,第 138 页。

运站3个,农村客运候车亭55个。

2. 水路交通的完善

中华人民共和国成立之前,该县与外地的物资交流主要靠武江和南水河的水路运输,运输船只均为个体经营,其中南水河仅行驶7吨位以下的木船,且只通至县城。中华人民共和国成立后,国家引导个体船民走互助合作道路。1955年,南水河55个个体船户联合成立乳源县航运合作社,从业人员265人。自治县成立后,对原有水上运输队伍进行整编。例如,桂头船队改称乳源县桂头航运社。1973年,桂头航运社新增机动船5艘,人力木货船也增至48艘。1976年,均村木排放运队改为船队。1978年,桂头渔业队改为船队。1982年,成立乳源县桂头水运公司。1997年,在桂头镇设立县乡镇船舶管理站和县航道管理站,主要负责武江桂头段至韶关航道的清理、维护、航政管理和航养费的征收管理[1]。

3. 邮路的扩展

中华人民共和国成立前,瑶山没有通信机构和邮路投递。中华人民共和国成立后,1950年12月成立乳源县邮电局,1953年改为邮电支局,由韶关市郊区邮电局管辖。1954年,瑶区建成第一个邮电所——茶坪邮电所。1956年,茶坪、东山等4个民族乡架设有线电话。1957年设立必背电话站。1963年,乳源瑶族自治县成立,设置邮电局。1973年,基层设邮电所。1989年,县邮电局共设有桂头、大桥、洛阳3个支局,东坪、游溪、必背等12个邮电所和大坪(乡)邮政代办点1个。1998年,国家对邮电经营管理体制进行改革,实行邮电分营。1998年10月,乳源瑶族自治县邮政局成立,基层设支局或所。2005年调整后,桂头、大桥、侯公渡分设支局,游溪等地分设邮政所,必背、东坪分设邮政代办所。截至2005年,有邮路23条,总长650.9公里,邮件直投到全县112个村委会,通邮率100%[2]。

---

[1] 《乳源瑶族自治县概况》编写组:《乳源瑶族自治县概况》,民族出版社2008年版,第126—127页。

[2] 同上书,第129页。

(二) 教育环境的改变

1. 1949 年以前的学堂教育与文盲现象

中华人民共和国成立前,瑶山没有公立学校,部分瑶族男子在冬学期间(农历十月到来年春节前后),自费聘请汉族教员,学习《三字经》《增广贤文》《千字文》等书籍,认识一些常用汉字。民国时期,必背、游溪、东坪等瑶区先后办过 16 所冬学学校,但并非连年办学,而是此办彼停。瑶民普遍贫穷,上学男子并不多。瑶族的教育主要是家庭实践教育、民俗口授身传教育和师爷仪式教育三种。瑶族百姓的生存技能、日常知识主要来自劳作中父母的言传身教和各种节庆习俗中的礼俗、规矩的传习,绝大多数人没有上过学堂,整个瑶区基本属于文盲区。

2. 1949—1977 年瑶山官办基础教育体系的建立

1950 年解放瑶山后,新政权除了组织瑶胞恢复生产和剿除匪患,还开展了扫盲、培育瑶区干部和建立瑶区初级教育体系的工作。1951—1952 年,曲江、乳源、乐昌三县人民政府先后在瑶区办起 14 所初级小学,全部使用国家统编教材。这是瑶区历史上第一批由政府办的学校,教师都是由政府派去的汉族教师,他们白天教小学生读书,晚上教青壮年识字。1952—1965 年,瑶族学生读书实行供给制,免除学杂费、伙食费和住宿费,困难学生发给生活用品。1957 年,秋韶边瑶族自治县创办瑶山第一所完全小学——民族小学,到 1964 年解散。1963 年,乳源瑶族自治县成立,三个瑶山公社有初级小学 37 所。1969 年秋,必背公社和游溪公社的 5 所完全小学办起附设初中班,东坪公社创办中学。1971 年正式创立必背中学。

在创办学校的基础上,新政权还在瑶区开展了扫盲工作。1958 年 7 月,韶边县近百名教师进瑶山参加扫盲工作。白天利用瑶民工余时间在村寨路口设扫盲识字岗,用卡片教瑶民识字;晚上利用记工分时间,先识字,后记工分。同时,各地小学还开办夜校,使许多瑶胞有了更多读书识字的机会,有的还脱了盲,优秀者被送到民族院校深造,日后成为县、乡的领导干部。1962—1966 年,桂头工委会桂头街办了 11 期瑶族干部文化补习班,参加学习对象是瑶区的社队干部,每期60人。学习结束,经考核,70%达到了脱盲标准。这一批学员后来都成为瑶区的社队干部骨干。

3. 1978—2003年瑶区教育蓬勃发展

从改革开放到2003年,是瑶区教育的蓬勃发展阶段。随着瑶区基础教育系统建立以及国家对少数民族学生各项补贴优惠政策的落实,瑶区教育质量明显提升。1984年,瑶区普及初等教育。1991年全县瑶区学校布局调整后,保留乡镇中心小学4所,村完全小学17所,教学点46个,适龄儿童入学率为94.6%。1996年10月,乳源瑶区顺利通过国家教委"基本普及九年义务教育,基本除青壮年文盲"验收。

1998年,撤销县民族小学,创办乳源瑶族自治县实验学校,设立寄宿制小学,其中5—6年级共4个班,初中1—3年级共6个班。2000年,瑶区设有独立小学12所,教学点15个。另有初级中学4所,民族实验学校1所。

1997年,乳源县政府利用泉水电厂的旧家属宿舍,创办瑶区成人文化技术学校,1998年交由县科委管理,教师全部兼职。学校主要对各乡镇主管农业的领导、村委农技员、养殖大户以及农村贫困群众开展各类实用技术培训班。1997—2000年,县科委共开班54期,培训学员2033人。2001—2003年,学校又继续举办各类培训班,但班次大幅减少。

除了官方办学外,许多社会人士还积极捐资助学,为瑶区教育添砖加瓦。1992年10月,澳门地产商会慈善基金会捐建必背希望小学。1995年,澳门置业商会会长崔德祺捐资30万元建立桂坑希望小学。1996年,广东省烟草公司捐资30万元建立半坑小学教学楼。1997年,香港德士活集团董事长谭兆捐资25万元,援建了王茶谭兆小学和公坑谭兆小学。此外,大量汉族教师进入瑶乡教育系统普及基础教育,逐渐改变了瑶族传统文化的生存空间(表3-2)。

表3-2　　　　瑶区文化程度分布流变（1964—1990）①　　　　单位：人

年份	地区	总人口	大学含肄业	高中含中专	初中	小学	15岁以上不识字或者识字较少人数	15岁以上不识字或者识字较少占总人口比例（%）
1964	游溪公社	2789	0	31	35	539	1401	50.23
1982	游溪公社	2806	7	78	223	1165	892	31.08
1990	游溪乡	3210	17	145	411	1637	367	11.43
1964	必背公社	3188	0	32	28	663	1572	49.31
1982	必背公社	6142	5	207	481	2686	1813	29.52
1990	必背镇	5860	19	279	687	2948	814	13.85
1964	东坪公社	3301	0	28	29	672	1590	48.17
1982	东坪公社	6063	8	153	440	2447	1949	32.15
1990	东坪乡	6796	15	201	635	3480	1125	16.55
1982	柳坑公社	6040	1	130	497	2162	2132	35.3
1990	柳坑乡	6838	30	231	908	4007	467	6.83
1990	方洞林场	1584	3	43	176	750	287	18.11

　　从表3-2可以看出，通过系统推行学校正规教育，瑶族学生从基础教育阶段就系统接受汉族文化教育，汉语普及率显著提升，文盲率大幅下降，瑶区文化程度明显提高。到1990年，15岁以上瑶族文盲率已经降低到20%以下。虽然方志中并没有后续年份的数据，但是，从此表中我们可以看到，随着官方教育系统的建立以及义务教育的普及，瑶区在20世纪90年代基本脱离了普遍文盲的窘境。

　　笔者自制的调研问卷显示，瑶胞生活知识和技能的来源较之于父辈而言更加多元化。传统家庭教育在后辈的学习过程中曾经占据重要地位，但是，现代教育系统的全面建立、义务教育的免费推广扩大了瑶胞受教育群体的比重，也改变了其知识结构和信息获取方式，如图3-1所示，43.2%的抽样瑶胞认为，自己的知识体系构建和技能习得主要受益于学校教育和阅读书籍，大众传媒也在拓展知识技能方面起着日渐重要的作用。详细论述见后文。

---

① 资料来源：《乳源县志》内部刊印版，1991年版。

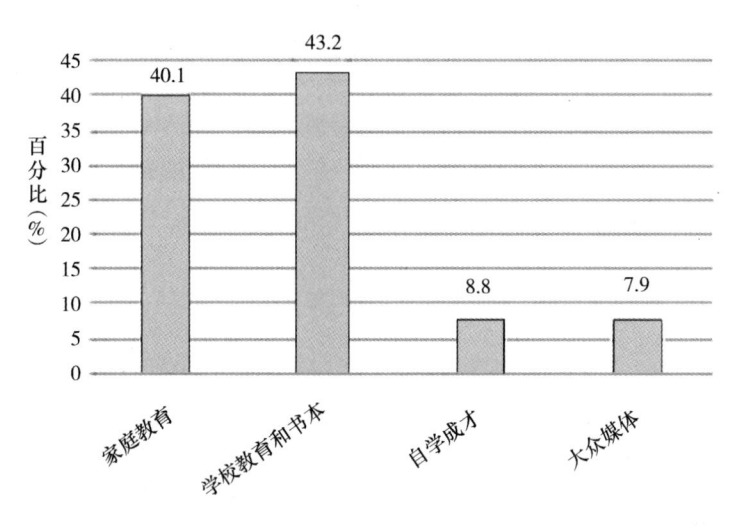

图3-1　瑶胞生活知识和技能来源分布

4. 2000年到21世纪初期

在这一时期，瑶区教育资源逐步外迁。随着20世纪90年代政府对瑶区"两缺"（缺水源、缺耕地）人口有序搬迁安置工程的开展，以及90年代打工潮带来瑶区留守人员结构的改变，进入21世纪后，瑶区的教育资源出现逐步外迁、瑶区适龄入学儿童外迁就读以及瑶区原有教育系统逐渐缩减的趋势（表3-3、表3-4）。

表3-3　瑶族小学生就读学校情况变化（2000—2015）[①]

参数	2000年	2007年	2010年	2011年	2012年	2013年	2014年	2015年
在瑶区学校就读的瑶族小学生人数（人）	1995	1158	526	462	433	418	291	338
在非瑶区学校就读的瑶族小学生人数（人）	579	647	737	731	919	1135	1336	1437

---

① 数据来源：乳源瑶族自治县教育局档案，2016年3月20日。

续表

参数	2000年	2007年	2010年	2011年	2012年	2013年	2014年	2015年
在瑶区学校就读的瑶族学生占全县瑶族学生比例（%）	77.51	64.16	41.65	38.73	32.03	26.92	17.89	19.04
在非瑶区学校就读瑶族学生占全县瑶族学生比例（%）	22.49	35.84	58.35	61.27	67.97	73.08	82.11	80.96

表3-4　瑶族初中生就读学校情况变化（2000—2015）[①]

参数	2000年	2007年	2010年	2011年	2012年	2013年	2014年	2015年
在瑶区学校就读的瑶族初中生人数（人）	984	982	777	691	513	334	241	245
在非瑶区学校就读的瑶族初中生人数（人）	248	407	339	346	330	338	314	361
在瑶区学校就读的瑶族学生占全县瑶族学生比例（%）	79.87	70.70	69.62	66.63	60.85	49.70	43.42	40.43
在非瑶区学校就读瑶族学生占全县瑶族学生比例（%）	20.13	29.30	30.38	33.37	39.15	50.30	56.58	59.57

从表3-3和表3-4可以看出，2000年以前，绝大部分瑶族孩子仍居住在瑶山里，在瑶区学校就读。小学阶段在瑶区学校就读的瑶族孩子2007年仍占64.16%，2010年已经低于一半，仅占41.65%，到2015年仅占19.04%，已不到两成。初中阶段在瑶区学校就读的瑶族孩子2007年仍占70.70%，2015年下降到一半以下。

而在非瑶区学校就读的小学阶段瑶族孩子，从2000年的22.49%上升到2015年的80%以上。初中阶段瑶族学生从2000年的20.13%上升到2015年的接近60%。由于瑶族外迁，在瑶区就读的适龄儿童数量急剧减少，直接影响了瑶区独立设置的瑶族学校的生存，瑶族学校数量急剧减少。

---

① 数据来源：乳源瑶族自治县教育局档案，2016年3月20日。

5. 教育环境的改变对瑶族文化的冲击

随着以汉文化为主体的正规学校教育体系建立以及大量汉族教师进入瑶山，瑶族传统文化传承方式受到很大冲击；而课本教材使用和课程设置规范化，也不断压缩传统文化载体的生存空间。在乳源这样一个瑶族总人口不占优势、瑶族学生人数在综合性学校不占优势的特殊教育环境中，瑶族文化资源作为教育资源使用的空间是微乎其微的。

> ZTJ（男，40岁，瑶族，乳源县民族实验学校主要负责人之一）：咱们瑶族的教育经历了几个发展阶段。以前我们瑶区没有正规的学校，1958—2000年，因为学生就地上学，虽然学校进行汉族文化教学，但是学生生活在瑶区，使用瑶族语言，所以汉族文化对瑶族文化冲击不太明显。2000年之后，尤其是2005—2007年后，瑶族文化受到汉族文化的冲击就很明显了。造成这样的原因有两个。第一，政府集中将瑶族搬迁到山下居住，从1994年开始陆续搬迁下来，学生原有的比较封闭的生活环境变得开放了，加上电视、手机、网络等新媒体在县城周边比山上普及多了，信息环境也变化了，瑶族文化就受到外来文化的较大冲击。第二，政府对整个瑶区中小学教育布局的调整。2005年开始收缩教学点，2007年瑶区初中裁撤掉了，2009年裁撤了5—6年级，2010年裁撤掉4年级。所以，瑶区的小孩在本地上完3年级就必须出山读书。这就造成一些问题，孩子太小，家长必须接送，往返误工很不划算。家长会想，孩子总是要出山读书，那还不如直接从一开始就在县城租房子，让老人照料孩子读书，这就极大地冲击了瑶区的教育。大部分瑶族孩子从一开始都接触汉族文化，对瑶族文化的了解和认识就很淡漠。那些在外面读书的学生也没有机会讲瑶话，怕受歧视，既不学也不说。

目前无论瑶区还是汉区学校，采用的都是全国统编教材，实行整齐划一的评价标准与升学机制。全国统一的教育形式，大容量的教学内容，大量的家庭作业和以获取知识为目的的课外辅导，在很大程度上减少了瑶族孩童学习本民族传统文化的机会，造成了他们民族认同感和民族文化的缺失①。文化的多样性问题除被有意无意地拒之评价标准门外，还导致教育中常常忽略培养对象的文化差异，从而削弱了对民族文化的有效传承和发展②。

（三）生活环境的改变

中华人民共和国成立前，瑶族一直散居在瑶山中，按照姓氏宗族形成大小不一的自然村落。中华人民共和国成立后，受各项建设事业的开展影响，加上自然灾害破坏了原有的生存环境，于是，政府规划下的移民安迁工作有序推进，从而改变了大批瑶胞的生活环境。

1. 1952—1960年土地重新分配与调整带来的瑶民外迁

中华人民共和国成立初期，乳源汉族地区进行土地改革，展开人民公社化运动，大量土地重新分配与调整。瑶区虽然不实行土改，但为解决瑶民生计问题，乳源县政府采取"一帮、二让、三扶持"的政策，汉区平原乡镇无偿把很多优质田地让给瑶民建立调耕点，其后瑶民逐渐在调耕点形成村落。还有部分瑶族村落从深山搬迁到靠近汉区的小块平原定居耕种，并逐渐发展为较大村庄。1952—1958年累计搬迁41个村寨，共871户，4826人，在汉区调耕点新建25个人口比较集中的瑶族新村③。1960年11月，首批南水水库移民791户，4095人，涉及瑶胞435人④。

2. 20世纪90年代瑶区和石灰岩区"两缺"人口迁移活动

20世纪90年代初期，根据国家扶贫政策，为进一步改善贫困山区人民生活水平，彻底解决瑶区和石灰岩区"两缺"问题（缺水源、缺耕地），乳源县开始大规模的人口异地安置工程。从1993年起，在

---

① 赵炳林：《秩序与创新：粤北瑶族文化的现代困境与解决路径》，《黑龙江民族丛刊》2012年第3期，第111—118页。
② 王军、董艳：《民族文化传承与教育》，中央民族大学出版社2007年版，第48页。
③ 乳源瑶族自治县地方志编纂委员会：《乳源瑶族自治县志（1990—2003）》，中华书局2004年版，第618、620页。
④ 《乳源瑶族志》编纂小组：《乳源瑶族志》，广东人民出版社2000年版，第29页。

农户自愿为主、县内安置为主、政府组织实施为主的指导原则下，分批将瑶区贫困人口迁徙到县内桂头、一六、乳城镇等生产、生活条件较好的平原乡镇和邻县曲江、怀化等县居住。

2003年年底，整体移民工作顺利结束。通过政府投资和农民自筹加社会捐资，解决瑶区"两缺"特困人口1635户，7246人，迁徙人口占瑶族总户数的47.3%。搬迁下山的瑶民在平原地区先后建立了柳坑富良新村、一六新会村、东坪长乐新村、东坪政研新村、东莞新村、乳城镇瑶乐居、水源宫八一新村等典型瑶族移民新村。

随着政府搬迁工程的推进，加上部分富裕瑶民在桂头、乳源县城等地购房等原因，多个村委会下辖的自然村都搬出瑶山，仅留空房和几近荒废的梯田林地。以必背镇必背村委会下辖的八个自然村为例（表3-5）。截至2016年6月，全村委会258户，1097人（瑶族1058人）中，有五个村外迁出瑶山，总人口共计808人。各村青壮年大多外出，在县城、韶关市、广州市、东莞等地打工，然后邮寄生活费给家中留守人员。留在山上的瑶民大部分是非劳动人口，如老人、小孩、残疾人等，他们主要是守着老房子，过着自给自足的生活。其他村委会的情况也基本相同（彩版二、彩版四）。

表3-5 必背镇必背村民委员会下辖8个自然村基本情况（2016年6月）[①]

参数	大村	油坊圩	大岭	茶树岭	必背口	牛咀岭	半岭	山坪
总户数（人）	50	33	34	37	39	29	24	12
总人口数（人）	264	149	132	145	150	118	91	48
瑶族人数（人）	260	140	123	136	148	114	91	46
残疾人数（人）	4	6	1	1	2	5	4	2
劳动力人数（人）	77	78	92	72	60	65	49	29
外出务工人数（人）	55	48	35	50	25	26	25	15
是否外迁出山	是	是	否	是	是	是	否	否

① 数据来源：必背镇必背村民委员会档案，2016年6月。

三 环境变迁对过山瑶传统文化传承的影响

1. 生活方式和思维方式的汉化

无论是政府实施的大规模搬迁,还是 20 世纪 90 年代后因为外出务工家庭生活改善而产生的自主搬迁,从瑶山封闭环境走入平原村镇的瑶胞,最直接的变化就是生活方式和思维方式的汉化。

ZYL(女,30 岁,瑶族,必背镇财政所工作人员,东坪镇人):我们家比较特别,我爸爸的老家是方洞林场的,在山上。我爸很早就出来读书,后来就在东坪安家。我老公是游溪镇人,我们现在一起在必背镇工作,每周末才会回家一次。像度戒、请师爷这些活动,我们东坪、游溪都是不搞的。我爷爷住在方洞,好像以前参加过这些活动。我们家搬下山住已经很多年,对于这些我都不懂。我也不会刺绣,我妈妈好像也不太喜欢。住在山上的老人家还是很喜欢刺绣、唱瑶歌什么的,我们都听不懂。

DML(女,25 岁,瑶族,原必背镇大村人,现住必背镇):我们村以前也是住在山上的,那里的生活条件太艰苦,所以我们就搬下山来住。现在如果你去看我们的老房子,它们还在山上,但是基本都空了。我是在村里读的小学,后来就出来,到民族中学读书,之后又去东莞打工三年,去年才回来。(笔者问:为什么回来?)这里空气多好啊,离家也近。我爸妈还是希望我住在身边。我妈妈想让我嫁给本地人,她还帮我在镇上定制瑶服,就是镇政府门口旁边的两家店,她让我去挑选款式。(笔者问:为什么不自己绣呢?)我只会简单的刺绣,妈妈要做工,她太忙,没时间,就花钱买一套。平时也没有机会穿,好贵,一套瑶服要几千块钱。(笔者问:"十月朝"节的时候不是可以穿吗?)那些活动都是政府搞的,是表演性质的,我们自己很少参加,我们的活动主要是祭祖,也不怎么穿瑶服。我奶奶那一辈人穿瑶服,我们都不穿了,都是穿这样的汉族现代服饰。(笔者问:你喜欢瑶服吗？知道上面的花纹是什么意思吗？）我还是很喜欢瑶服的，很漂亮，也很喜庆。上面的花纹我认识一些，像八角花、人形纹，不过不知道是什么意思，大家都这么绣，好看呗。

从这两位瑶女口中可以听出，作为80后、90后瑶族，在她们记忆中，父母辈对传统文化的认知和承袭的态度都已经明显区别于爷奶辈了。如今，几乎处在汉文化包围中的瑶族传统文化，陷入名存实亡的尴尬境地。

2. 城镇化生活动摇了过山瑶民间信仰的群众与空间基础

持续了半个多世纪的政府搬迁工程、外迁后在移民新村居住相对集中、城镇化生活方式的普及，这些对瑶族民间信仰造成了很大的冲击。城镇化从本质上来说是对人们生活空间的再安排，从田园牧歌、鸡犬相闻的乡村空间到一种水泥森林、车水马龙的城镇空间。这种空间的转换伴随着职业分工、谋生手段的改变，是一种从外到内根本性的转换。民间信仰基本存在于乡村社会，以村庄、地域为主体活动领域，是信仰关系与地域关系、家族关系、业缘关系等方面的结合。所以，一旦进入城镇之后，随着生活空间和生活方式的改变，民间信仰丧失了赖以生存的土壤。城镇化对民间信仰的冲击很大，在城镇化对空间的重新安排中，随着固有村庄的慢慢消失，民间信仰也可能会慢慢消失[①]。

笔者在多个瑶族移民新村进行调研发现，走出瑶山封闭熟悉的地缘——族缘环境，民间信仰的支持、参与意识和行动都逐渐减弱。即使返回瑶山或在县政府举办的祭祀活动中作为主体进行参与，其对延续千年的民间信仰的忠诚度、参与度也大打折扣。与祖先们相比，这种与自己当下生活关系疏远的信仰活动，更多的是一种民俗活动，主要是满足自己的休闲娱乐需要。

---

① 参见石伟杰《城镇化将导致民间信仰消失？》，澎湃新闻网（http://mp.weixin.qq.com/s?__biz=MzA4Nzk1NTMyMA==&mid=2649798536&idx=1&sn=d720b7b50cf9854a5b0cbb210e8a8b2e&scene=23&srcid=0716cYK80r4e1d2UMHaQnl87#rd2016-07-11），2016年4月3日。

第二节 国家权力介入对过山瑶
传统文化传承的影响

一 国家权力进入乳源瑶区的历史回溯

在我国历史上,在乡村场域中,国家的行政嵌入远远晚于村庄内生秩序。但在国家机器和意识形态的强制下,国家权力却在与内生秩序力的博弈中逐渐取得主动[①]。

(一)历代政权对瑶区的绥靖政治

乳源,秦属南海郡,汉属桂阳郡,三国吴时属始兴郡,唐属韶州。宋乾道三年(1167),分曲江县西境两个乡12个里、乐昌县南境一个乡3个里,共三个乡15个里,设立乳源县,属韶州府。元、明、清未变,民国属广东省第二行政区。

1. 先秦两汉时期

盘瓠传说集中反映了先秦时期特别是东汉时期瑶族先民盘瓠蛮的社会组织、经济习俗等历史情况。此时,盘瓠蛮在政治上已经形成了君长统治体制,"君长"被称为"渠帅",封建王朝对渠帅"皆赐印绶"(地方官),通过渠帅作为代理人实现封建政权对盘瓠蛮地区的统治[②]。

2. 三国两晋南北朝时期

三国时期,蜀国对五溪蛮采取"安抚招纳"政策,渠帅"授予官爵"。赤壁之战后,吴国对五溪蛮"附从者赦之","诸幽邃巴、醴、由、诞邑侯君长,皆改操易节,奉礼请见"[③]。虽然五溪蛮先后归属蜀国、吴国,但实际上处于独立状态,拥有自己的社会组织,由渠帅、邑侯、君长直接统领,蜀、吴均未干预其内部事务[④]。两晋时期,对盘瓠

[①] 宋小伟、楚成亚:《村庄内生秩序、国家行政嵌入与乡村秩序重建》,《中共天津市委党校学报》2004年第3期,第49—52页。

[②] 朱宏伟:《岭南俚人的社会经济研究》,《广东技术师范学院学报》2011年第8期,第7—10页。

[③] 《三国志》卷五五《吴书·黄盖传》,中华书局1975年版,第1285页。

[④] 吴永章:《瑶族史》,四川民族出版社1993年版,第45页。

蛮地区采取了三种政治手段,一是设置"护羌、夷、蛮等校尉"[1],二是委任蛮人为吏(如"故吏"[2]),三是朝廷赐给夷王、王侯、将军名号。南北朝时期以封爵为手段,争取蛮人归附,以增强自己的势力。如北魏封诸蛮为江州刺史、东荆州刺史[3]。另外,蛮人居住的豫州、荆州、江州、益州等地还设立了左郡、左县。左郡左县制首创于刘宋,萧齐时有所发展,萧梁时鼎盛,这一制度说明蛮人已经不同程度地受到政府的控制,并且向编户发展。

3. 唐宋元时期

唐代实行羁縻府州制,在莫瑶地区设置"莫徭军使",如《新唐书》卷六八表第八《方镇五》记载:乾元元年(758)"置洪吉都防御团练观察处置使,兼莫徭军使"。宋代在唐代的基础上,将羁縻政策进一步完善,在瑶族部落"列置州县","树其酋长,使自镇抚"[4]。宋朝在羁縻州县内任命瑶官,给予俸禄;瑶官则称臣纳贡,并且负有保境安民的职责。南宋时期还推行"用捐虚名"的"补官"制度,将官职售卖给瑶族酋首。元代基本沿袭宋制,对粤北瑶人设立"土官",由其代为统治。

4. 明清时期

明代前期对瑶人的怀柔政策主要是设置大量瑶官,瑶官有两类。一是瑶人首领担任,设为"瑶首""瑶目",拿官府津贴,由官府任命,州县直接管辖,可世袭。下辖"瑶总"(山官)、"瑶甲"(山甲),由政府任命,但是不属于州府编制,也没有官府津贴。如屈大均《广东新语·人语》记载:"明洪武初,命将讨平溪洞,立瑶首领之。"清康熙《乳源县志》载:"猺人……慴之有猺总。正德中,曲江油溪山猺诱引为盗,本府(韶州府)通判莫相令其猺总自擒斩之。至今原设猺总、猺甲编入册籍。"二是靠近瑶区的汉人(土人)担任,称为"土县丞"

---

[1] 《晋书》卷二四《职官志》,中华书局1975年版,第747页。
[2] 《晋书》卷四三《王戎传》附王澄传,中华书局1975年版,第1240页。
[3] 《魏书》卷一〇一《蛮传》,中华书局1974年版,第2246页。
[4] 谢波:《宋朝在西南地区的司法》,《曲靖师范学院学报》2013年第2期,第94—100页。

"土主簿"，土官专职招抚瑶民，不管民事，多可世袭。如《明太宗实录》卷五一"永乐四年（1406）六月甲戌条"记载："化州吏冯原泰、陈志宽招天黄诸山瑶人，命原泰为泷水县丞，志宽为信宜主簿。"

清前期基本承袭明代瑶官制度。如清康熙《韶州府志》卷一五《艺文志》就记载，康熙九年（1670），韶州知府马元向所辖区域各县瑶官发《抚瑶牌》。康熙四十一年（1702），两广总督疏请设置"理瑶同知"。雍正七年（1729），改"理瑶同知"为"广东理瑶军民直隶同知"，成为常设官职。嘉庆二十一年（1816），设连山绥瑶直隶厅（下文简称"绥瑶厅"），统一管理连阳瑶族。

道光十二年（1832），皇帝"会剿八排瑶"（八排瑶居住于广东北部。——笔者注）。办理善后事宜时，设立"瑶长瑶练制"（下文简称"瑶长制"），由绥瑶厅选择老成持重者为瑶长，管理大排事宜。大排之下，各个小排、小冲设置瑶练，听命于瑶长。于是在八排瑶地区，瑶首、瑶总等官职被瑶长、瑶练所代替。瑶长制一直沿袭到民国三十五年（1946）连南县成立之时，彼时瑶族内部真正起作用的是传统的"瑶老制"，瑶长制已经形同虚设。虽然史料主要是记录对广东排瑶的管理，不过，从中我们可以大致推断出过山瑶的情况，官方应该也是通过瑶官，形式上对过山瑶进行羁縻统治。

5. 民国时期

1911年辛亥革命后，绥瑶厅被废除，设立连山县，下置"瑶务处"，清朝时期的瑶长被收编任用。1926年，国民党广东政府颁布《开化黎瑶提议书》，决定于1927年设立广东连阳"化瑶局"，统一管理连山、连县和阳山的瑶人。1936年，化瑶局改为"安化管理局"。1946年裁撤安化管理局，改置连南县，完成瑶区的县一级建制。连南县推行"保甲制度"。在乐昌、乳源和曲江一带，形式上也推行保甲制，实际上基本沿用明初的瑶首瑶目制。每坑设一个"总甲"（又称为"大甲"），统领瑶甲；每十户或一瑶村设一个甲长，叫作"小甲"。由地方政府任命的瑶族上层人士担任总甲，负责全坑事务，实行世袭制。《乳源县志》和《必背县志》都有关于设置甲长的记载。

（二）中华人民共和国成立后瑶区的政权建设

中华人民共和国成立后，国家政权对乡村的渗透加深，乡村内生秩序的力量全面萎缩，逐渐出现国家行政力量全面控制乡村社会的局面。土改破除了乡村旧权威体系赖以存在的经济基础，国家权力最终深入到乡村社会的最底层——村庄，明清以来实行的瑶官制度彻底被废除。[①] 1949年10月9日，乳源县解放。查阅中华人民共和国成立后的乳源县志可知，该县的行政区划建制经历了多次变更，下面按时代详细介绍。

1. 民族乡（1950—1957年）

1957年韶边瑶族自治县成立前，乳源、乐昌、曲江三县在各自辖区建立瑶区基层政权。1950年，乳源县境内建立首个瑶区人民政权——茶坪乡人民政府。1950年，乐昌县辖区成立必背、王茶、桂坑农会。1951年，曲江县辖区成立游溪等6个自治会。1953年12月至1954年3月31日，广东人民政府派出民族工作队，帮助瑶区进行民主政权建设，废除瑶官制度，之后当地相继建立区乡政权。1954年3月后，统称为"民族乡"。

2. 韶边瑶族自治县（1957—1958年）

1957年1月19日，经国务院（56）国议字第91号文批准，成立韶边瑶族自治县。1958年春，14个瑶乡合并为东坪、茶坪、初溪、必背、上瑶、下瑶6个乡。1958年12月，撤销韶边瑶族自治县建置，上瑶乡、下瑶乡划归曲江县，其余划归乐昌县管辖。

3. 瑶山人民公社（1958—1983年）

1958年12月，在原瑶区12乡高级农业生产合作社的基础上，成立乐昌县瑶山人民公社，撤销乡，实行政社合一，公社行使乡政权职能。1962年，析瑶山人民公社分为必背、东坪、游溪3个公社。1963年6月29日，经国务院133次会议批准，成立乳源瑶族自治县。下辖东坪、必背、游溪3个瑶族公社。

[①] 冯广圣：《桂村社会网络传播研究》，博士学位论文，华中科技大学，2012年，第63页。

4. 区、乡、镇（1983—1986年）

1983年10月，撤销公社、大队、生产队政社合一，实行区、乡、镇行政建制。原瑶区设游溪区、东坪区、必背区、柳坑区4个区公所、23个乡、154个村民委员会。

5. 乡（镇）人民政府（1986年至今）

1986年11月，撤销区、乡、镇建制，改为乡镇人民政府建制。1987年1月，游溪、东坪、柳坑区改为乡，必背区改为必背镇；各乡镇下辖乡，改为村民委员会；原村民委员会改为村民小组。1989年，各乡镇村民委员会改为管理区办事处，村民小组改为村民委员会。

（三）自治县成立后各项自治机关及制度的建设

自治县首届人民代表大会于1963年召开。1980年恢复人民代表大会，列为第三届。从这一年开始，人代会每3年一届。1993年，人代会改为5年一届。县人大常委会办事机构和工作逐步健全。为确保《民族区域自治法》的实施，根据宪法、自治法和有关法律规定，乳源县政府制定了《乳源瑶族自治县自治条例》，于1988年3月27日在县第五届人民代表大会第二次会议通过，同年6月18日，广东省第七届人大常委会第二次会议批准。1999年，广东省又对《乳源瑶族自治县自治条例》作了修订，经批准施行。

二 国家权力对瑶区文化传承权威人群的重置

（一）传统瑶区权威人群

中华人民共和国成立前，掌握瑶族地位统治权的是瑶总、瑶甲、师爷、仙公等上层人物。瑶总是宋明清三朝统治者在瑶山设立的管理瑶族的官吏。其历史前文已介绍，此处不再赘述。他们依靠神权巩固政权，又以政权维护神权，同时掌握族内大权，从而实现政权、神权、族权三权统一。

民国政府时期，在瑶山实行保甲制，每十户或者一个村设一个瑶甲或者小甲，几个小甲组成一个大甲，均由上层人士担任。村内事务由小甲处理，每年农历十二月六日，大甲差遣小甲收取各户钱财，作为大甲的薪俸。原乐昌管辖的瑶山,在大甲之上设保长或瑶长,乳源设瑶目"瑶练"。1941 年以前,瑶练由汉人邱连壁担任,管理 24 坑;瑶长为瑶族人赖义发,统辖 24 坑大甲。瑶区的保长、瑶长均由县政府委派。"1958 年,瑶区'民主改革'调查统计,新中国成立前夕,瑶民当过保长的 3 人,甲长 51 人。"①

瑶区的另一个统治力量是"公众会",其头人和小头目也是瑶总、瑶甲、师表、师爷等瑶族上层人物。1926 年,瑶区先后成立了茶坪、东坪、必背、王茶、游溪 5 个公众会。每年召开一次例会,讨论重大事情。这些人物一方面勾结地方政府欺压瑶族人民,另一方面挂着维护本民族利益一致对外的招牌,联合各村寨。他们随意以违反"神灵""族规"甚至以处决"野法"魔鬼的化身为名,攫取财物,欺压瑶民,煽动群众杀害他人。1956 年 6 月,在茅坪、东山发生了杀害被诬为有"野法"的人的事件②。

无论是何种名称的权力化身,掌握着瑶族历史与文化经验传习权的师爷(又称"师公")群体,都占据重要位置。休·达尔奇尔·邓肯说:"等级制度重视基于排他的观念,且当我们在一个社会中实施等级地位时,我们在很大程度上依赖于等级制度的神秘化,用夸大的辉煌给低于我们的人留下深刻的印象。"③ 因为师爷群体能调度天兵地兵、斩妖除魔,而且会背诵瑶经、打醮施法,所以他们成为瑶族群体中具有无穷法力的权力等级。特权身份的维系是通过对知识、技能和角色经验的控制来完成的,并非所有的度戒男子都能成为师爷。要成为师爷,必须具备很多条件,度戒之余还必须颂吟瑶经,熟悉法器的使用,要经过长期的苦学修炼。

在传统的瑶族社会中,瑶族文化主要通过师爷群体的口耳相传以及

---

① 《乳源瑶族志》编纂委员会:《乳源瑶族志》,广东人民出版社 2000 年版,第 108、12 页。
② 同上书,第 16、108 页。
③ 转引自[美]约书亚·梅罗维茨《消失的地域:电子媒介对社会行为的影响》,肖志军译,清华大学出版社 2002 年版,第 58 页。

瑶经颂吟抄写传承,而这些"年长或者记忆力超强的人物,因为丰富的经历和对过往的熟知,使他们有资格在重大决策或危机来临时为部落提供可贵的经验,包括作出准确的预测"[①]。因此师爷成为族群中的权威之所在。

(二) 瑶区干部的培养

随着政治权力的介入,党和政府通过正规的学校教育和各种培训,为有知识和才学的瑶族干部提供了超越传统权威等级架构的晋升空间与机会,师爷群体虽然在宗教生活中占据重要地位,但瑶族干部已然成为政治生活和社会生活中重要的话语者与新权威。国家机器通过意识形态话语和相应的舆论宣传手段实现社会认同,国家组织力量的强力介入,形成了瑶族村寨的社会政治经济文化结构[②]。

1952—1954 年,瑶区民主建政期间,共产党帮助瑶区建立起第一支瑶族干部队伍。当时瑶区建立了 14 个乡政权,其 40 多名乡长、乡农会主席和乡文书职务,全部由瑶族干部担任。从 1955 年开始,在瑶区建立共产党和共青团组织,为培养瑶族干部创造了更好的条件。在 1958 年瑶区民主改革运动中,又培养了瑶族干部 71 人,并选送 39 人去中南民族学院、广东民族学院学习。1963 年乳源瑶族自治县成立后,各级党委更加重视培养少数民族干部。从 1963 年冬到 1966 年夏,先后举办了 8 期民族干部训练班,每期 3 个月,共培养瑶族干部 400 多人次。1970—1980 年,县委党校举办了民族干部学习班 36 期,培训了瑶族干部 576 人次,瑶族各级基层干部普遍受过培训。1986 年 9 月,乳源教师进修学校开办学期两年的瑶族教师进修班,学员 40 人。据统计,1989 年,全县有瑶族干部、教师、医务人员和职工共 446 人。随着瑶区社会主义事业的发展,新一代有社会主义觉悟、有文化知识的瑶族干部迅速成长,成为瑶区及县城建设的中坚力量(表 3-6)。

---

① 申凡:《传播媒介与社会发展——媒介功能理论研究》,人民出版社 2008 年版,第 75 页。

② 冯广圣:《桂村社会网络传播研究》,博士学位论文,华中科技大学,2012 年,第 64 页。

表 3-6　中华人民共和国成立以来瑶区瑶族干部（正副县长）[①]

姓名	性别	职务	文化程度	任职时间
赵贵财	男	副县长	高小	1962.12—1968.4
唐彪	男	副县长	大专	1962.12—1968.4
邓四妹	女	县革命委员会副主任	初小	1968.4—1980.12
赵志明	男	县革命委员会副主任	初中	1969.8—1980.12
盘财万	男	副县长	中专	1980.12—1984.6
盘财万	男	县长	中专	1984.6—1990.12
赵志发	男	副县长	中专	1983.5—1984.5
赵才慢	男	副县长	大专	1984.6—1989.5
赵志明	男	县人大常委会主任	初中	1990.3—1992.12
盘财万	男	县人大常委会主任	在职大专	1993.3—1996.3
邓安利	男	县人大常委会副主任	高中	1998.3—2003.3
赵志发	男	县长	中专	1993.3—2003.3
赵卫东	男	副县长	在职研究生	1999.1 至今
邓建华	男	县长	在职研究生	2003.3—2013.3
邓志聪	男	县长	研究生	2013.3 至今

从表 3-6 可以看到，中国共产党通过合理有序的官方教育体系，有计划地培养具有现代管理知识的瑶胞担任瑶区的领导干部，逐步实现瑶区权威人物的现代化过渡。

（三）国家权力对传统瑶族文化话语权的影响

中华人民共和国成立前，瑶山的政治生活处于一定程度的自在状态之中。在族长、师爷、父辈的权威震慑以及习惯法的规约下，瑶民自给自足，重复祖先的生活方式和生存状态。他们一般没有文化话语权，对传统文化的传习，更多的是一种主动使用和被动承袭。

中华人民共和国成立后，随着政权建立和完善，瑶山人民当家做主，从瑶山走出来的干部积极投身瑶山建设，为瑶山经济、政治、社

[①] 根据《乳源县志》综合统计。

会文化生活带来了新的规划蓝图和实质性的改变。各项法律法规政策的出台与实施，取代了传统习惯法的作用。瑶区比较完备的司法体系、行政机构设置可以满足瑶胞日常所需，瑶胞业已习惯通过法律及行政途径而非传统的神权、族权途径来解决问题。以前在瑶山享有绝对权威的师爷群体，慢慢降为政府民俗仪式表演成员和民间祭祀、宗教活动的主持者，以另外一种身份与形式介入瑶胞的日常生活，他们不再独享文化话语权。

随着瑶胞文化水平的提升以及瑶族干部走上文化管理部门领导岗位，瑶族传统社会的文化话语权结构得到重新建构。瑶胞可以通过阅读本民族文化相关书籍、参加文化培训等多种形式，掌握之前被师爷等传统权威人群所掌握的民族文化知识，且能充分发挥个人能动性，对民族文化进行辩证解读和选择性传承，做到既知其然也知其所以然。

第三节　市场因素对过山瑶传统文化传承的影响

市场经济促进人们物质生活水平提高的同时，也携带着不同的生产方式、贫富差距和竞争风险涌入偏远的山区，"传统社会不可避免地受到来自现代社会不同生活方式和理念的冲击"[①]。

一　市场观念在乳源县瑶区的生发过程

（一）中华人民共和国成立到20世纪80年代末

此时是瑶区商品市场逐步建立与完善阶段。瑶族多居深山，山林物产除了供瑶族同胞日常使用外，剩余物资还多被瑶胞靠人力运输到汉区圩市，采取以货易货的方式，换取日常生活物品和生产物资。瑶民大多

[①] 施惟达：《文化与经济：民族文化与产业化发展》，云南大学出版社2011年版，第24页。

朴实单纯，经常挑山货赶集，由于缺乏市场观念，常常要承受不等价交换带来的损失。

1953年，乳源县人民政府在县城设立瑶民供销合作社，并在东坪计竹园开办分店，大大方便了瑶民的贸易。1957年，韶边瑶族自治县成立。同年5月，县民贸公司在计竹园和桂头设立土特产收购站，对瑶族实行民族贸易的"三项照顾"政策。商品供应韶关二级站给予价格九五折、定量商品比汉区优惠的照顾；自有资金占全部流动资金的比例，实行批发企业50%、零售单位80%的照顾，以及利润提成20%的照顾；同时，实行"不赔不赚，有赔有赚，以赚补赔"的民族贸易方针，定下销售工业品的最高限价和收购农副产品的最低保护价[①]。1959年10月，乐昌县商业局在中心洞设立瑶山民族贸易商店。

从1978年起，国家实行对外开放、对内搞活的政策，市场逐渐活跃起来。相关部门改造和扩建县城、桂头、杨溪、大桥、侯公渡、大布等集市场所，新建成一六圩场，新开红云市场。1988年，当地建成县城农贸综合市场。截至2005年，全县有门店2877个，形成多种形式、多条渠道、多种成分的流通体系[②]。

改革开放不但给县城内部带来新的经济观念，也打开了对外贸易的窗口。1977年1月，乳源对外贸易公司挂牌开业。1981年10月，组建对外经济工作委员会。同年12月，成立外贸局与对外贸易公司。1981年，成立信托贸易总公司，1986年改称"对外经济发展公司"。1987年，成立进出口贸易公司。2002年，组建经济贸易局，兼管外经贸工作。

（二）20世纪90年代至今

在这一阶段，外出务工人员带来了新的消费观念以及生活方式。乳源县虽然地处粤北山区，但作为改革重镇——广东省的重要组成部

[①] 《乳源瑶族志》编纂委员会：《乳源瑶族志》，广东人民出版社2000年版，第12页。
[②] 《乳源瑶族自治县概况》编写组：《乳源瑶族自治县概况》，民族出版社2008年版，第155—160页。

分，商品经济的介入以及新的生活方式的引入，还是给大山环绕的瑶族同胞带来了新的选择。由于20世纪90年代的务工潮以及早期探路者带来与传统农耕相比翻倍的利益回馈的刺激与示范效应，从20世纪90年代起，瑶山的青壮年前赴后继，带着对新生活的渴望与对未知世界的探求，踏上外出务工之路。据悉，瑶山青壮年外出务工地主要在乳源县城、珠三角地区，极少部分人到与粤北相连的湘桂等地（表3-7）。

表3-7　乳源县瑶区劳务输出情况一览表（1990—2003）①

年份	地名	劳务输出人数（人）	劳务输出总收入（万元）	年人均劳务输出收入（元）
1990	必背镇	104	62	5962
	东坪镇	21	4.2	2000
	游溪镇	7	1.5	2143
1991	必背镇	116	70	6035
	东坪镇	18	3.1	1722
	游溪镇	8	1.7	2125
1992	必背镇	138	83	6015
	东坪镇	28	5.1	1821
	游溪镇	10	2.1	2100
1993	必背镇	152	91	5987
	东坪镇	43	8.7	2023
	游溪镇	13	3	2308
1994	必背镇	175	105	6000
	东坪镇	70	23.3	3329
	游溪镇	58	17	2931
1995	必背镇	206	124	6019
	东坪镇	74	22	2973
	游溪镇	16	11	6875

① 数据来源：乳源县统计局。

续表

年份	地名	劳务输出人数（人）	劳务输出总收入（万元）	年人均劳务输出收入（元）
1996	必背镇	228	137	6009
	东坪镇	107	48	4486
	游溪镇	42	13	3095
1997	必背镇	233	140	6009
	东坪镇	219	148.2	6767
	游溪镇	160	64	4000
1998	必背镇	332	199	5994
	东坪镇	394	174	4416
	游溪镇	200	80	4000
1999	必背镇	408	245	6005
	东坪镇	562	214	3808
	游溪镇	205	82	4000
2000	必背镇	512	307	5996
	东坪镇	512	212.5	4150
	游溪镇	220	90	4090
2001	必背镇	467	280	5996
	东坪镇	563	202.4	3595
	游溪镇	250	116	4640
2002	必背镇	475	258	6000
	东坪镇	566	214.6	3792
	游溪镇	252	112	4445
2003	必背镇	576	340	5903
	东坪镇	578	259.5	4490
	游溪镇	255	124	4863

从表3-7可以看出，自20世纪90年来以来，瑶山青年改变了父辈的传统生活方式，怀揣梦想，走上了外出打工的道路，从而有更多机会接触外面的世界和文化。在与打工地人群的接触过程中，其观念与生活方式必然会发生改变。

案例一　乳源县必背镇王茶村邓老太家传统与现代并存的生活

82岁的邓老太是典型的瑶山老人，一辈子都住在必背镇王茶村。2016年6月14日，笔者在必背镇政府门前的瑶绣店偶遇下山购物的邓老太，并陪同她返家。笔者叫了一辆摩的，带着我俩沿着必背到王茶的乡村公路一路盘山而上。这条1997年才通车的单行道水泥路因为连日雨水而显得格外湿滑，盘山而上七弯八绕。每到拐弯之处我的心都不免绷紧，我的左手边就是深深的峡谷，路边基本没有防护栏，稍不留神就可能跌落山谷，粉身碎骨。我们以较缓的车速开了一刻钟，终于到达王茶村。

这里的情景和镇政府以及必背口新村完全不同。砖瓦房连着土坯房，除了村委会所在地和已经废弃的王茶希望小学外，几乎家家户户都是这种新旧房子连在一起。旧房子大多不住人，被一把铁锁关住。新房子有的是平房，有的是两层楼房，配有卫星接收器、自来水管，偶尔有住户安装防盗网，但更多是为了防止东西跌落山底而不是为了防盗。房前屋后都是自己走出来的泥巴路，连接彼此，间或有几块石板垫脚。房子没有统一朝向，依山而建，有的面山，有的背山，山里散布各家的梯田、林地。

邓奶奶就住在离公路较远的山里，目前有三块比较小的梯田，因为缺水而没有种稻谷，改种玉米、番薯、黄瓜、芋头、豆角、青菜等。房子右下方临山处建有两间低矮的石头房，养着一头猪。老房子为平房，土坯墙，红瓦顶，木头两开门，并列四间，从左至右分别是厨房、卧室、祭祖堂屋。

毗邻旧房子的是两层楼的水泥楼房，是大儿子打工回来盖的新居。一楼是一个面积大概40平方米的客厅，拐角是一个六七平方米的厕所，里面安着电热水器、陶瓷便盆，但没有冲水马桶。厕所门对着的是厨房的隔间，里面堆放着整齐的杂木，从旁边的楼梯可以上到二楼，有两间卧室和面山的阳台。

在客厅里，邓奶奶所有的生活用品一目了然，两个破旧的沙发布满灰尘。沙发前面的木桌上，杂乱地摆放着喝水的杯子、瓶瓶罐罐。桌子旁边是一个低矮的茶几，上面放着电饭煲、锅碗、水壶等用具。正对沙发的电视柜破损不堪，木头抽屉一个东倒西歪，另一个已经跌落地上，从里面散落出很多旧纸张。电视柜上面有一台24寸液晶电视，很薄很新，看起来是家里最值钱的东西。旁边则放着影碟机、碟片和话筒。厅堂里面并没有像老房子那样有祭祖的供桌，墙上也没有贴着各路神仙画像，而是一幅毛泽东海报和一幅装裱好的"家和万事兴"十字绣。厅里其他地方散放着青菜、砍柴刀具、钉耙等东西。

邓奶奶不太会说普通话，但还是热情地给我讲述她家的生活。她年轻时很穷，一辈子都住在王茶村，没有出过远门，十几岁就结婚了。她有两个儿子，大儿子在东莞打工，小儿子在县城打工，只有过年才回来。老伴去世多年，独居，平时不下山，今天是她两年以来第一次下山，买砍刀，结果镇上没有买到，自己又不能坐车到桂头去，只能买块豆腐返回。她年事已高，不太种田了，家里的林地留着打工回来的儿子打理。邓奶奶不会用手机，但有事情可以让村委会给儿子打电话，除了偶尔感冒发烧外，身体倒也健康。平时她不去医院，自己感到不适就去山上采草药吃。邓奶奶年轻时喜欢唱瑶歌，喜欢刺绣，现在村里面有人唱她也会去听。家里电视平时就开着。平时她除了早晚喂猪、看看菜地外，就是在村里溜达，碰到老人们说说话。

二　瑶区旅游事业的创立与发展

（一）20世纪80年代至2008年：瑶区旅游事业逐步建立

瑶山风光旖旎，自然资源丰富。1984年，乳源县政府工作报告中首次提出"使瑶寨成为旅游点"。在乳源县政府及各瑶区乡镇旅游部门的配合下，瑶族文化旅游事业建立并取得一定成绩。这一点在历届政府工作报告中可见一斑。

1991年，必背瑶寨被列为全省四个新景点之一向国际推出，使旅游业走出了低谷，并逐步发展起来。1993年，推出必背瑶寨旅游热线，推动了全县旅游业的发展；同时，成功举办了县庆30周年暨南岭地区第二届瑶寨盘王节活动。2003年，结合县庆40周年活动，充分利用新闻媒体、信息网络、高速公路、县城主要街道、旅游景区和交通路口等阵地，加大宣传力度，营造良好氛围，打造特色旅游品牌。2004年，精心打造别具特色的生态、民俗和宗教文化旅游品牌。把瑶族悠久历史和五彩文化的独特风韵通过歌舞、实物、餐饮等多种形式演绎出来，形成具有瑶族特色的旅游文化品牌。2005年，加大旅游宣传推介力度，大力开拓港、澳、珠三角和邻近省份的旅游市场。2006年，必背镇桂坑尾入选广东最美的乡村。

2007年，乳源首届"十月朝"旅游文化节在县民族学校举行。2008年第二届"十月朝"恰逢乳源45周年县庆，庆典吸引全国各地近万名游客参加活动。2009年，第三届"十月朝"在必背镇开展，2000多人参加开幕式。

2009年，以国家和广东省启动中国生态旅游年为契机，乳源争创民族生态休闲旅游示范县和国民旅游休闲计划试点县。县政府创新旅游发展思路，发展农家乐等参与性、趣味性强的生态休闲旅游产品；加大瑶族刺绣、苦爽米酒、瑶山腊肉等旅游产品的开发力度；加大宣传，提升"世界过山瑶之乡"旅游品牌影响力；开展跨区域旅游合作，加强与珠三角、红三角（特指韶关、郴州和赣州共同构成的一片地区，土壤呈红褐色，又是抗日战争根据地。——笔者注）和港澳等地旅游企业的联系，吸纳更多省内外游客前来旅游观光、休闲度假。[①] 2010年，成功举办世界超模进乳源以及"粤游粤精彩，乳源发现之旅"大型记者采风团活动。出版《发现乳源》等一批旅游宣传书籍，制作乳源旅游风光音乐片等宣传光碟。乳源知名度进一步提升，成功实现民族文化

---

① 乳源瑶族自治县档案局、县史志办：《乳源瑶族自治县历届政府工作报告汇编（1963—2013）》，乳源县档案局刊印，2014年版，第82、160、206、208、325、385、390页。

资源的经济化[1]。

瑶区旅游事业主要是必背瑶寨旅游点的建设与开发，始于1986年，到1990年被列为"广东省四大民俗风情旅游热点之一"。1991年，乳源县旅游局在必背瑶寨设置管理处，请县民族艺术团演员编排瑶寨歌舞，培训了20人的表演队伍，开发了铜鼓舞、"爬到山"、吊脚楼瑶寨结婚表演仪式、竹竿舞等新老节目。

1993年，乳源县旅游公司联合中国旅行社，组织美国、新西兰等国15人，徒步穿越瑶山，宣传瑶寨旅游。1993年，瑶山酒家开业，开发熏肉炒石韭、竹筒糯米饭等瑶家美味。1995—1996年，成功引资开发了必背瑶寨峡谷漂流项目，直到1997年因修建杨溪河梯级电站，开发才取消。总之，瑶寨旅游在此阶段呈现出蓬勃生机。

（二）2008年至今：乳源县旅游事业持续发展与瑶区旅游事业的停滞

乳源县政府及旅游局在重点发展县旅游事业的过程中，通过瑶族文化节庆活动展演化、瑶族非遗文化商业化、瑶山自然资源旅游化等举措，尤其借助县庆特殊时机，集中推荐展示瑶族民族文化，在特殊民族旅游上取得了不错的经济效益和社会效益。

2012年10—11月，由官方举办的乳源瑶族"十月朝"旅游文化节召开。文化节期间，品尝长桌宴、参加瑶族山歌会和瑶区农民运动会、探访瑶家乐、瑶族刺绣展演展销活动、"品论瑶乡·醉美乳源"旅游演讲比赛等13大项活动，吸引了上万人参加。

2013年，乳源瑶族自治县成立50周年暨瑶族"十月朝"活动顺利举行。据统计，2013年全年共接待游客286.5万人次，旅游综合收入21.7亿元，分别是2009年的2倍和2.8倍[2]。表3-8是1999年以来乳源县旅游经济一览表。

---

[1] 彭璧玉、董志强、曹宗平：《乳源模式》，民族出版社2012年版，第163—165页。
[2] 潘文敏：《乳源加强瑶文化保护传承 弘扬"瑶家"经典》，《韶关日报》2014年10月31日第1版。

表3-8　　　　　　　　乳源县旅游经济情况①

年份	全县接待游客总数（万人次）	统计旅游收入（万元）	人均旅游消费（元）
1999	44.1	2508.5	57
2000	45	2850	63
2001	47	2900	62
2002	48	3200	67
2005	55	14300	260
2006	73.37	17293.47	224
2007	101.68	42800	421
2008	115.86	54546	471
2009	140.86	77130.32	548
2010	186.24	116215.45	624
2013	286.5	217000	757
2015	150	105000	700

从表3-8可以看出，乳源县特色文化旅游具有拉动经济的显著效果，无论是游客总量还是人均消费量都逐年攀升。瑶族文化旅游已然成为乳源县旅游产业的重要支柱。但是，与之相对照的却是瑶区旅游事业的停滞以及瑶山居民实际利益的损失。旅游经济宏观增量并没有转变为瑶山瑶胞个体实际收益的提升，蓬勃发展的乳源县旅游事业，并未延续瑶寨景区昔日的辉煌。

PLH（男，62岁，瑶族，原必背镇红漆加工厂职工，瑶寨景区原工作人员）：2008年以后，为了开发旅游，县里出钱把景区里的半岭村搬迁到杨溪口去了，里面的传统瑶寨房子还是归原来主人家，山里面的林地也是自己的，他们愿意来住或者种田、种树都可以。当时投资建了三座两层的吊脚楼，里面可以住人。有一个挺大的舞蹈场，还有餐厅、博物馆。每张门票45元，主要是看瑶族歌舞表演。发洪水（2013年。——笔者注）之前生意还可以，尤其

---

① 数据来源：乳源县旅游局。

是2010年以前,很多旅游团过来玩,每年的五一、十一假期和春节都是旅游旺季。平时就是散客来,主要还是靠旅游团。客人来看表演,吃瑶家菜。吃完饭走到半山腰去参观博物馆,展品有瑶族人以前用的农具,还有刺绣、衣服、盘王像等。然后游客上山,看瑶族传统民居,沿着山还可以欣赏杨溪河风景。从山顶可以看到整个必背瑶山。刚开办景区的时候,这里风景还是很美的,可以看到梯田,现在很多人搬迁,梯田都荒废了。现在也不收门票,也没有人来玩了。如今我没事儿的时候就来这里坐坐,看看门。

作为瑶山居民,这位老师傅见证了整个瑶山半个世纪的巨变,对于瑶山旅游的兴衰历程也十分了解,昔日的辉煌历历在目,眼前的衰败触目惊心。对比官方瑶族文化展演及活动时的盛况,这位瑶胞对今天瑶山发展的迟滞和瑶族文化的衰落深表遗憾,言语中还在回味年少时在瑶山上的生活,以及20世纪60年代虽然物资匮乏生活清苦但干劲十足、瑶歌遍山的岁月。

三 过山瑶传统文化产品及活动商品化和展演化

为了配合乳源县瑶族文化旅游事业的发展,提高瑶胞的经济收入,促进瑶区小商品市场和农家乐的建立与完善,乳源县政府、旅游局、文化局等部门对可开发利用、便于展示的过山瑶传统文化活动及产品进行了包装与推介。在政府示范作用以及提升家庭收入等因素综合影响下,瑶族歌舞、瑶绣、"十月朝"、拜王仪式等瑶族传统文化活动及产品不同程度被商品化、展演化;瑶族服饰、瑶家食品(如苦爽酒、瑶家腊肉)等物质文化产品,也变为旅游土特产加以开发售卖,其文化内涵也发生了相应的变化。

以瑶族刺绣为例,自从开发旅游以来,景区周边以及县城便出现大小规模不一的瑶绣商店,瑶绣及服饰也由自绣自用的生活必需品变为自绣他用的旅游纪念品。为了降低售价、打开销路,部分瑶绣商品也改纯手工绣制为机器绣制。旅游开发后,乳源瑶族传统刺绣艺术从内在的纹样内容、图案色彩、使用材料、载体形式到社会文化意义均发生了一些变化①。而很多售卖瑶绣商品的瑶族商贩，对其纹样背后的含义不甚了解或者漠不关心。

同样发生变化的还有拜王仪式及瑶族歌舞。自开发旅游以来，拜王仪式及祭祀歌舞已经成为供游人观赏的一种表演。以长鼓舞为例，包括乳源过山瑶长鼓舞在内的整个粤北长鼓舞表演都已经舞台化了。长鼓舞由一种民族祭祀、节庆舞蹈转变为一种舞台常规表演项目，并且在包括全国少数民族文艺汇演、粤北各类节庆活动与节庆晚会、乳源瑶族自治县鸵鸟寨、必背镇民族村等舞台上演出，瑶族青年则成为表演者或者专职艺人②。

ZLX（男，50岁，瑶族，乳源县必背镇上某瑶家乐的老板）：从2009年算起，我这个店开了七年了，主要搞瑶家乐。我自己也蛮喜欢跳舞唱歌。我召集村里一群会表演的人，组成了一个表演团队，有游客需要的时候，只需一个电话，团队就能来表演竹竿舞，唱瑶歌，搞篝火晚会。2010年前后我的店非常火，有很多香港老板和省里的旅游团都来我这里玩。我曾经在这个店前面靠近河边花了20多万搭了一个表演台子，很大，上面挂着巨幅绣品，在台上搞歌舞表演，很热闹。2013年闹洪灾，舞台都被大水冲掉了。现在我打算把山上的竹子卖掉，追加资金，重新修一个大舞台；让我老婆把平时绣的绣品也拿过来卖；还有瑶山草药，也准备开发一点，把这里搞得更有民族特色。

从在必背镇政府门前一条商业街上接受采访的瑶绣店老板、瑶石店老板口中，笔者明显感受到，瑶族文化活动及产品已经成为普通瑶胞心

---

① 黎洁仪：《旅游场域下乳源过山瑶刺绣艺术的文化嬗变》，《民族艺术》2001年第2期，第131—133页。
② 王桂忠：《粤北瑶族长鼓舞文化传承研究》，《韶关学院学报》（自然科学版）2015年第4期，第46—50页。

中生财致富的门路，而对瑶族传统文化背后蕴含的历史意义、民族精神等并不在意。大家倒是很赞同用开发民族文化旅游来拉动地方经济并反哺文化传承与建设事业、扩大瑶族文化影响力这一做法。

第四节　族群互动对过山瑶传统文化传承的影响

一　乳源过山瑶的族群互动情况

乳源过山瑶的族群关系主要是过山瑶与汉族之间的族群互动，这种族群互动经历了一个由单纯贸易往来到生活全方面交流的过程。

（一）瑶汉族的频繁物质交往

基于生产生活中物物交换的族群互动见诸史料，始于明清时期。瑶族所需的盐米、铁器等生活必需品以及生产用具，都是通过赶集、负贩商以及驻扎商的商贸行为获取的。据史书记载："瑶人……巧者制器易盐米，平时多出桂头圩贸易，或负药入城，药治颇效。"① "乳源县瑶人……熟瑶常出贸易……时有来往城乡，与民人市易盐米者。" "曲江县瑶人……能作木器，负趁圩以易盐米。"②

早些年，瑶汉之间物物交换的方式主要是赶集，曲江的桂头、乐昌的杨溪、乳源县城、连县的三江、连山的大保等集市，都是瑶胞常去之处。此外，长期居住在瑶区内的汉商（也称"驻扎商"）促进了瑶区的经贸往来，促进了小手工业的发展，比如打铁、造酒、制作豆腐以及手工编织等。再一种就是行脚商，他们一般为图利而专门贩卖瑶胞需要的东西，同时从瑶山带土特产下山，到汉族市镇销售。瑶胞对行脚商特别重视，瑶区一般远离集市，偶有农忙或者物资匮乏的时候，这种行脚商的作用就尤其重要。

---

①　广东省地方史志编纂委员会编：《广东省志·少数民族志》，广东人民出版社2000年版，第153页。

②　刘耀荃、李默：《乳源瑶族调查资料》，广东省社会科学院1986年版，第413页。

这种零散不间断的贸易往来一直持续到中华人民共和国成立以后。1953年，乳源县人民政府在县城设立瑶民供销合作社，并在东坪计竹园开办瑶山第一间供销社，且对瑶胞实行贸易保护政策，瑶汉之间的贸易更加频繁与规范。瑶区的市场经济体系建立虽然滞后于汉区，但是在20世纪90年代后，随着瑶区对外贸易、工商业逐渐发展与完善，政府招商引资开发瑶区旅游事业等，瑶汉之间的贸易往来逐渐呈现出常态化、规模化的发展趋势。

（二）瑶汉之间以及瑶与其他民族通婚情况

相对于物质往来，瑶汉之间的通婚出现的时间晚很多。中华人民共和国成立前，乳源东边瑶是严禁瑶汉通婚的；西边瑶虽然允许招赘汉族女婿，但是瑶族的男子是不娶汉族女子的。瑶族普遍认为，自己的祖先是被汉族驱赶进山艰苦度日，且自己是耕山的"黄牛"，汉族是耕田的"水牛"，若与汉族婚配，死后骨头会变成青色或者黑色，难以被祖先接纳。加之瑶族长期身居大山，交通不便，缺乏对汉族的了解与接触，生计方式差异以及愁苦的历史记忆，导致瑶族对汉族存有心理隔阂与芥蒂。

20世纪80年代初期以来，随着瑶区交通条件的改善、瑶汉两族生活往来接触的增加，加上国家民族团结工作的效果显现等诸多因素影响，瑶汉之间打破禁忌，开始通婚。

ZXY（女，51岁，瑶族，乳源县关心下一代工作委员会工作人员）：我们瑶族之前是不和汉族通婚的，所谓"黄牛不捞水牛"。不通婚主要有两个原因。一个是历史原因。老人讲我们瑶族之所以住在山上，是因为汉族把我们赶上山。而且老辈人常说，我们瑶人种的麦子成熟时，汉人总是拿扫把把麦穗扫掉，所以我们的粮食总是变少。另一个是思想认识上的原因。瑶人认为，我们是小族，汉族是大族；我们住在山里，胆小怕事，害怕通婚后受汉人欺负；加上语言不通，所以瑶人不找汉人。

和汉人结婚，我是我们瑶山第二例。第一个是ZMY。我是家里的独生女,是不外嫁的。20世纪70年代末,我在我们村(东坪镇大寮下)当民办教师。我老公的老家是惠州,他在南水大坝做工,到我们村买木材时看上我,就到我家对我爸爸说,要给我们家当儿子,就是入赘。我爸爸很开通,说我女儿同意我就可以。我们1980年开始谈恋爱,一直到1984年才结婚。我父母不反对,但是我们家的亲戚都反对。瑶寨里面逢年过节要送熏肉什么的,我家亲戚直接让我老公拿回去。不过,我老公很能干,我们村子里谁家电线短路,他都过去帮忙。他还很热心,有一个村民被牛角挑伤,肠子都出来了,他直接把伤者背到医院,人给救了回来。从那以后,大家慢慢接受他了。通过接触,大家觉得找个汉人也没什么。现在大家都说要像赵老师学习,也要找个汉人呢。

随着工作及学习地点的拓展,瑶族除了与汉族通婚外,还根据婚姻自由、两情相悦的原则,在选择自己的伴侣时,并不受族籍的过多影响,也出现了瑶族与其他少数民族通婚的情况。中华人民共和国成立后,瑶族与其他民族之间的互动日益频繁,除通婚、互易外,汉族及其他民族教师队伍还帮瑶区建立正规学校教育系统,这些前文已做分析,不再赘述。

二 族群互动对过山瑶传统文化传承的改变
(一)传承内容(语言)的多元化

随着瑶汉互动以及改革开放以后瑶山全面的变化,由于价值观念、信仰以及对生活的追求等方面的改变,一种共同的语言所承载的文化内涵已经发生了较大的改变[①]。笔者在乳源县瑶区进行调研,数据显示,7个自然村268户家庭中,有69户瑶汉通婚家庭,总体通婚比25.75%。即使本身不是瑶汉通婚家庭,很多大家庭中,其他亲属会出

---

① 郭建斌:《电视下乡:社会转型期大众传媒与少数民族社区——独龙江个案的民族志阐释》,博士学位论文,复旦大学,2003年,第153页。

现与汉族通婚情况。可见，近 30 年来，瑶汉通婚已经是十分普遍的现象（表 3-9）。

表 3-9　　2016 年乳源县瑶区 7 个自然村育龄家庭情况统计

自然村	户数	单方非瑶族（户）	女非瑶族（户）	男非瑶族（户）	比例（%）
单竹坑	32	7	4	3	21.88
茅坪一	39	9	4	5	23.08
茅坪二	26	3	2	1	11.54
桐油坳	29	6	4	2	20.69
锡坑	29	9	5	4	31.03
上寨	47	16	10	6	34.04
下寨	66	19	11	8	28.79
总计	268	69	40	29	25.75

目前，无论是瑶族家庭还是瑶汉通婚家庭，成员除年老者外，大部分人都能使用两种以上语言，即普通话、客家话、瑶语、白话。而父母是否是瑶族，对于其子女在家庭中是否说瑶语以及子女是否喜欢说瑶语，产生了最直接的影响（表 3-10）。

表 3-10　　父母族别对子女使用瑶语的影响情况统计　　（单位:%）

父母民族		你会说用瑶话吗			你在家讲瑶话吗？			你喜欢讲瑶话吗？		
		会	会一点	不会	经常讲	时讲时不讲	不讲	喜欢	有些喜欢	不喜欢
父母双方瑶族		93.8	6.2	0	80	18.5	1.5	77	21.5	1.5
其中	农村	97.7	2.3	0	88.6	9.1	2.3	79.5	20.5	0
	城镇	66.7	33.3	0	33.3	66.7	0	50	41.7	8.3
父母单方瑶族		47.1	35.2	17.6	35.2	37.3	27.5	54.9	33.3	11.8
其中	农村	83.4	8.3	8.3	75	16.7	8.3	83.4	8.3	8.3
	城镇	23.8	61.9	14.3	14.3	52.4	33.3	28.6	52.4	19

第三章 过山瑶传统文化传承的新机遇

以上两表数据显示，相对于父母双方都是瑶族、日常交流基本使用瑶语的家庭，父母一方是汉族的家庭中，子女会说瑶语的比例降到50%以下，经常用瑶语交流的机会不足40%，仅54.9%的子女喜欢讲瑶语，且出现完全不会使用瑶语的情况（17.6%）。而这些参数在居住城镇、和汉族毗邻或者嵌入居住的瑶族家庭中，比例更低。

另外，笔者发现，因为子女的家庭教育及管理主要由家中的母亲及女性长辈负责，所以，如果母亲一方是汉族，那么孩子使用瑶语及对瑶语的喜好程度更是明显降低，使用客家话、白话概率明显上升。居住在城镇的家庭成员，熟练使用普通话的比例高于农村，后者大多听得懂但是说不好。可见，从瑶语家庭传习这一层面看，瑶汉通婚家庭的语言环境更加复杂，亲子互动及长辈所持语言习惯，直接影响了子女使用语言的选择与习惯。

（二）传承场域的拓展

家族文化以血缘关系为基础，以家族观念为核心。当今时代，随着家庭逐渐核心化，加之人们拓展人际关系和资源的需求不断扩大，姻亲关系在家族文化中的作用和地位不断提升。"姻亲关系的增强是对传统宗族关系的一种挤压，在村庄的人际传播中有明显的表现。"[1] 费孝通在其1985年的著作《乡土中国》中就指出，中国传统社会中的社会结构和人际关系存在"差序格局"，每个人都是以自己为中心，向外推移，按照远近亲疏的关系来建构自己的人际圈。

20世纪80年代前，瑶区基本都是瑶族家庭，瑶族姻亲中少有其他族别，个人社交圈基本限于传统乡土中国的那种基于血缘、亲缘关系的守望相助、朝夕相处的熟人社会。瑶汉通婚后，随着姻亲关系中族群交往的扩大也带来了社交圈和社交空间的扩大。

在瑶区，逐渐由传统的人情社会（人与人之间交往重视人情与信任，人们以情感方式而非经济理性的方式来维系与处理人际关系）转

---

[1] 胡珂：《浅析〈金翼〉中的农村家庭和家族主义现象》，《新课程》2014年第7期，第38—40页。

向契约社会（人与人之间交往的目的性、功利性增强，社会成员在交往与社会资源构建中趋于理性化选择）。瑶汉通婚家庭中，汉族姻亲一方散居瑶山外甚至全国各地，通过媒介交往，更容易给瑶区家庭带来全新的信息和生活理念。

在传统瑶区内，民族文化基本保留在乡村的熟人社会中。而随着族群互动的拓展以及工作、生活、社交圈的扩大，过山瑶传承文化的传承场域也随之扩大，这对其文化发展的影响主要有两个方面。第一，社交圈子的扩大意味着传统文化传承场域的增加。过山瑶传统文化有更多机会走出瑶区，扩大其社会认知度和影响力。第二，社交圈的扩大同时也带来不同文化之间的碰撞，在过山瑶传统文化与其他民族文化、过山瑶传统文化与西方文化的交流与碰撞过程中，存在着强势文化对弱势文化的侵袭与影响。

这里以必背镇政府工作人员 ZGZ 的家族为例，对瑶区社会的变迁加以介绍。ZGZ 是典型的 80 后，目前在必背镇政府工作。他从小长在瑶山，求学于县城，毕业后考公务员，又回到家乡做行政工作。其父亲生前为必背镇的一名民办教师，他和他的父亲之前曾经帮助中山大学、广东民族学院的学者做过多次人类学调研工作，十分乐于为笔者提供调研线索以及必背镇瑶族情况介绍。在其家庭的第三代进入婚配年龄后，大家庭中就开始出现通婚案例。从生活及工作地点来看，ZGZ 的两个堂嫂和两个弟妹均在广州打工，其堂哥在县城承包工程，其姐夫在东莞做生意，其小姑家的表弟和表妹分别在湖南和湖北读大学。其大姑家的表妹及其子女均在广西随妹夫父母居住。这个大家庭的第三代和第四代在族籍上分别拥有瑶族、汉族、土家族和回族四种，生活范围涉及广东、广西、湖南、湖北四省，已经明显区别于第一、二代固守于瑶山，沿袭族内婚的传统。从职业上看，ZGZ 家庭的第一、二代多为农民及民办教师，第三代中有公务员 6 名、事业单位从业人员 3 名、个体生意人 4 名、外出打工者 4 人，另有读书 3 人、务农 2 人。第四代均为未成年人，跟随父母就地入园、入学。生意人逐利而行，打工者四海为家，读书郎志在四方。在这个家族中，第三代职业的多样化让他们的生活圈、社交圈不囿于瑶山甚至瑶族自治县,在他们为生计奔波之余,他们也带着过山瑶特有的勤恳开拓精神,融入其他省份和职业中。

第五节　大众媒介对过山瑶传统文化传承的影响

"文化行为模式不完全是本能,而是被赋予了一种意义,它能超越刺激—反应行为模式,能跨越时间和空间。而且,文化是一个日积月累的开放式的批判和修正经验见解的求知过程。文化在这种意义上完全依赖符号传播体系。"[1] "一切文明都有赖于对空间领域和时间跨度的控制。因而文明的兴起与衰落同占支配地位的传播媒介息息相关。"[2]

一　乳源县过山瑶大众媒介的使用情况

大众传播媒介进入中国少数民族地区,起初是一种纯粹的政府行为,是作为一种宣传工具进入的。[3] 大众传媒作为党和政府传播信息的重要工具,在新政权建立、各项政策推行以及后续各项舆论工作的推进中,发挥了巨大作用。

在乳源县过山瑶群体抽样调查中,被访者男女比例分别为48.4%(93人)和51.6%(99人),居家瑶族女性比男性略多。大部分男性是家庭的主要劳动力,除在家务农耕山外,青壮年外出打工成为男性履行养家糊口职责的首选出路。从被访者的年龄分布情况看,18岁以下的未成年人15人,占7.8%;18—38岁的成年人99人,占51.6%;39—58岁的中年人71人,占37%;59岁以上的老年人7人,占3.6%。媒介使用并不受年龄限制,上至古稀老人下至懵懂儿童,都是大众媒介服务的对象(表3-11)。

---

[1] [英]尼古拉斯·加汉姆:《解放·传媒·现代性》,李岚译,新华出版社2005年版,第4页。
[2] [美]丹尼尔·杰·切特罗姆:《传播媒介与美国人的思想》,曹静生、董艾禾译,中国广播电视出版社1991年版,第164页。
[3] 郭建斌:《电视下乡:大众传媒与少数民族社区发展——独龙江个案的民族志阐释》,博士学位论文,复旦大学,2003年,第57页。

表3-11　　　　　　乳源县瑶胞文化程度比例

文化程度	被访者（人）	百分比（%）
未受过正规教育	2	1.0
小学	27	14.1
初中	60	31.3
高中或中专	49	25.5
大专及以上	54	28.1
合计	192	100

表3-11显示，首先，从被访者文化程度比例分布情况看，瑶胞的整体文化程度不高，但受益于中华人民共和国成立后政府义务教育系统的强制介入、义务教育的普及、特色民族教育的扶持，瑶胞绝大部分受过基础教育，具有日常生活所要求的听说读写基本技能。其次，无论教育程度如何，基本不影响其对大众媒介尤其是电子媒介（电视、手机）的使用。最后，大众媒介的有效使用对受众的文化程度有一定要求，但并没有严格的进入门槛，尤其是电子媒介，只要智力正常，拥有正常的视听能力，都可以部分或者全部获取媒介传播的信息。

（一）乳源县瑶区纸媒使用情况

在乳源县，1989年报纸发行总数为1.37万。杂志期刊发行总数为8.8万。报刊流转额为47.54万元。2003年，全县发行报纸总数为125.02万份，发行杂志总数为5.16万份。报刊流转额为115.08万元[1]。目前瑶区基本普及纸媒，尤其是各乡镇和村委会，常年订阅党报及各行业报纸，供工作人员阅读。同时，在阅报栏和外墙上张贴各级各类报刊，供村民免费浏览；或者订报，供村民免费传阅。笔者在乳源县必背镇政府办公室以及王茶村村民委员会外墙阅报栏，便看到《人民日报》《广东日报》《韶关日报》《南方都市报》《南方人物周刊》等报刊。

事实上由于瑶山居民70%左右陆续外迁，加上青壮年外出务工，留

---

[1] 乳源瑶族自治县地方志编纂委员会：《乳源瑶族自治县志（1990—2003）》，中华书局2011年版，第311页。

守人员大多是妇孺老弱,且整体文化程度偏低(初中文化水平居多),因此笔者发现,瑶山家庭订阅报刊的情况十分罕见。瑶区的报刊订阅人群主要为乡镇村委等政府工作人员。瑶区被调查家庭订阅纸媒比例较低,且基本上集中在家庭中有成员在事业单位、学校工作或者上学的群体中。

从被访者平时能使用到的传媒类型上看,无论是居住瑶区还是瑶汉杂居区,大众媒介已经在乳源瑶族自治县普及开来,纸媒、电子媒介和新媒介在乳源瑶胞生活中都不是稀缺资源。鉴于被访者的文化程度高低以及媒介使用对使用者准入门槛要求的不同,瑶区媒介在使用类型上有自己的特点。

在瑶区,纸媒(书籍、杂志和报纸)的使用率相对较低,三者合计占比 18.6%;电子媒介(广播、电视、音像制品)显然更受欢迎,三者合计占比 35.8%;新媒体(计算机、手机)以其互动性强、功能强大、使用便捷、操作简便、便携移动等特点而深受瑶胞尤其是青壮年的青睐,被试者中,共计 45.6% 的人在日常生活中经常使用计算机、手机等新媒体产品。图 3-2 反映了瑶胞对大众媒介的喜爱程度。

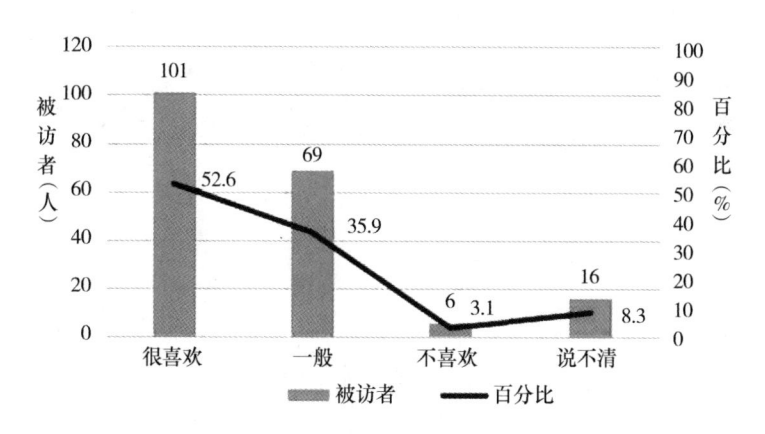

图 3-2 瑶胞对大众媒介的喜爱程度

图 3-2 显示,大众媒介已经深入瑶胞生活,并且因其丰富的内容、多样的表现形式和有效的传播效果深得瑶胞的喜爱。被试者中,绝大多数人(很喜欢占 52.6%;一般占 35.9%)对大众媒介的感觉给予积极

肯定的评价，只有3.1%的被试者明确表示不喜欢使用大众媒介。

（二）乳源县瑶区电子媒介使用情况

1. 广播

1956年6月初，乳源县正式开通有线广播，1957年改名为乳源县广播站。1958年年初，农村广播网建成，1963年发展为自治县广播站，并在全县建起13个有线广播站。1965年利用电话线传输，全县各生产大队实现通播。1967—1972年，大力发展农村广播网络，实现载波传输，全县94%的生产队通了广播。1988年9月1日，乳源广播调频台正式开播，县广播站升级为乳源人民广播电台。广播信号覆盖乳城镇、附城、侯公渡等乡镇的全部和柳坑、龙南镇的部分乡村①。目前，瑶区家庭都可以听到乳源县人民广播电台的节目。三个瑶族乡镇村委会都架设了广播大喇叭，用以播放村寨信息及党政通知等，居民在播音期间都能听见主要信息，并及时根据自家情况做出回应（图3-3）。

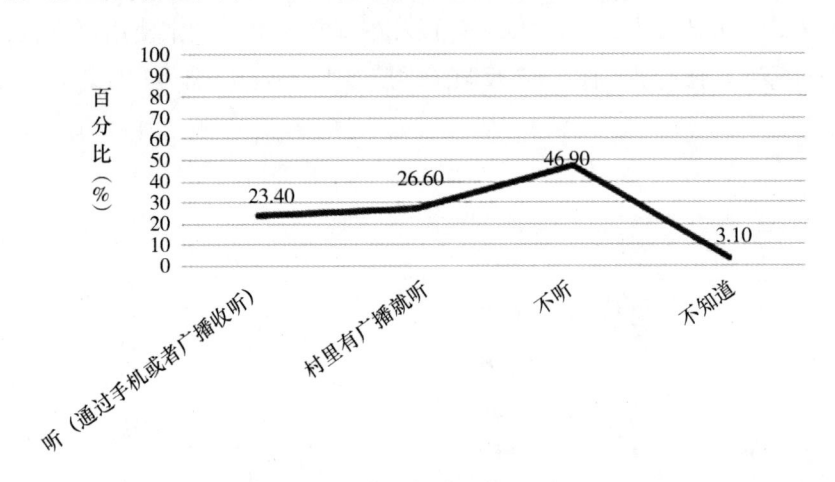

图3-3 瑶胞收听广播情况

从图3-3可以看出，虽然有半数瑶胞（不听和不太清楚的占比50%）没有主动收听广播的习惯，但是，村落中的大喇叭仍旧是村民

---

① 《乳源瑶族自治县概况》编写组：《乳源瑶族自治县概况》，民族出版社2008年版，第247页。

被动收听广播的一个重要渠道，26.6%的被试者承认，自己在村里广播的时候，会收听并关注一些重要信息和广播综艺节目。而23.4%的被试者（主要是手机用户和年轻瑶胞）更青睐使用集成化、平台化的广播APP，如下载蜻蜓FM、喜马拉雅FM等软件来收听音频节目，包括官办电台以及民间广播达人推送的音频节目。传统的广播台网和新兴的移动音频软件，分别满足了瑶区中老年人和青少年群体获取音频资讯和广播节目的需要。

2. 电视

电视的普及也经历了一个先城镇后乡村、先汉区后瑶区的过程。1970年10月1日，乳源县城、侯公渡、桂头镇等地首次看到中央电视台第八频道节目，当时当地只有2台电视机。1980年，游溪、必背、东坪3个瑶族乡镇建立电视差转台，瑶区从此也可以收看电视节目。1986年，县政府用录像播放法播出韶关电视台节目，至此乳源县城乡居民可以看到中央、省、市三级电视节目。1987年建立卫星电视地面接收站。1988年建立有线电视台。至1989年，全县各乡镇、管理区及村庄基本上都能收看到中央电视台和省电视台的电视节目，电视覆盖率达95%以上。

1998年开始实施的村村通广播电视工程（下文简称"村村通工程"），又被称为"民心工程"。乳源有线电视台于1988年10月1日试播。1992年、1998年和2000年，乳源县电视台三次对有线电视网络进行升级改造，提高其传输带宽，增加转播频道数量，扩大信号覆盖范围。到1998年，全县18个乡镇（场）全部开通了有线电视，广大乡村电视机普及率超过90%。2005年完成60个行政村和190个自然村的光纤联网，有线电视用户增加到17000多户。对于特别偏僻的山村，采取建设"村村通"和微波覆盖的办法，使广播电视覆盖率不断提高，目前已达到95%以上。此外，县电视台先后开通县劳动与社会保障局、县工商局等6个单位的互联网业务，建成了22所学校教育城域网[①]。

---

① 《乳源瑶族自治县概况》编写组：《乳源瑶族自治县概况》，民族出版社2008年版，第249页。

2011年全县有线电视完成整体数字转换，县城有效数字电视使用户数达到13500多户①。

2016年6月笔者到必背镇调研，打开镇政府附近旅店的电视，可以看到中央、各家卫视以及省市四级台网共计46套电视节目。而在瑶山上的王茶村村民邓大姐家，打开电视也能收看到四级台网的42套电视节目，且信号稳定。在东坪镇长乐新村、游溪镇八一新村，都能看到村民家中拥有机顶盒等数字信号接收装备，大多数家庭会选择韶关有线来接入电视信号并收看中央、各主要卫视、广东本地以及韶关地区四级台网的电视节目。而在相对偏僻、海拔较高的必背镇桂坑尾村以及方洞林场，也能看到卫星接收设备将电视信号接入瑶山顶的瑶胞家庭中。

笔者发现，受益于国家大力推广的村村通工程，广播、电视等传统电子媒体从20世纪80年代末期零星进入瑶胞家庭，2000年左右，几乎普及全部瑶族村寨。电子媒介产品已经成为普通瑶族家庭的必备家庭用品，无论是富裕家庭还是一般家庭，至少拥有一类广义上的电子媒介产品。其中广播、电视、计算机、手机四项占比达到93.7%，电视机的家庭普及率最高，占比为34.1%。瑶胞通过电视看到与其他民族一样的电视节目，且在所喜爱收看的电视节目类型分布上看，呈现出多元化、娱乐化、实用化的特点。

从表3-12可以看出，瑶胞对大多数的电视节目类型都表现出收看的兴趣。笔者结合访谈也发现，很多瑶胞，尤其是中老年留守瑶胞，将媒介（尤其是电视机）作为生活中的一种伴侣和慰藉，他们并不刻意选择或者排斥某类电视节目，而更多地依从电视台线性节目编排随机收看，除了自己看不懂或者觉得与自己生活毫不相关的经济类节目、军事类等节目外，其他节目都会收看。尤其是新闻资讯类节目、电视剧、法制专题类节目，是瑶胞普遍选择收看的类型。当然，根据瑶胞人口学特征的不同，不同年龄及性别的人群对特定电视节目类型的喜爱程度有所

---

① 乳源瑶族自治县地方志编纂委员会：《乳源瑶族自治县志（1990—2003）》，中华书局2011年版，第675页。

差别。女性中老年瑶胞更青睐电视剧、电视电影类节目和社会生活类节目，女性青少年喜欢互动性强、彰显现代生活观念与都市时尚气息的综艺娱乐类节目以及电视剧（尤其是青春偶像剧和韩剧），男性观众比较倾向于体育类节目和农业科技类节目。这和电视节目受众定位及其功能划分的预期基本符合。

表 3-12　　　　　　　　瑶胞电视节目类型偏好

瑶胞平时收看电视节目的类型	频次	百分比（%）
新闻资讯类	133	18.5
电视剧、电影类	158	21.9
农业科技类	40	5.6
专题类	100	13.9
综艺娱乐类	120	16.7
社会生活服务类	86	11.9
体育类	74	10.3
其他类型	9	1.3
总计	720	约 100

3. 新媒体

乳源县移动通信经历了一个从无到有、从模拟到数字、从单一品牌到多个品牌的过程。1994 年，乳源首批模拟移动电话正式开通。1996 年 6 月，数字移动电话开通。1997 年，必背瑶区开通模拟放大器。到 2003 年，乳源移动共建成数字基站 45 个、数字放大器 13 个，全县 14 个乡镇开通移动电话，全球通手机信号覆盖各大乡镇、风景区、居民小区等地，实现 323 国道、京珠高速公路、坪乳公路、京广铁路 100% 无缝覆盖[1]。2001 年，乳源县开通县城绿色环保型小灵通电话业务和 AD-SL 宽带业务，端口速率 2M。2003 年，宽带用户达到 902 户。其后，瑶

---

[1] 乳源瑶族自治县地方志编纂委员会：《乳源瑶族自治县志（1990—2003）》，中华书局 2011 年版，第 317 页。

区也逐步建立宽带网络和无线网络。2010年后，基本实现了瑶区无线WiFi接入。

> ZFL（女，35岁，瑶族，必背镇人，中国南方电网必背营业厅工作人员）：我之前在县城工作，2009年调到这里的营业厅。这个营业厅是2008年开的，负责镇里以及山上居民的电信业务。七八年前这里就已经普及网络了。目前瑶区只能安装电信的网络，现在联WiFi很方便，不过山上的信号弱一些，毕竟比较偏僻。普通家庭一年是900多块钱，不算便宜。在山上，村委会肯定是要安装WiFi的；村民家里如果子女外出打工，就很少安装，老人也不上网。镇政府、必背社区还有必背口村以及政府附近山下的几个村子，基本上每个家庭都已经上网。这些旅店（镇政府门口一条进山的路边，有多家瑶家乐家庭旅店。——笔者注）也都上网。

笔者除了考察必背镇及其下辖自然村的网络普及情况，也去外迁的瑶族新村考察过。外迁出去的瑶族新村因为地势平坦，接近县城，交通便捷且周边环境相对繁华，因此，宽带普及率明显高于瑶山内的自然村。如政研新村（东坪镇）、水源宫八一瑶族新村（游溪镇）、瑶乐居（乳源县城）、大寮村（一六镇）等政府补贴新建的移民新村，在居民入住之前，都已经将电话、电视、宽带网线入户铺设好了，居民只需到电信部门缴费、安装相关设备即可使用，十分便利。

"网络传播通过信息聚合和行为塑造来实现对少数民族文化的现代建构。信息聚合构筑了一个虚构的扁平化世界；行为塑造使人可以在扁平化世界践行，技术缩小了不同民族的族性差异。"[①] 调研数据显示，拥有手机和计算机的家庭，只要条件允许，如处于移动或者宽带网络服务区内且能承受安装网络的经济费用，大部分都会选择使用网络将手机

---

① 庄晓东：《网络传播与云南少数民族文化的现代建构》，科学出版社2010年版，第6页。

和计算机的功能得以现实化。调查数据显示，44.3%的计算机用户选择安装家庭宽带网络；而76.1%的用户选择手机联网，以更加便捷地获取资讯、享受娱乐和便利沟通。

（三）过山瑶媒介使用目的及偏好分析

1973年，卡茨、布鲁姆勒和格里维奇在《个人对大众传播的利用》一书中，根据媒体的社会和心理功能，列举了人们使用媒体的35种五大类需要，即认知需要、情感需要、个人融合的需要、社会融合的需要、释放焦虑的需要[1]。事实上，关于人们使用媒介的动机和目的，学者众说纷纭，但在寻找信息、寻求消遣和寻求社会交流这几个动机上，看法是一致的。

学者对受众使用大众媒介的基本动机的学理归纳，在瑶胞的实际生活中得到印证。无论瑶胞家庭所拥有的媒介类型怎样，其使用媒介的目的呈现多样化的特点，瑶胞的基本媒介素养和汉族以及城市居民无甚差别。媒介的基本功能是提供新闻资讯以满足受众对外在世界的探究欲，降低其对周边环境不确定因素的影响，这一点在瑶胞使用媒介中占据很重要的位置。22.3%的被试者选择使用媒介开阔眼界、学习知识。这为媒介的涵化功能在瑶胞中同样产生作用奠定了基础。另外，媒介为瑶胞提供了新的娱乐方式和社交方式，让他们能便捷地与外界交流，保持与远亲近邻的互联互通。22.5%和24.2%的被试者将媒介的娱乐功能和沟通功能作为使用媒介的首选目的。从媒介使用偏好上看，互动性强、功能强大的计算机在满足瑶胞获取知识、休闲娱乐以及社交上都能平衡用力；手机则更多用于社交。49.7%的瑶胞手机用户主要用手机来打电话和发短信，即进行社交活动。

电子媒体已经融入瑶族民众的日常生活中，34.1%的家庭拥有电视机，50%的瑶胞会通过不同途径收听到广播节目。"它既是一个打扰者也是一个抚慰者，这是它的情感意义；它既告诉我们信息，也会误传信

---

[1] Werner J. Severin and J. W. Tankard, *Communication Theories: Origins, Methods and Uses in the Mass Media*, Longman Publishing Group, 1992, pp. 272–273.

息,这是它的认知意义;它扎根日常生活的轨道中,这是它在空间和时间上的意义;它随处可见……它对人造成的冲击,被记住也被遗忘;它的政治意义在于它是现代国家的一个核心机制;电视彻底地融入到日常生活之中,构成了日常生活的基础。"① 笔者在调研中发现,居家的中老年妇女会习惯性地打开电视收看节目,尤其是电视剧、法制类节目,并且将其中的话题、人物作为日常生活中的重要谈资,电视节目及其信息已经成为丰富瑶胞日常生活的重要话题。

二 大众媒介对过山瑶传统文化的影响

大众媒介的使用对瑶胞的生活及其文化的影响是显而易见的。传统的乡村生活和熟人社会在大众媒介不断介入后逐渐改变。这种改变从日常生活作息到乡村组织结构乃至瑶胞的思想观念上,都有所显现。总体而言,瑶胞持正面肯定的态度。

56.3%的被调查者认为,大众媒介让自己的生活更便捷,它开阔了瑶胞的眼界,扩大了社交圈,增强了其社会适应性。34%的瑶胞虽然认为大众媒介对其影响一般,但承认媒介已经成为其生活的必需品,和其原有生活方式共同对自己产生影响。只有5.3%的被试者明确否认媒介对其产生影响,无论是正面影响还是负面影响。这说明,瑶胞的生活已经部分媒介化。调研数据显示,有28.2%的瑶胞在手机联网后,一般都用于微信、QQ聊天;25.3%的瑶胞用手机浏览网页、看新闻和图片;24.4%的瑶族用手机看各种视屏节目。总之,绝大部分瑶胞的生活已经离不开大众媒介了。

(一)大众媒介改变了过山瑶传统生活方式

在大众媒体大举介入瑶族生活之前,"临近的区域、建筑物和房间在身体上、感情上和精神上限制着人们,过去传统上一直如此。如今,物质围成的空间不再像过去那么重要,因为信息可以跨越围

---

① [英]罗杰尔·西尔弗斯通:《电视与日常生活》,陶庆梅译,江苏人民出版社2004年版,第4—5页。

墙，到达遥远的地方。电子媒介改变了时间和空间对于社会交往的重要意义"①。在乳源瑶区，起到重要作用的大众媒介是电视和新媒体，即计算机网络与手机。电视四级台网和电信、宽带全覆盖，使传统瑶族社会跨越了山峦河流的地理环境阻碍，迅速与现代生活无缝对接。大众传媒以一种隐形的软权力，通过向瑶胞不断传播关于现代生活的信息，在瑶胞的头脑中深深打下现代化生活的烙印，积极引导着瑶胞追求现代生活。

1. 时空观念与作息方式的改变

传统瑶山社会，在由传统文化所构筑的生活空间里，人们以一种来自于自然的时空观念来安排自己的日常生活，日出而作，日落而息，自给自足，深居简出，低欲寡求，自得其乐。在相对封闭的大山中，时间的流动缓慢而自然，空间的转换感也仅限于山中景色的四季轮换，以及偶尔出山与汉区的物质交换与情感交流。即使是在瑶区普及广播、各个村寨被大喇叭全面覆盖的20世纪60—80年代，这种时空观念与作息方式都没有多大改变。

从20世纪90年代起，大规模的搬迁打破自然地理环境的阻隔，加之随着电视机在新旧瑶区的逐渐普及，"以电视为核心的现代传媒文化时常在建构着一种空间上的无意识，镜头之间自由转换已经使很多的空间感觉在无意中消解。这一点，也是现代传媒文化与当地本土文化最大的不同之处"②。各种外来文化伴随着视音影像涌入曾经闭塞的瑶族地区，冲击着瑶族文化，破坏了原来因为封闭阻隔而自成一体的文化空间。

20世纪90年代电视中汹涌澎湃的打工潮信息和镜头中的花花世界，撩动着瑶山青壮年的心弦；早期出山的弄潮儿衣锦还乡，给予电视影像很好的印证。于是一批批瑶山青年满怀对现代生活的憧憬而奔赴山外，造成瑶区大量劳动力的流失。其后，手机、网络在近20年已经成

---

① ［美］约书亚·梅罗维茨：《消失的地域：电子媒介对社会行为的影响》，肖志军译，清华大学出版社2002年版，序言第5页。

② 郭建斌：《电视下乡：大众传媒与少数民族社区发展——独龙江个案的民族志阐释》，博士学位论文，复旦大学，2003年，第170页。

为助长这种风潮的中坚力量。留守瑶区的老人也慢慢习惯伴随电视里的声音度过难熬的孤独时光，瑶区的学龄儿童与少年则在动画片、影视剧和电视广告的启发、诱导与刺激下，加深对成年后融入现代都市生活的渴望。看电视已经成为瑶山留守人群重要的生活事项。

调研数据显示，早上出工之前（7：00—8：30）、中午午餐时间（12：00—13：30）、下午放工之后到睡觉之前（17：00—22：00）这三个时间段，基本上是拥有电视机家庭开机最密集的时间。之所以将做工时间和午休时间调整在这一区间，是因为他们比较喜欢的电视节目在这几个时间段播出，如早间的新闻节目及天气预报、午间的法制类节目。瑶胞在调查问卷主观问题中提及的最喜欢看的电视节目之一就是《今日说法》，其播出时间就在中午。《韶关新闻》《乳源新闻》以及各大卫视的电视剧，集中在晚间电视黄金时段播出。

2. 休闲方式与人际交往方式的改变

传统瑶山生活中，女子闲话家常，伴以刺绣制衣；亲朋邻里对歌交友，把盏言欢；邻里忙时互相帮助，闲时互串家门，形成一幅瑶寨和谐自然的生活景致。电子媒体大举介入后，除老弱外，瑶山青壮年和少年儿童更喜欢放工放学后回家看电视，或者随时随地看手机、网上冲浪，在媒介虚拟空间中弥补现实生活的单调与遗憾。笔者在新旧瑶区调研时都发现，年轻人和笔者聊天时会时不时看看手机，因为都可以接联WiFi，所以对时下热点话题与网络热点大多了然于心。而在晚上10点前（瑶山上老人一般是晚上9点前），瑶家的电视都是开机状态，或者播放新闻节目，更多的则是当下流行的综艺节目和电视剧。

在瑶胞近30年的媒介生活中，娱乐成为塑造日常生活的一个强大的、充满诱惑力的手段[①]。娱乐节目已经给少数民族传统风俗习惯带来了显著冲击，少数民族集体娱乐活动的式微和节日仪式的消解，就是一种表现。由于少数民族对电视节目内容的解读缺乏理性，而把电视所制

---

① [美]道格拉斯·凯尔纳：《媒体奇观》，史安斌译，清华大学出版社2003年版，第185页。

造的"拟态环境"当成一种真实世界,并且效仿或者追随,这就在不知不觉中被灌输现代传媒的意识形态[①]。电视剧、娱乐节目、新闻报道和网络影响着村民的价值观、信仰、日常生活和娱乐休闲[②]。

ZMN(女,39岁,瑶族,乳源县必背镇政府门口瑶族之家餐馆老板):我的小儿子在云门寺那边帮人打工搞旅游。我们平时都是用手机联系,因为有微信,所以很方便,我想他了就视频,我儿子有什么想法都会给我语音留言。我虽然没有文化,但是我儿子教会我玩手机后,我还是学到了很多东西。家里需要的东西我都能上淘宝去买,寄给我小儿子,他再带回来,很便宜也很方便。我儿子还在网上发图片,给我家餐馆做广告。有一次,一个游客对我说,他在某个网上看过我的照片,那肯定是我儿子发的。

笔者在必背镇调研期间,经常去赵大姐家吃早餐,她的店里面有电视机、影碟机,每天营业时间是早上7点到下午3点。营业时,电视机都处于开机状态,供食客随意观看。笔者连续观察几天发现,大多数时候播放中央电视台的法制频道以及广东卫视的电视剧。她自己则更喜欢用手机上网,浏览微信和视频节目。她的微信好友除了两个儿子和亲戚姐妹外,还有一些常去光顾她生意的瑶山居民及部分游客,其中游客主要是了解瑶山活动或者拜托她购买瑶山土特产。她喜欢的交往方式是面对面聊天、手机视频通话,而非对瑶歌。

(二)多元信息对瑶族文化内容的重构与摈弃

格尔兹认为,"文化就是社会行动者利用象征符号为自己制造的意义和组织的逻辑。象征符号规定人们如何理解和看待世界"[③]。大众传

---

① 潘忠党:《传播媒介与文化:社会科学与人文科学研究的三个模式(上)》,《现代传播》1996年第4期,第16—24页。

② 龙运荣:《大众传媒与民族社会文化变迁》,博士学位论文,中南民族大学,2011年,第158页。

③ 庄孔韶:《人类学通论》,山西教育出版社2007年版,第66页。

媒通过各式各样的符号，建构起一套复杂的意义之网，将人们网罗其中，供人们"有意义"地生存。"现代传媒几乎无所不在地填充日常生活，以尽其所能的方式为所有的人提供'满足'和欲望的对象，提供可供选择的视觉符号。"[①] 媒介逻辑的一个特点就是建立起一个互动的信息环境，它对经验进行界定和组织，使之从一种情景转换到另一种情景[②]。大量信息直接参与构建的日常生活场域，受众一旦身处其中就很难摆脱。

1. 观念的转变

大众媒介给瑶山社会带来的最大的冲击，就是构建了一套全新的观念体系，比如消费观念日益增强，勤俭节约的观念逐渐弱化。大量的影视广告通过贴片、嵌入等方式，或隐或现地将各种消费商品与信息"倾泻"给瑶胞，并为他们塑造了一个个物质偶像，描绘了一幅幅精致生活画面。这些与相对贫瘠和简陋的瑶胞生活现实形成明显反差。大众传媒不仅解构了传统的消费文化和心理，而且推崇新的消费模式。在物质信息与广告示范效应影响下，传统瑶山的安贫乐道、自足常乐的观念，正在年轻一代心中慢慢消解。

媒介广告的渗透力是强大而深刻的，瑶胞居所相对偏僻封闭，但这丝毫不影响媒介广告及其裹挟的消费观念的渗透。调研数据显示，超过半数（58%）的瑶胞在购买商品时，会参考媒介广告信息或者受到其影响；只有16%的被试者明确拒绝媒介广告信息对其消费行为的左右；而保持中立态度的26%的被试者并不排斥琳琅满目、五花八门的媒介商品信息和广告信息。

传统瑶族社会家庭生活掌握在父权手中，社会生活掌握在村寨领袖手中，精神生活掌握在师爷手中，个体一生都在瑶山的三种权力掌控之中循规蹈矩，各安其命。中华人民共和国成立后，随着瑶胞文化程度的

[①] 孟繁华：《传媒与文化领导权——当代中国文化生产与文化认同》，山东教育出版社2003年版，第1页。

[②] [美]戴维·阿什德：《传播生态学——控制的文化范式》，邵志择译，华夏出版社2003年版，第132页。

第三章 过山瑶传统文化传承的新机遇

提升、外出务工、生存环境的变迁以及大众媒介对现代生活方式的大力推介，集体意识日渐淡漠，个体活动逐渐成为社会活动的主体。这也印证了埃米尔·涂尔干所说的"虽然集体意识还存在着，但它对个人的控制力越来越弱"①。

笔者在调研期间，明显感受到，中青年瑶胞对于"瑶族"的认知，更多停留在标识和符号的浅表层面。例如，需要享受入学优惠加分政策时，才刻意强调自己的瑶族身份，而在日常生活中常常有意淡化自己的民族特性；对于传统瑶族社会集体活动的参与兴趣也日渐降低，更倾向于根据自己的兴趣规划人生，而非屈从于父辈或者重复长者的生活轨迹。

通过大众媒介，瑶胞了解了更多瑶山外的信息和资讯。在多元选择面前，当面临更多发展空间并能赚取更多薪酬的时候，有半数以上（十分愿意占20%，愿意占32%）的瑶胞愿意走出瑶山，到外面打拼，通过主动融入现代文化和都市生活来改变个体命运。笔者对瑶区的调查结果，也是对从20世纪90年代开始的瑶胞外出务工大潮的一种印证。

詹姆斯·罗尔认为，电视在家庭中主要具有结构和关系两种功能。前者指将电视作为环境来源或者行为调节者，用于调节家庭作息时间及各项活动；后者指电视改变了家庭成员之间的关系，每个成员对电视各取所需②。

在日常生活中，留守者的瑶族中老年尤其是女性，对家庭媒介的使用时间、方式和节目的收看具有自主选择权，一旦到寒暑假或者子女返乡季，家中的媒介使用则主要是受子女控制，这一点在很多前辈研究者的相关研究中已经反复提及，如郭建斌对彝族电视使用方面的调查。有两点需要注意。第一，在瑶族留守妇女看电视这一件事情

---

① [法]埃米尔·涂尔干：《社会分工论》，渠东译，生活·读书·新知三联书店2000年版，第133页。
② [美]詹姆斯·罗尔：《媒介、传播、文化：一个全球性的途径》，董洪川译，商务印书馆2012年版，第167页。

上,并没有体现出传统的父权制压迫,相反,其在白天的电视收视时段几乎完全拥有自主选择权;即便在夜晚影视剧播放时段,也可以通过协商来安排收看的内容,而不必屈从于夫权和父权。第二,留守中老年瑶胞通过主动转让媒介使用权,对归家子女进行讨好,并且通过主动关注子女收视喜好及取向的方式,拉近与子女的心理距离和身体距离。

看什么对坚守瑶族传统生活的中老年瑶胞并不那么重要,关键是与子女一同收看的行为,已经成为人际沟通的重要途径。越是久归的子女,越是低幼龄的子孙辈,不分男女,越能在掌控家庭媒介使用权上占据优势。媒介的进入让传统瑶族长幼有序、父权至上的观念得到了一定改变。媒介除了改变家庭传统的作息时间外,还成为维系甚至重构家庭内部成员关系与地位的工具。

以瑶胞喜欢且收看较多的电视剧这种节目形式为例,笔者通过抽样调查发现,比较喜爱男孩的瑶胞对于电视剧中出现的女性意识的觉醒、女强男弱的角色设定和情节走向竟然非常包容。62.5%的被试者认为,电视传媒传递了一个好的信号,即女人可以和男人一样,共享平等的资源与权利,甚至在家庭生活和部分职场领域占据主要地位,起到掌控作用。尽管瑶胞看到的电视剧基本都是汉族制作、反映城市女性或者历史事件中重要女性的作品,与现实生活和历史记忆中瑶族女性的角色定位有差距,但瑶胞无论男女对电视剧虚构角色的肯定判断,反映出他们在现实世界中性别观念的变化。男女完全平等、平权虽然在现实生活中尚未完全实现,但瑶胞在观念上已经接受了女性主体意识的觉醒。

当笔者进一步问瑶胞,如果家庭中的女儿有机会读书或者想读书,他们会让其享受何种教育时,如表3-10所示,95.8%的瑶胞已经接受了"知识改变命运"的观念,并且希望自己的孩子无论男女,都能接受高等教育,获得更多选择职业的机会和发展的空间。这与传统的瑶族教育主要是家庭技能传习、师爷特权教育、教育仅限男性的观念和做法大相径庭。

随着大众媒介裹挟着现代生活观念不断渗透到瑶胞生活的各个层面，随之而来的观念变化的连锁反应是显而易见的。正因为"现代性本身是普遍主义的，没有民族和文化的界限"①，加上大众媒介通过炫目的影像和精美的图文包装，将"现代文明"推介给瑶胞，瑶族文化自然在现代文化的冲击下发生改变，传统的质朴天然的审美意识改变了，素面朝天与浓妆淡抹并存、刺绣瑶服与夹克牛仔共舞。

传统风俗习惯是瑶族制度文化的重要组成部分，对维系瑶族社会稳定和发展具有十分重要的作用。然而，在大众传媒的影响下，以歌为媒逐渐成为历史，传统婚丧习俗渐次被摒弃。瑶族传统的年节活动也被官方法定节假日和西方的节庆活动所取代，逐渐丧失了对瑶族青壮年的吸引力。

> DXF（男，33岁，瑶族，乳源县城居民）：我和我弟弟的婚礼都是在县城办的，就是在酒店包个大厅，摆酒，穿西装、婚纱，给来宾敬酒，吃一顿就各自回家了。我们家走出瑶山很多年了，我弟弟现在在广州打工，过年才回来聚一下，平时就用手机联络，很方便。我们留在瑶山的亲戚，如果是早些年结婚，还是会选择传统的婚礼，那样很热闹，一连办好几天，又唱歌又跳舞，还有师爷来念经、拜祖宗什么的。我堂姐20多年前结婚就是那样。后来我姐姐嫁到必背去，也是在婆家办的传统婚礼，穿瑶服，但是没有那么复杂。现在都时兴西式婚礼，跟汉族一样，和电视里的结婚场面差不多。老的那一套婚礼形式我们都不懂，兴趣也不大了。像我们住在县城里面的瑶族，更是汉化得厉害。

2. 宗教信仰及其活动的淡化

过山瑶自古有崇拜盘瓠的民间信仰，民间信仰虽然没有宗教那样完整的理论体系，但是含有宗教性与世俗性相融合的社会功能。它植根于

---

① 尹保云：《什么是现代化——概念与范式的探讨》，人民出版社2001年版，第8页。

本土文化，并依靠自成体系的民间话语，传习并影响着民众的思维与言行。中华人民共和国成立后，党和政府只是取缔非法的"公众会"组织，并且法办了少数迫害瑶胞的师爷，但是对于瑶胞的民间信仰及打醮、"挂灯"等活动并未干涉。"文化大革命"期间，这些活动被当作"四旧"而被取缔。改革开放后，上述活动得到恢复。

瑶族的民间信仰并没有被列入国家职能部门如乳源县民宗局的管辖范围，基本属于自在存续的状态。而随着现代生活方式和思想观念的传入，瑶族青壮年群体对传统的民间信仰产生了新的认知，他们更多的是将其作为一种民俗敬而观之，主动参与者较少。他们对整个仪式及其背后的文化内涵知之甚少，甚至不明就里。

在传统瑶山社会，师爷群体掌握瑶经，懂得瑶族医药，他们通过占卜、祭祀、医疗等行为，广泛参与普通瑶胞生活的方方面面。随着中华人民共和国的成立、瑶山社会主义改造事业的全面进行，以及大众媒介对科学理念、民俗知识、反封建迷信等观念的广泛传播，媒介化时代的瑶胞无论是精神生活还是世俗生活中，对师爷群体的依赖程度都在明显下降。"师爷"这一传统社会群体及其特殊的角色功能在逐渐弱化。从瑶胞生病选择的疗救方式可以看出，与传统瑶族社会请师爷做法驱魔、画符救治或者师爷采集瑶山草药加咒语救治不同，现在的瑶胞更相信现代医学的力量。调查结果显示，76.3%的瑶胞会选择去医院救治，只有2.6%的瑶胞会依据传统，完全仰仗师爷（又称作"师公"）的法力祛除病魔。

另外，"拜王"的传统瑶族信仰，在瑶胞心中的地位也经历了一个从无限崇高到普通民俗的转变。尽管绝大多数瑶胞并不把"拜王"作为一种迷信活动而拒绝它，但是，调查结果显示，17.2%的瑶胞并不关心这种信仰，更不在乎"盘王"这一文化符号对瑶族凝聚力的重要作用。近半数的瑶胞（43.2%）明确表示，它只是一种民俗活动，和其他民俗活动并无二致，没有必要抬高它在瑶胞精神生活和世俗生活中的地位和功能。在实际的访谈过程中，笔者也发现，75后瑶胞已经出现淡化民间信仰的趋势；90后瑶胞中，了解仪式流程及其文化内涵的更是凤毛麟角。

国家级传承人盘良安是乳源瑶山有名的师爷，他精通瑶经，知晓瑶药，为人宽和，一生与人为善，他对拜王的了解以及他从事民间信仰活动的经历，也见证了这种民族信仰半个世纪以来的变迁。

> 盘良安（男，80岁，瑶族，国家级非遗项目瑶族盘王节国家级传承人）：2008年我成为非遗传承人，其实我也不懂非遗是什么，不过国家认可我，并且给钱让我把这个传下去，我还是很高兴的，我也希望有更多的人来学习。2011年左右我开始收徒弟，现在带了3个徒弟，其中一个63岁，另外两个40多岁，他们都是自愿来学的，我也不收钱。其实要学好（拜王）并不容易，不是谁都能学的，要面相好，心地善良，有悟性才能跟着我学。如果你心肠不好，做法事也是不灵的。他们跟着我做法事，先学拜墓，再就是救命（符箓咒语等的制作与使用事宜。——笔者注），用来挂灯、度身的那些经书也要抄写，最后就是学习供奉五路神明（除了汉族的观音等神明，还有过山瑶春节、清明、七月半、十月朝期间师爷做法时祭拜的盘王、三清、家先等神明。——笔者注）。不过现在基本上用不上了，没人有找我们做，年纪大了我也做不动了。

3. 民族认同的变化

吉恩·菲尼认为，民族认同是一个动态的、多维的、涉及人的自我概念的复杂结构，包括个体对群体的归属感、积极评价以及个体对群体的文化感兴趣和实际参与情况等。卡拉认为，民族认同是指个体对本民族的信念、态度以及对其民族身份的承认，一般有四个要素，即群体认识、群体态度、群体行为和群体归属感[①]。

---

① 转引自王付欣、连易云《论民族认同的概念及其层次》，《青海民族研究》2001年第1期，第36—40页。

王希恩认为，民族认同是社会成员对自己民族归属的认知和感情依附[①]，它分为文化认同、价值认同、历史认同、政治认同四个层次，表现出相对固定和动态的特征。

本尼迪克特·安德森认为，"多语的广播能够在文盲和有着不同母语的人口中召唤出想象的共同体"[②]。语言是大众媒体实行民族同构和国家想象建构的重要手段。现有所有大众媒介，无论是纸媒、电子媒体还是新媒体，全都使用汉语文字及标准普通话。瑶胞通过接触媒介信息来提高汉语水平，也接受了官方语言所传递的主流价值观与意识形态。

瑶胞和全国人民倾听同样的声音，观看同样的节目，浏览同样的网络图文，大众传媒发挥着语言文化的教育功能，促进村民们形成与主流社会相一致的身份意识和观念，强化了瑶胞脑海中的国家共同体形象。即使是针对瑶胞的瑶族网站、瑶族文化公众号等新媒体，所使用的文字也以汉字为主，鲜有瑶族拼音符号。

语言符号视听读写的统一性，有助于提升瑶胞的国家意识。中国大众传媒叙事过程中常见的"家国同构"法则[③]，就是以家庭为中心，借助一个或几个家庭在一定时期内的变迁来反映时代特征，并通过各种影视剧、新闻资讯节目，强化瑶胞的民族认同和国家认同，树立其"中国瑶族"的观念。

另外，大众传媒通过媒介事件仪式化，重塑民族与国家认同感。例如，媒体直播香港回归、申奥成功等国家重大媒介事件来建构民族和国家认同感；通过报道"世界瑶族公主大赛""中国瑶族盘王节盛典"等民族活动，提升瑶胞的民族自豪感。瑶胞通过参与各项民族活动，感受国家日新月异的变化和取得的伟大成就，产生对民族、对国家的自豪

---

① 王希恩：《民族认同与民族意识》，《民族研究》1995年第5期，第17—21页。
② 吴飞：《火塘·教堂·电视——一个少数民族社区的社会传播网络研究》，光明日报出版社2008年版，第187—188页。
③ 张路路：《浅析新世纪家庭伦理剧中"家国同构"的叙事模式》，《电影评介》2011年第22期，第29—30页。

感,从而有效激发全民凝聚力。

4. 文化传承方式的丰富

过山瑶传统文化的传承以家庭代际传承、师爷师男传承等民间传承方式为主,以在生活中实践操作的自然习得来实现文化事项、价值观念和宗教信仰的延续。有了大众传媒之后,瑶族和瑶族文化都纳入媒介传播报道的对象范围,瑶族的人、事、物都成为媒介关注和呈现的内容。媒介的使用对瑶族文化的传承起到两个作用。首先,对于瑶胞而言,主动使用媒介传承与传播瑶族文化信息,有助于对内增强本族文化自信心,对外扩大瑶族文化认知度和影响度。其次,对于大众传媒及其工作者而言,将瑶族及其文化在内的少数民族文化资源纳入传播主题和对象范围,能够增加传播内容的可看性,丰富传播的内涵与主题,从而实现民族文化与大众传媒之间的共赢。

作为"世界过山瑶之乡",乳源县从2008年起就力求通过各种途径将自己的文化品牌推介出去。从调研数据可以看出,一方面,乳源县在自我宣传和定位上大力强调"世界过山瑶之乡"的文化品牌;另一方面,通过大众传媒的多介质参与、多样化报道宣传,瑶胞和其他民族对乳源的自我品牌定位有了比较明确的认知。调查结果显示,43%的受访者承认,在品牌认知度层面,媒介的传播起到主要作用。

媒介尤其是电子媒介,以其声光电多元传播符号的综合使用,为民族文化的视听化、立体化传播搭建了一个广泛便捷的平台。瑶族传统文化,尤其是服饰文化、歌舞文化、宗教仪式等注重形式感、参与感和视觉冲击力的文化样式,已经成为电子媒介关注与传播的对象。以中央电视台《全国青年歌曲演唱大奖赛》(简称"青歌赛")为例,在这个节目中设置了专门针对民族歌舞表演的"原生态唱法"环节,为包括瑶族歌舞在内的少数民族歌曲及歌手提供了表演的舞台。对此举措,绝大多数瑶胞都给予肯定与支持,77.6%(很有好处占48.4%,有点好处占29.2%)的被试者认为,民歌媒介化传播对其现代化传承有好处。

整体而言,民族文化媒介化传播这种新的传承方式已经获得瑶胞的普遍认可和整体正面评价。81.3%的瑶胞认为,通过大众媒介主动宣传推介本族文化，能够弥补传统的家庭传承、师徒传承方式的不足与缺憾；在大众媒介上看到瑶族文化、瑶族形象，能增强瑶胞的民族自信心，也能为其更好地融入市民社会和都市生活扫除文化障碍。在访谈过程中，在大城市读书和工作的年轻瑶胞反映，很多都市人和其他民族是通过看到瑶族文化的节目和信息了解了乳源和瑶族，而且节目中瑶族绚丽的服饰、爽口的美食让他们对瑶族产生好感。另外，瑶族文化的媒介化传播与传承，也扩大了其传播范围与认知度、美誉度。

随着瑶族文化媒介化传承方式的展开，通过大众媒介宣传和传播，乳源县城、乳源瑶族和瑶族文化已被更多人所认知，并进而调动大家实地旅游或者探究的欲望。伴随着自 20 世纪末乳源县宣传部、旅游局以及必背瑶寨旅游热潮的兴起，瑶族文化及瑶寨旅游已经成为各级各类媒体报道的重要内容。笔者从调研中获悉，当地瑶胞对于因媒介引发的瑶族文化旅游的热潮是积极支持的。

第四章

过山瑶的文化坚守与调适

第一节 过山瑶对民族文化的坚守

在中华人民共和国成立后的70年中,过山瑶传统文化遭到了多种因素的影响与冲击。随着乳源瑶区的城镇化、现代化和信息化程度的逐渐加深,无论是文化传承主体、内容还是传承环境等,都发生了巨大改变。传承主体除了师爷和普通瑶胞外,还有新时期的政府职能部门、汉族以及其他民族的文化研究者、文化爱好者和普通群众。

某些过山瑶文化要素甚至发生了根本性的变革。例如移民搬迁后,移民新村的瑶胞们和瑶山中的瑶胞相比,其生活方式及生存地理环境截然不同。前者逐渐过上城镇化生活,与汉族以及城市居民交往更加频繁;后者相对保有传统村寨生活方式,却也基本不会再狩猎、耕山,而是过着现代与传统并行的生活。中华人民共和国成立后,尤其是改革开放后,许多不适合时代特征的过山瑶传统文化活动以及文化陋俗(如过山瑶婚俗中的买卖婚姻)都消失了;传统社会的居住文化大部分消失,饮食文化也有所改变;传统社会里瑶胞对歌的习俗、度戒传统,在年轻一代中逐渐淡化甚至消失。

但是,瑶胞尤其是其中的有识之士,依然保持着民族文化自信与文化自觉。他们或凭己之力,或借助外力,主动坚守着本族传统文化的精神以及代表性文化活动。具体表现如下。

一 传统文化资料的搜集与研究

（一）积极整理传统文化资料，刊印出版瑶族文化书籍

瑶族自古只有语言没有文字，许多瑶族的历史传说及习俗等，都是借助汉字记录而流传下来的。中华人民共和国成立前，纸本记载的瑶族文化多是《过山榜》家先单、瑶经和符箓等，所有者为师爷群体以及族长、家长等。1966—1976年，瑶族的民间信仰以及"拜王"、打醮、占卜等活动被指为封建迷信，许多瑶胞及师爷所保存的纸本资料被查抄、烧毁或自毁，瑶族文化古籍损失惨重。

1984年，国务院办公厅转发了国家民委《关于抢救、整理少数民族古籍的请示》，指出："少数民族古籍是祖国宝贵文化遗产的一部分，抢救、整理少数民族古籍，是一项十分重要的工作。"[1] 时任乳源县县长的盘才万牵头组织瑶族文化古籍抢救保护专家小组，在瑶族文化研究专家们的支持与帮助下，开启了瑶族文化资料的民间搜集、整理研究与出版工作。

> 盘才万（男，81岁，瑶族，原乳源瑶族自治县县长）：解放前我们瑶族都生活在大山里面，基本上保持跟以往一样的生活方式。1958年，全国都搞少数民族地区民主改革，对我们的生活、文化产生了冲击。1966年以后"破四旧"，对我们的文化冲击很大，结果很多资料都丢失了，瑶经或者被烧掉，或者被人拿走。到了20世纪80年代，国家又开始重视对民族地区传统文化的保护。当时我刚到县里工作，当代理县长，后来当县长。我和书记牵头，组织专人搞文化保护。当时很多人不敢把东西拿出来，因为害怕，我就亲自到瑶山去做动员，跟大家讲既然中央这么重视，我们本地民众更要重视，从那时起的十几年间，我们一直在收集、整理资料，出

---

[1] 国务院办公厅：《中华人民共和国国务院公报》1984年8月，[国办发（1984）30号]。

第四章　过山瑶的文化坚守与调适

版了一系列书籍。这些书出来以后,县里领导觉得效果很好,就开始搞其他方面的文化保护,比如刺绣、瑶歌,并且大力发展旅游。我们希望通过这些形式,挖掘传统的瑶族文化,整理并保存下来(图4-1)。

图4-1　笔者与前乳源县县长盘才万(居中)合影

第一阶段是从20世纪80年代开始的瑶族文化古籍与资料的抢救保护工作,延续了十几年,基本完成了瑶族文化传承的第一步,即资料整理。1990—1997年,先后出版和刊印了《盘王歌》《拜王歌堂》《乳源瑶族古籍汇编》《乳源调查》《悠悠瑶山情》《乳源故事传说》等古籍和瑶族文学资料。在资料的搜集与校注过程中,既有盘才万、房先清、赵天银等过山瑶族同胞,也有李默、陈松海、朱洪等汉族同胞,瑶族与汉族共同对过山瑶优秀文化进行研究与保护。

进入21世纪,第二阶段工作将重点放在对传统文化的意义挖掘和对现当代瑶族文化变迁的真实记录之上。一批瑶学爱好者与学者通过著书立说,进一步深化与丰富过山瑶的民族文化。新时期出版的瑶族文化书籍涉猎广泛，题材多样，既有瑶族优秀人物传记，又有对传统文化技艺如瑶族刺绣、瑶族歌舞的研究，还有对瑶族文化调研后的个性化书写。客观记录者有之，直抒胸臆者有之，史料考证者有之，内容翔实，与时俱进（表4-1）。

表4-1 乳源过山瑶传统文化书籍一览（2006—2013年）①

书名	作者	出版单位	出版年份
诗的瑶岭	马虹玲	中国文联出版社	2006
乳源瑶族风情录	赵文彬	珠海出版社	2007
乳源文物志	乳源文物志编辑出版办公室	广东人民出版社	2007
乳源瑶族民歌选编	盘才万	乳源瑶族自治县文化广电新闻出版局	2008
瑶绣	邓菊花、盘才万、莫瑞福	广东人民出版社	2008
瑶山之子	黄金河	广东旅游出版社	2008
乳源瑶族民间故事	乳源县文广新局	乳源县文广新局	2008
拜盘王	乳源县文广新局	乳源县文广新局	2008
信歌	乳源县委宣传部	乳源县委宣传部	2008
乳源瑶族自治县概况	概况修订本编写组	民族出版社	2008
乳源瑶族与瑶语	李少梅	民族出版社	2008
瑶乡乳源文化铭作选	梁健、邓建华	中国评论学术出版社	2009
发现乳源	武旭峰	广东旅游出版社	2009
情满瑶乡	许化鹏	广州出版社	2010
盘王赋	梁健、邓建华	广州出版社	2010
过山瑶的乡源	李少梅	民族出版社	2010
过山瑶之乡（季刊）	乳源县委宣传部	乳源县委宣传部	2010
岁月存真	乳源瑶族自治县人民政府	广东教育出版社	2011
山鹰之歌	李迅、周嵘	珠海出版社	2011
乳源情（第二辑）	彭仕伦	乳源县委宣传部	2013
乳源历代旅游诗词联精选	庞源汉、赵良洲	中国旅游出版社	2013
印象过山瑶	何露、梁健	花城出版社	2013
瑶乡巨变 乳源史话	李迅、周嵘	五洲传播出版社	2013
乳源瑶族	简锐刚	花城出版社	2014

① 根据笔者的调研资料整理。

从表4-1可知，经过多年的努力，目前乳源过山瑶传统文化书籍已经积累一定数目，也产生了一定的社会影响。瑶族文化纸媒化具有很多优点。首先，打印版与传统手抄版相比，图文质量好，传播范围广，便于长期保存、按需查阅。其次，瑶族文化纸媒化，通过文字描述、图片注解等多种表现方式，对文化内涵进行提炼与阐发；对技能型文化活动进行规范化、标准化书写，也便于后辈掌握瑶族文化的内涵及历史原貌，同时便于后来者学习与研究。最后，瑶族文化书籍通过正规的发行渠道进入书刊流通市场，扩大读者群，进而让更多文化爱好者了解并喜欢上瑶族丰富多彩的文化；甚至按图索骥，到乳源来实地考察、旅游，从而收到好的传承与传播效果。

> 邓菊花（女，65岁，瑶族，国家级非遗项目瑶族刺绣国家级传承人）：以往我们瑶绣的传承方式都是耳目传承，自己边看边学，如果记性不好，就传承不好。而且，很多珍贵的绣品随着老人下葬也就消失了。如果老人家不说把绣品传给谁保存，那么所有的绣品包括服饰都要陪葬，这很不利于绣品的完整保存。所以我从2003年开始系统搜集、研究瑶绣，包括各种传统的纹样、配色、图案。我买来设计用的纸张和绣布，通过反复的绣、画、写、记，最终出版了我的那本书——《瑶绣》，这样就改变了传统的刺绣依靠口传心授的单一方式。当时这书印数3000册，分发给博物馆、图书馆、乡镇文化站、海内外瑶胞还有刺绣爱好者。有了这本书，瑶绣的针法、纹样内涵、类型就有一个标准，传下去也有规范和参照。根据我这本书编印的教材，也在广东省中级职业技术学校旅游专业的地方文化课上使用，效果很好，学生观看我们绣娘刺绣，同时也照着书本自己反复练习，他们的有些作品都被人高价收购。

（二）成立过山瑶传统文化研究机构，支持瑶区文化调研

为了更好地保护与传承瑶族文化，乳源县成立专门的公益性文化研究机构，汇集瑶学专家、民间瑶族文化爱好者和职能主管部门各方力

量，组织开展学术研讨会，并且配合与支持各项瑶区文化调研，以期将瑶族文化传承工作常态化、持续化。

1. 成立过山瑶传统文化研究机构

1986年，乳源瑶族研究会在必背镇成立，并成功承办了"第二届国际瑶族研讨会"闭幕式。闭幕式汇集了来自英国、法国、澳大利亚、美国、中国香港等国家和地区的专家，与国内中山大学、中国社会科学院、广东省社会科学院等的专家共同切磋交流，访问考察。2008年，乳源县成立世界勉瑶学术研究基地。同年11月8—9日，乳源县人民政府联合中国民族学会、广东民族研究学会，举办首届"世界（勉）瑶文化学术研讨会"，邀请美国瑶族协会联合主席赵富明、中央民族大学盘承乾等40多位瑶学专家及权威人士，就过山瑶渊源进行论证，并出版《过山瑶的乡源：世界勉瑶（过山瑶）文化学术研讨会文集》（民族出版社2010年版）。

2013年4月，乳源县民族宗教事务局（下文简称"民宗局"）下设了"乳源县过山瑶传统文化研究中心"等公益类事业机构，负责过山瑶传统文化的保护、挖掘、传承发展工作。

> ZJ（男，55岁，瑶族，乳源县过山瑶传统文化研究中心负责人之一）：我们过山瑶传统文化历史悠久。瑶族因为没有文字，很多好的东西没有记录下来，很可惜。但是，我们通过唱瑶歌、念瑶经，把瑶族的精神文化、历史文化都保留下来。现在我们的工作就是系统地搜集并发掘这些东西，用汉字把它们记录下来，出书刻碟，保存给后人看，让我们瑶族的子孙知道，自己的民族也创造了优秀的文化，也让其他民族认识到瑶族文化独特的魅力。我们经常牵头搞一些调研活动，搜集散落在各个村的文史资料，配合文化局、档案馆开展工作，慢慢地也做出了一些成绩。只有大家同心协力，瑶族文化才能传下去；要是大家都不关心，传统的东西就丢光了。

2. 大力支持瑶区田野调查

本书第二章提到过山瑶借助外力，通过配合学者的田野调查来记录与传承自己的文化。关于乳源瑶区的调研活动，自清末民国时期就有文字记录。20世纪三四十年代，学者们纷至沓来，逐渐形成乳源过山瑶研究的学术传统。在那个特殊历史时期曾经中断的民族学研究，在改革开放后又迎来了春天。21世纪以来，不断有学者来瑶山调研考察，共商传承大计。

改革开放后，乳源县政府和瑶区领导高度重视国内外学者的调研活动，并积极配合与支持。1984年春，日本少数民族研究团到乳源东坪镇东田村调研，由日本著名民俗家、上智大学白鸟芳郎教授带队，一行23人到东田村考察瑶人的历史与现状。1984年6月，香港中文大学人类学系乔建教授等5人来必背镇考察。1984年12月，日本国立民族学博物馆第一研究部部长竹村卓二夫妇来乳源，考察瑶族的迁徙历史及文化。1985年5月，美国密歇根大学音乐学院的多种文化音乐教授詹姆斯·德晋深入瑶区，考察瑶族的传统歌舞。1986年和1988年，他又多次回访。1986年2月，美国斯坦福大学傅葆石博士夫妇访问瑶寨。1986年5月，中山大学人类学系陈启新教授带队24人，深入瑶山47天，完成《乳源瑶族自治县必背区瑶族社会调查资料》，并在1987—1991年发表多篇相关论文。2006年，日本东京学艺大学吉野晃教授、中山大学人类学系王建新教授、广东省民族研究所马建钊所长和陈晓毅博士来到必背镇，考察瑶族传统文化。2010年，广东中山大学、暨南大学等学校的王琴、梁洁仪等学者分别来此考察瑶语和瑶绣，并出版相关学术成果。

以上调研团队到访瑶区时，都得到了时任领导和瑶区负责人的帮助与配合。

前人的研究成果可以反映一个世纪以来乳源过山瑶传统文化发展与变迁的历史，为今天我们做民族学文化比较研究提供了背景资料与参考；同时，瑶胞也借学者之力，通过学术著作的出版发行，更好地记录与传播过山瑶优秀文化。

二 坚守民间信仰，传承祭祀文化

（一）坚守民间信仰，强化文化认同

过山瑶的图腾崇拜与道教信仰并存，互为补充，在历史上构成了瑶族民族精神的重要组成部分。尽管随着时间的推移，早期的盘王信仰受到道教的影响，但并未动摇其盘瓠崇拜的核心。日本学者竹村卓二在《瑶族的历史和文化》中说："我们知道瑶族向中国高度文化所产生的民间道教的万神殿寻求自己宇宙观的结构，同时却构筑了明显排他性的独自的世界，与其他社会决然划分界限。"[1]梁钊韬认为，"瑶族所受道教影响的部分，只不过是它们中的躯壳而已，这骨子里它们主要的特质，却是精灵崇拜、妖物崇拜和祖先（盘王）崇拜，而并非纯粹的汉族道教"[2]。乳源过山瑶的民间信仰"既有道教的成分，又有原始宗教的残余，二者糅合而成具有民族特点的宗教信仰"[3]。

中华人民共和国成立前，瑶族社会生产力低下，生活环境闭塞，生产方式落后，难以抗拒自然力的破坏，对自身的命运也常常难以把握，因此对邪恶神鬼采取驱逐的办法，对善神家先采取崇拜的办法，道教采取符箓、禁咒等方法驱鬼，满足了瑶族的这种需求[4]。瑶族民间信仰对瑶族社会的影响不仅通过宗教人员（师爷不脱离生产，师男是普通瑶族群众）的群众化，而且通过祭祀礼仪（瑶族传统节日、婚假丧俗都要请师爷念瑶经或者占卜）深入整个社会生产与生活中。事实上，民间信仰一直通过瑶族男女的挂灯、度戒仪式得以传续。

度戒又叫作"度身""大登科"。"度"就是传授法则，"戒"就是

---

[1] 转引自李默《瑶族历史探究》，社会科学文献出版社2015年版，第212页。
[2] 梁钊韬：《粤北乳源瑶民的宗教信仰》，载国立中山大学研究院文科研究所《民俗》（第二卷）1943年第1—2合期。
[3] 赵廷光：《论瑶族传统文化》，云南民族出版社1990年版，第41页。
[4] 徐祖祥：《瑶族文化史》，云南民族出版社2001年版，第160页。

第四章　过山瑶的文化坚守与调适

约束性条规。度戒是瑶族皈依道教的入教仪式①。瑶族男子无论年龄长幼，结婚与否，经拜王后就可以度身。瑶女嫁人生子后也可以度身，或者不经过拜王而直接度身。女子度身者，生前可享荣誉，死后可由巫师"开天门"送登天堂②。

中华人民共和国成立后尤其是改革开放后，随着现代科学观念的逐渐确立，瑶胞虽然不再笃信度戒活动会影响其现世社会生活或者顺利位列仙籍、受到子孙供奉，但是必背镇的瑶胞尤其住在瑶山中的瑶胞，依然会在家长提议下举行度戒仪式。

> DHY（男，38岁，瑶族，乳源县文广新局工作人员，必背镇王茶村人）：我虽然在县城居住和工作，但是在我妈妈的提议下，2009年我还是和我弟弟一起参加了度身仪式。很多人都说那是封建迷信，认为度不度戒都不会影响自己的生活，但是，我参加这个仪式并不是希望自己能位列仙班，或者神兵护体、刀枪不入，那当然是不可能的。这个仪式主要是让度戒的人继承祖辈传下来的民族传统，挑起构建和谐家庭、和谐社会的重担。你看，度戒的时间很长，从开始准备到请师爷、架刀梯、"布兵"等，前后要一个多月。正式举行仪式需要七天七夜，其中三天是斋戒，就是不吃荤，这里面有很多讲究的。
>
> 举行仪式时，大队人马走村过户，沿途都有乡亲赠送炒熟的黄豆，表明大家乐善好施，相互支持。在仪式中间，度戒的人要在师傅带领下，光脚爬刀梯、过火坑，体验当年祖先经历的种种磨难。我自己亲身经历后，感觉整个人都脱胎换骨了，更加珍惜今天的生活。参加度戒仪式也能让平时难得相聚的家人、朋友加深感情，所以我觉得，把这项仪式坚持下来还是很有必要的（图4-2、图4-3）。

---

① 徐祖祥：《瑶族文化史》，云南民族出版社2001年版，第140—141页。
② 刘耀荃、李默：《乳源瑶族调查资料》，广东省社会科学院出版社1986年版，第324页。

图4-2 瑶族男子参加度戒仪式

图4-3 度戒仪式现场

如今，虽然过山瑶的生活环境和生活质量得到了很大的提升，但是作为一种精神支撑，宗教信仰在瑶山的部分村寨依旧如故。这种重要的实践记忆成为古今瑶胞跨越时空进行交流的重要载体。实践记忆就是通过身体和语言，在实践逻辑的基础上，生成象征性行为和常识性记忆。"我们对现在的体验，大多取决于我们对过去的了解；我们有关过去的形象，通常服务于现存社会秩序的合法化。"① 瑶胞今日不会再希求通过度戒位列仙班，但是，这种象征性行为已成为过山瑶人身份识别和对本族历史高度认同的文化体现。

（二）挖掘过山瑶祭祀文化的当代价值

祭祀意为敬神求神和祭拜祖先。祭祀的最初意思就是用手持肉献给天地先人，沟通天地神人之界，以期得到神灵先祖的护佑，又被称为"吉礼"②。盘王节是勉瑶支系的祭祖节日，盘瑶自古就有每年农历十月十六祭祀盘王的习俗，在乳源，俗称"十月朝"。乳源瑶族祭祀神灵和祖先由来已久，师爷主持祭祀大典，所使用的瑶族经书是靠口耳相传。师爷的师承制度、服饰法器、科仪文本、符咒罡步、表演流程等都具有神秘性，过山瑶祭祀文化是其独特的文化样式。

过山瑶之所以在历史上过着颠沛流离的生活，其中一个原因就是受到历代封建势力的歧视与压迫。因此，他们有强烈的"王瑶子孙"身份认同和"同宗共祖"的民族意识。即使是中华人民共和国成立后过山瑶经历了各种冲击，尤其是"文化大革命"时期，以破除封建迷信为由而禁止过山瑶进行宗教活动，瑶胞仍旧偷偷过"十月朝"，隐秘地祭祀盘王，祭祀活动自古以来从未间断。

1. 兴建盘王塑像，举办官方祭祀大典

盘王被瑶胞奉为始祖，自古以来受到盘瑶的膜拜与纪念。尽管千百年来，盘瓠崇拜已经完成由图腾崇拜到祖先崇拜进而部分道教化的过程，在当代乳源瑶胞心中的影响力已经不再如传统社会那样浓厚，但

---

① 罗正副：《实践记忆论》，《世界民族》2000年第2期，第56—57页。
② 奉利平、乔登、李庆福：《简论瑶族祭祀文化的特点》，《广西民族研究》2016年第2期。

是，盘王作为过山瑶凝聚力和民族自信心的精神偶像，其象征意义依然不容小觑。盘瓠具备了智慧、勇敢、忠诚、信义、勤劳、淳朴的品质，并且不畏艰险、不图名利、自立自强。瑶族通过塑造这样一位神祇，不仅完成了自己的历史构建，也向其他民族特别是汉族宣誓了自己的政治权利[1]。

盘王是盘瑶群体广泛认同的核心象征符号。所谓"核心象征"，"是指一个因其文化特性表现出来的某种象征物或意象，承载着核心价值，由集中体现价值的符号组成，并被文化空间中的共同体所有成员所认同的外在表现"[2]。盘王"符号在凝聚族群认同及维持族群边界中作用明显，它能有效地把个人与群体联系起来"[3]。盘王文化中的种种纪念活动，都是在推崇盘王形象，强化盘王精神，以更好地凝聚瑶族人民的意志，歌颂瑶族儿女当下创造的现实生活，激发他们开拓更加美好的未来[4]。

2010年乳源县政府破土动工，并于2013年12月建成了世界过山瑶博物馆（彩版五）。在博物馆大厅内安放了一尊高9米的盘王端坐像，这是笔者见过的国内最大、最高的一尊盘王坐像，盘王身穿黄色长袍、蓝色瑶绣长裤，头戴冠冕，祥和端庄地坐在椅子上，双手自然垂放在双膝上。其身后是巨幅的瑶绣纹样八角花和鹿形纹装饰画，在八角花纹样正中心，是神犬图腾。据赵华馆长（瑶族）介绍，原来这个馆叫作"民族博物馆"，是1984年建立的，主要负责抢救、挖掘、保护、展示文物，2014年5月搬迁到过山瑶民族风情园。为了更好地传承瑶族民间信仰兴建了这座盘王像，作为大厅的主要展品。自迁馆以来，博物馆在瑶族"十月朝"期间，邀请乳源县机关、学校等单

---

[1] 李祥红、王孟义：《瑶族盘瓠龙犬图腾文化探究》，民族出版社2010年版，第96页。
[2] 刘安全、余继平：《武陵山土司遗址文化空间重构：大遗址旅游形态》，《长江师范学院学报》2014年第8期，第9—16页。
[3] 周大鸣：《多元与共融——族群研究的理论与实践》，商务印书馆2011年版，第15页。
[4] 徐祖明：《过山瑶文明进程中的生存智慧》，《广西民族研究》2016年第1期，第108—115页。

位和企业团体来此参观,了解瑶族历史文化。

此外,乳源县利用县庆以及承办中国瑶族盘王节等特殊时机,举办大型公祭活动。中华人民共和国成立以来,乳源县分别在1992年和2010年承办了湘桂粤地区第二届瑶族盘王节和第十一届中国瑶族盘王节。此外,当地政府分别在1993年30周年县庆、2003年40周年县庆和2013年50周年县庆时,举办了大型的祭祖活动。乳源县瑶胞唱起盘王歌,跳起拜王舞,摆起长桌宴,通过祭祖文化仪式化的形式,让瑶胞强化对盘王这一瑶族始祖的崇拜,巩固瑶族的族群记忆。"记忆对于人类来说,不但关系到生存的维系、历史的延续,还关系到尊严的选择,道义的捍卫。记忆的缺失不仅是对过去的缺损,而且是未来的坍塌。"[①]通过大型节庆仪式活动,盘瓠崇拜的社群记忆就"在纪念仪式操演过程中被延续下来了"[②]。

2. 普查瑶山族谱信息,完善瑶区各家族历史

过山瑶自古都有以"厅"为单位书写家先单、逢年过节祭祀家先的传统习俗。在历史上,部分强势民族的排斥与歧视,政治上的镇压与驱赶,使过山瑶在现实生活中备感压力与艰辛,这种对现实生活的不满转变为对"家先"的怀念。最早的家先是英雄人物盘瓠;实际的家先是带领过山瑶进入乳源深山安居的进山祖,他们开疆破土,保境安民,功德无量。对祖先的怀念促使过山瑶发展出兴盛的"家先文化"[③],同时也以此表达对家庭延续与繁盛的殷切希望。在行为上,他们恳请师爷撰写家先单,新年、清明祭祀家先,婚嫁告知家先;甚至不辞辛苦,扶老携幼全家出动祭祀进山祖。家先单和《过山榜》一样是过山瑶珍藏的宝物,是其精神纽带。在20世纪80年代乳源县进行大规模史料搜集之前,家先单都是分藏在各家各户,并没有以姓氏集中梳理家先及宗族

---

① 覃德清:《瓯越族裔——壮侗语民族的族群记忆与人文重建》,《广西民族研究》2005年第3期,第81—88页。

② [美]保罗·康纳顿:《社会如何记忆》,纳日碧力戈译,上海人民出版社2000年版,第87页。

③ 何海狮:《家屋与家先:粤北过山瑶家观念与实践》,社会科学文献出版社2015年版,第17页。

繁衍情况的资料。其后，邓姓过山瑶在 1997 年前后自发刊印过一本从进山祖（邓法迎）至今的《邓氏族谱》，将散存的家先单信息集中起来，理清了乳源邓姓瑶人的宗族流变历程。其他姓氏却无此资料。

从 2015 年 4 月起，乳源县民宗局下设的公益机构"瑶族海外联谊会"和"乳源县瑶学会"在县财政专项资金的支持下，启动新一轮瑶族文化史料搜集工作，其中一项就是对乳源必背、东坪、游溪三大瑶区的主要瑶族姓氏如邓、盘、赵等姓的族谱进行普查修订，将来要出版三大姓氏族谱，以供学者调研查阅和瑶胞祭祖寻根使用。

  DYM（男，34 岁，瑶族，乳源县民宗局工作人员）：我们民宗局牵头，联合县档案局（ZWB，55 岁，瑶族）、文联老干部（ZLZ，57 岁，瑶族）还有两个瑶族文化爱好者（PLS，原县残联工作人员，55 岁，瑶族；ZTM，东坪镇人，50 岁，瑶族），一起搞族谱的搜集、修订工作。县里很重视，财政专门拨款 30 万元开展工作。除了搜集族谱外，还有对各姓氏人才发展情况、村落情况进行调研。这项工作很有意义，因为 500 多年来都没人系统地做这件事情。这项工作开展起来也很烦琐，需要进村挨家挨户查询，原则上到各家去寻找保存至今的家先单。在有些家可以找到进山公那一代，有些家就只能找老辈人回忆。

  这项工作已进行了一年多，还没有结束。等调查工作告一段落，我们还要到湖南、福建等地去调查，因为我们乳源瑶族有很多人是从这些省迁移过来的，后来又有从乳源迁出去的，所以后续调查还有很多工作。

  调查工作结束后，我们还要录入计算机，打印出纸稿，再返回村寨进行核对。全部都没有问题后，我们计划按照三个姓氏出版三本书。我们很多村子都是一个祖宗传下来的，后来搬迁或者到外面打工的人很多，有了这个族谱，人走到哪里都没关系，一查书就能找到根骨了。

第四章　过山瑶的文化坚守与调适

我国自古就有重视族谱的传统。《汉书·艺文志》中就记载了《帝王诸侯世谱》二十卷，开启家族谱先河。宋代以后，私家修谱逐渐流行。明清时期，在程朱理学的影响下，民间对族谱的重视程度日盛，大儒更是对其推崇有加。明代方孝孺《逊志斋集》："谱者，普也，普载祖宗远近、姓名、讳字、年号。谱者，布也，敷布远近、百世之纲纪，万代之宗派源流。谱者，补也，亡遗者治而补之。"[1] 梁启超也在著作《中国近三百年学术史》中，呼吁人们重视族谱资料，努力挖掘族谱的史料价值："族姓之谱，六朝、唐极盛，宋后浸微，然此实重要史料之一。"[2] 族谱能提供社会人口、社会结构、宗族制度、家庭构成、社区研究和个案研究六个方面的资料[3]，它"不仅记录了本族的历史源流、迁徙传播的路线、血缘延续的脉络、祠堂墓地的设置、族人纠纷的处置规则等，还记载了许多家法族规、跋文序言、族中名人及其事迹、艺文传记、墓志铭、碑记、祭文等内容。有的还和地方志融合在一起，记录了许多族群居住地的地理特征、自然资源、乡土民情和民俗谚语"[4]。

瑶族自古没有文字，但是，借助汉字记录传抄下来的家先单以及口头传说、进山祖故事（乳源瑶区有史可查的进山祖有五位，分别是盘安衫、邓法迎、赵俊一郎、赵松二郎、赵应三郎，他们在16世纪前后进入乳源瑶山。——笔者注），可以追根溯源。通过瑶族三大姓氏族谱的编修，能更好地保存各姓氏散存的《家先单》资料，按照族谱标准体例完善相关信息，对后代了解瑶族历史与文化，增强民族认同感、归属感具有重要意义与价值。

ZDX（男，59岁，必背镇桂坑尾村村民）：我觉得搞家谱调查很好。像我们家族，据我知道，从进山至今就有大约二十代人，有

---

[1] 方孝孺：《逊志斋集》，徐光北点校，宁波出版社2000年版，第425页。
[2] 梁启超：《中国近三百年学术史》，东方出版社1996年版，第404页。
[3] 常建华：《试论中国族谱的社会史资料价值》，《社会生活的历史学》，北京师范大学出版社2004年版，第306页。
[4] 兰俏梅：《畲族家训族规的现代意义》，《光明日报》2016年5月30日。

· 167 ·

400 多年历史。现在我的孩子都去外面打工，只有过年才回来聚一下，我兄弟的孩子情况也差不多。他们对于爷爷辈以上是谁，从哪里来都不晓得。我们瑶族虽然到处搬家，但是根骨不能断，不能忘本，下一辈能过上好日子，不能忘记上一辈的辛苦开荒、坎山。我们瑶族走到哪里，只要看看家谱，就不会忘记历史、忘记祖先。

第二节 过山瑶传统文化调适的举措

中华人民共和国成立后，尤其是改革开放以来，传统的民间传承模式依然在起作用，但是，就具体的传承内容和传承方式而言，出现了不太适应时代发展需要的情况。此外，随着瑶区现代教育体系和大众媒介传播体系的建立与完善，过山瑶传统文化传承可以选择的模式、具体采取的传承方式都更加多样化。因此，过山瑶与时俱进，既对传承的民间传承模式进行调整以适应时代要求，保持其文化传承的活力；又多措并举，不断尝试新的传承模式和途径。

一 调适民间传承模式，激发其现代适应性

（一）创新过山瑶传统文化活动的呈现方式

1. 瑶族语言的规范与文字化

瑶族自古有语言无文字，通过口口相传来延续独特的语言文化，并借助汉字来记录语音语义。"语言，特别是发展成熟的语言，才是自我认同的根本要素，才是建立一条无形的、比地域性更少专横性、比种族性更少排他性的民族边界的要素。"[①] "作为民族文化构成重要部分的民族语言，不仅对一个民族的思维方式、认知方式有着巨大影响，而且在某种程度上决定着一个民族的世界观。"[②] 语言文化是

---

① [美]曼纽尔·卡斯特：《认同的力量》，曹荣湘译，社会科学文献出版社 2006 年版，第 56 页。
② 施惟达：《文化与经济：民族文化与产业化发展》，云南大学出版社 2011 年版，第 4 页。

过山瑶重要的文化构成要素。1954年5月，政务院第217次会议批准了关于制定少数民族语言文字问题的基本原则。1958年完成了全国瑶语普查工作，并制定了瑶文方案。1980年，第三届全国民族语文会议制定了《瑶文方案》（草案），采用拉丁字作为瑶文字母，并从1983年起，在广西、广东、云南等省瑶区举办培训班，推广使用。

20世纪80年代末乳源县瑶区就参与了瑶文的培训与推广工作。中华人民共和国成立以来，随着瑶区现代化学校的建立，瑶区学生逐渐纳入全国统一教育考评体系，瑶语在校园使用范围日渐压缩，造成瑶族语言文化的流失。为改变这一不利局面，2011年，乳源县民族实验中学参照1980年的《瑶文方案》（草案），编纂了乡土双语课本《瑶语》（上、下册），用拉丁字母瑶文、汉语双语选刊了常用生活、生产字词1000多个（彩版八）。同时，删除了与时代脱节的非常用瑶语，并配有国际音标，方便学生学习与掌握使用。乡土课本除在该校作为第二课堂语言教材外，还逐渐在乳源中学等综合类学校推广使用。

根据笔者的调查，乳源县民族实验中学通过推广使用双语课本，让很多瑶族学生熟练掌握了瑶族日常交际用词、基本的生活和生产用语及其规范发音；而汉族学生通过使用该教材，借助文字了解了瑶族的历史及文化。

2. 瑶歌瑶舞的改编与创新

过山瑶能歌善舞，他们用歌舞祭祖祈愿，娱人娱神；以歌为媒，情定终身；以舞为伴，畅抒胸臆。瑶族歌舞是过山瑶歌颂劳动、祭祀祖先、欢庆丰收、记录历史、礼赞爱情、揭露丑恶、鞭挞灵魂的载体，大气磅礴的盘王歌、神圣威严的拜王舞、欢快活泼的对酒歌、诙谐逗趣的铙钹舞反映了过山瑶祖辈们的艰辛与收获。改革开放后，大众媒介开启了解外界信息的窗口，带来多元化的娱乐方式，给瑶胞提供了多种娱乐生活模式的选择。传统瑶族歌舞渐渐成为年节活动的表演项目而非日常生活的必需品。尽管时代变迁压缩了瑶族歌舞的生存空间，但瑶族歌舞所具有的集体记忆、族群认同功能①以及独特的唱腔、动作，却能与现代歌舞很好对接，实现传统歌舞的现代化生存。

乳源县文化馆副馆长盘桂青从小就痴迷瑶族歌舞，除了谙熟传统瑶族歌舞外，她一直致力于根据瑶族歌舞特点与时代需求，对其重新编排与创作，给瑶族歌舞带来更广阔的发展空间。2000年，她创作了舞蹈作品《嘟嘟！金牛角》和音乐作品《瑶山吟》。2002年，她创作的《莎妹爱上摸螺歌》MTV作品，获中央电视台中国广播电视学会主办的"全国少儿歌曲MTV大赛银奖"。2005年，她创作的《歌姆》获得中国第八届瑶族盘王节银奖。她创作的《过山瑶》，获得广东省群众文艺作品大赛音乐奖。2007年，她创作的《亲人来到咱瑶寨》参加全国第十四届群星奖，进入复赛②。2013年，盘桂青创作的瑶歌《恩情》获得2013年度广东省群众文艺作品大赛金奖③。

2016年5月17日，由乳源县文化广电新闻出版局主办，县文化馆承办的"乳源瑶歌文化保护传承与创新发展工程"采风团队一行16人，到必背镇桂坑尾采访民间瑶歌瑶舞老艺人。通过深挖乳源瑶族民歌，摸清各流派唱法，搜集散落于民间的传统瑶歌，抢救民间古歌书、古乐器，整理瑶族民歌体系，打造原生态音乐剧，塑造乳源过山瑶歌舞文化品牌，促进瑶族民间传统优秀文化的繁荣发展④。

3. 刺绣瑶服的创新与加工

过山瑶刺绣以其"反面绣""配色秀"工艺而独具一格。过山瑶刺绣集中呈现了过山瑶的生存发展、信仰崇拜、传统文艺、思维观念和迁徙历史，是过山瑶民族身份的标志性符号。乳源过山瑶妇女自古以来爱

---

① 陆文东：《集体记忆和族群认同——以瑶族长鼓舞为考察对象》，《广西师范大学学报》（哲学社会科学版）2014年第2期，第68—72页。

② 李迅、赖南坡：《〈盘王歌〉：当代旋律的古老瑶歌》，《韶关日报》2013年2月2日第B1版。

③ 李凌、邓雄华、江先海：《广东韶关瑶族原创音乐作品〈恩情〉获金奖》，广东新闻网（http：//www.gd.chinanews.com/2014/2014－10－24/2/333559.shtml），2014年10月24日。

④ 江先海、王韶榕、邓雄华：《瑶歌保护传承与创新发展采风团队走进必背》，中国瑶族网讯（http：//www.cnyaozu.com/bencandy.php？fid=33&id=5607），2016年5月20日。

刺绣，闲时针不离手，随身带着绣包，代代相传，延续至今。

正如上文所述，自20世纪80年代瑶胞普遍穿着现代服饰以来，刺绣服饰与配件不再是瑶山生活必需品，其生存空间也逐渐转换到瑶族文化旅游纪念品范畴。传统刺绣在线条使用、造型纹样以及配色上有严格的要求与约定，刺绣一般用于服饰及配件，不用于其他领域。而今，随着刺绣产品成为旅游商品，同时也因为乳源县荣获"中国瑶绣之都"的美誉[1]，为了让传统瑶绣适应现代需要，瑶绣传承人与时俱进，做了很多大胆革新与尝试。如2007年乳源"十月朝"风情旅游文化节开幕当天，乳源正式启动了"瑶岭长歌——过山瑶历史文化百米刺绣长卷"工程，在长100米、宽1米的无缝接长卷上刺绣作品，展示过山瑶的历史起源、迁徙游耕、传统故事、山川风光及现代发展变化等内容[2]。这幅由邓菊花带领36位绣娘以及各界人士历时一年完成的瑶绣作品，不但入选世界吉尼斯纪录，成为世界上最长的刺绣作品，也开启了多人刺绣一幅绣品、同幅绣品中打破瑶绣传统刺绣规则与禁忌的先河。之后，很多在百米刺绣中使用的新刺绣图案、技法被频繁使用到其他绣品中（彩版七）。

> 邓菊花（女，65岁，瑶族，国家级非遗项目瑶族刺绣传承人）：我很热爱刺绣，一心想把它传承下去。2010年文化局牵头成立了瑶绣协会，我是会长，当时就有100多位会员。2010年，我自己也成立了瑶绣工作室，在文化馆、瑶视传媒公司等地都设置了专门的绣品展厅，展出瑶绣协会会员的各种绣品。这些绣品包括服饰、帽子、装饰品、挂件、玩偶等，一般是绣娘先绣好绣片，我再联系企业做成合适的产品。大部分绣品都做展示用，或者参加各种文化交流活动，少部分被个人或者企业买走了，价格从几块钱到几十块钱都有。

---

[1] 邓雄华：《乳源县申报"中国瑶绣之都"顺利通过专家考评》，广东文化网（http://www.gdwh.com.cn/whwnews/2010/0902/article_6451.html），2010年9月2日。
[2] 黄少焕：《广东韶关市乳源瑶族反面百米刺绣创世界之最》，中广网（http://www.cnr.cn/2004news/internal/200811/t20081110_505147338.html），2008年11月10日。

我觉得瑶绣要传承下去，一定要创新。乳源从1986年开始搞旅游，那时候根据旅游需要，对传统瑶绣加以改进，在绣片上出现"吉祥如意""幸福平安"这样的汉字。以前的瑶绣都是几何图案，没有汉字，必背镇成为旅游景点后，才开始改良绣品。同时，我们也开发不同的绣品类型，除了传统服饰外，装饰品、吉祥物之类的绣品也开始出现。2010年制作南岭瑶歌百米瑶族风情长卷时，我也做了很多创新，在同一幅瑶绣上，将乳源东边瑶和西边瑶的刺绣特点融合在一起，并且打破原来同一副绣品同一种纹样只能用同一种颜色、同样大小的规则。如今，绣品的纹样搭配更加灵活，还可以根据客人的需要制作绣品。

（二）拓展师徒传承方式的适用空间

民间传承模式中很重要的一种是师徒传承。通过以师带徒的形式，将过山瑶宗教信仰、文化技艺传承下去。随着现代教育体系的建立，适龄瑶族都按部就班地进入学校进行系统学习，而传承内容固定、形式灵活的师徒传承方式也发生了改变。在乳源县，依托民族文化传习所，一批老师傅继续发挥余热，以类似社团教育以及灵活培训的方式授业带徒，为文化的传承尽一份绵薄之力。

1. 依托社团广收门徒

师爷在传统瑶族社会中，通过带徒来传承过山瑶的宗教文化。但是改革开放后，过山瑶日常的宗教活动逐渐变成一种文化展演。拜师学艺的师男日渐减少，师爷也逐渐老迈，并大多以非物质文化遗产传承人的身份活动。传统社会里的师徒传承方式已不适应现代瑶区的发展需要。为了激发这种传统传承方式的现代适应性，乳源县对其进行了调适。保留师徒传承方式的灵活性，依托师爷的现代身份，开展社团式的授徒活动。其他乳源非物质文化遗产的传承也尝试了这一形式。

社团是指中国公民自愿组成、为实现会员共同意愿、按照其章程开展活动的非营利性的公益社会组织。社团以其活动多样、时间自由、地点机动、形式灵活的特点,成为正规学校教育体系的重要补充,在乳源过山瑶传统文化传承中起到一定促进作用。2010 年前后,乳源县文化馆成立了"瑶绣传习所""瑶绣国家级传承人邓菊花工作室""国家级非遗项目盘王节传习所""瑶族歌舞传习所"等社团组织。文化馆通过广东省"扬帆计划"扶持资金,为各个社团建立了规模不等的传习场地,划拨了专项活动资金,并调动各级非遗传承人和文化馆工作人员作为社团牵头人、活动组织者,不定期开展瑶族歌舞、刺绣及拜王仪式的学习、实践活动。

据瑶绣非遗传承人邓菊花介绍,2010 年成立瑶绣协会和工作室时,会员达到 100 多名,来自乳源县城和周边乡镇。会长邓菊花会在周末和节假日、农闲时间组织各会员集中学习、切磋,平时则布置刺绣任务,各自居家活动。如果有客商需要刺绣商品,则安排会员定制刺绣。虽然社团活动没有一定之规,但在协会号召下,乳源绣娘团队还是能不断发展壮大,推陈出新,且能给绣娘增加经济收入,一举两得。

2. 开展培训,扩大影响

除了松散的社团教学实践活动外,乳源县文化馆、民宗局、文广新局还举办了各种瑶族文化培训班和学习班,通过常规化与不定期相结合、走出去与引进来相呼应的培训方式,尽可能扩大瑶族文化在瑶胞及非瑶族群众中的影响力,提升其对瑶族文化的认知力与喜爱度。

2012 年暑期,在乳源举办了为期 20 多天的国际瑶绣瑶文学习班。来自泰国、老挝、越南等国以及广东、湖南等省 80 多位瑶族青年参加学习。期间,中央民族大学盘承乾教授为学员系统讲解了瑶族历史与语言文化的变迁、瑶文发音及瑶汉语互译等知识。此外,还专门安排了课外体验活动,让学员们参观必背瑶寨、八一瑶族新村等新旧瑶族安居点,品尝瑶族长桌宴,欣赏瑶歌瑶舞,让学员们深刻理解瑶语的含义,领略瑶族特色文化[1]。这次的学习效果非常好,正如当地作家庞源汉所

---

[1] 姜飞:《韶关乳源:瑶语培训班学员户外体验瑶族文化》,乳源瑶族自治县人民政府公众信息网(http://www.sg.ccoo.cn/news/local/1449915.html),2012 年 8 月 15 日。

言:"天下瑶人情感深,同文同用绣花针。中华盛世来相聚,学字绣花概认真。"①

2010—2015年,乳源县为了加强非物质文化遗产(下文简称"非遗")传承人培养,先后派出几十名非遗中心成员参加广东省、韶关市的非遗培训班,组织民间非遗传承人,开展各项培训②。

乳源县文化馆作为乳源非物质文化遗产项目重要的传承管理单位和培训点,除了为各个瑶族文化社团提供场地、配备师资、争取资金外,还安排了多个常规化公益培训项目,实现瑶族非遗项目服务普通市民、丰富市民文娱生活的功能。

2016年6月14日,笔者拜访乳源县文化馆金旭海馆长(男,51岁,瑶族),并参观了文化馆内的瑶绣展厅、拜盘王传习所、瑶歌瑶舞培训室(表4-2)。采访内容录文如下:

笔者:金馆长您好,咱们文化馆现在好热闹,楼上的培训室有很多孩子在跳舞。

金馆长:是的。那是我们的瑶歌瑶舞培训室。今天城区的很多小学生来这里,学跳新的瑶舞。

笔者:一楼文化馆入口有一个红色展板,上面显示从周一到周日有各种文化培训。

金馆长:是的。瑶族的非遗项目由文化馆负责管理,传习所也设在我们这里;加上我们处于县城比较中心的位置,市民来往很方便。所以我们每天都有免费培训,感兴趣的群众都可以来参加。

笔者:这些培训老师是从哪里来的?学员一般是哪些人?

金馆长:培训老师就是文化馆里面的工作人员。像我们盘馆长

---

① 庞源汉、赵良洲:《乳源历代旅游诗词联精选》,中国旅游出版社2013年版,第89页。

② 乳源县文广新局:《弘扬民族传统文化 打造平安文化品牌》,中国乳源网(http://www.ruyuan.gov.cn/zwweb/page.aspx?artid=34208&listid=000001001000 180003),2015年8月14日。

（盘桂青。——笔者注），她自编自排瑶歌瑶舞，获奖无数，今天楼上的人正在学由她编排的新舞蹈。我自己也会唱瑶歌啊！非遗传承人如果有时间，也来当老师。像邓菊花，她就住在市区，来去很方便。但是拜王传承人盘良安，他住在必背镇桂坑尾，80多岁了，就来不了。一般只是在大型仪式或者演出的时候，请老爷子指导一下。文化馆的培训都是自愿参加的，中小学生多一些，大人也有，不过平时要上班，时间不充裕。小孩子感兴趣，学得也快。

笔者：每天大概有多少人参加培训？

金馆长：不确定，像歌舞这样的培训，人就多一些，有几十个人。至于刺绣，绣娘喜欢自己在家里绣，一般都是邓菊花召集她们，她们才到这里来，所以多少人不一定。拜王活动，主要就是展览，我们楼下传习所有盘良安做仪式用的服装、刀梯，还有他手抄的经书。这个拜王学起来比较难，真正想学的人必须先看完整的仪式过程，在实践中学，跟着师爷慢慢修炼。

表4-2　　2016年乳源文化馆常设免费开放公益服务项目

项目	时间	地点
音乐舞蹈辅导培训，拜王和瑶绣传习所展示	周一上午8：30—12：00，下午2：30—5：30	文化馆
钢琴、电子琴、葫芦丝辅导培训，拜王和瑶绣传习所展示	周二上午8：30—12：00，下午2：30—5：30	
瑶歌、瑶舞及文学辅导培训，拜王和瑶绣传习所展示	周三上午8：30—12：00，下午2：30—5：30	
美术、书法、摄影辅导培训，拜王和瑶绣传习所展示	周四上午8：30—12：00，下午2：30—5：30	
戏剧、曲艺辅导培训，拜王和瑶绣传习所展示	周五上午8：30—12：00，下午2：30—5：30	
电子阅览室、街舞广场舞辅导培训，拜王和瑶绣传习所展示	周六/日 上午8：30—12：00，下午2：30—5：30	

从表4-2可知，在项目和时间安排上看，尽管瑶族非遗项目主要以静态展示为主，动态歌舞培训为辅，但是，常态化的展示及参与性强的歌舞传习，对于在汉族人口占主体比例的乳源县城传承瑶族文化，依

然意义重大。

二 尝试新的传承模式,增加文化传承的方式

过山瑶除了使用传统的民间传承模式外,也尝试使用其他传承模式,比如官方传承模式、市场化传承模式等。

民间传承模式最大的特点是自在自为,身体力行,灵活随意,一切文化的传承过程都是顺其自然的。师爷举行祭祀活动、师男度身、瑶胞刺绣制衣、载歌载舞、婚丧嫁娶、瑶语交流的生活点滴,形成了传承文化的全过程。官方传承模式是由政府牵头或者主导,以传承民族文化为根本目的的规范化、标准化的行为模式。

市场化传承模式是指引入市场因素,将过山瑶传统文化商品化,挖掘过山瑶传统文化的经济价值,同时为文化传承争取资金支持的一种传承模式。对于民族文化传承而言,官方传承模式和市场化传承模式常常有所重叠。因为民族地区的文化市场的培植、民族文化商品化更多的是一种官方主导下的行为。乳源瑶区过山瑶传统文化官方传承和市场化传承模式的具体表现形式如下。

(一) 学校教育化传承

教育活动的本质是按照一定的标准,有计划地、科学地将前人所积累的生产生活经验、道德观念和行为规范、科学技术和人文知识等,传递给下一代。因为教育活动的存在,人类社会才能将文化一代又一代地承接下去[1]。教育体系有三个功能:一是保存、灌输和使用文化遗产,即文化再生产功能;二是外在的再生产社会阶级关系的功能,即社会再生产功能;三是合法化功能[2]。

乳源县通过发挥学校教育与民族文化的横向联动[3],如少数民族地

---

[1] 王丹:《论高等职业教育的文化传承功能》,《职业技术教育》2013 年第 6 期,第 221 页。

[2] 吴飞:《火塘·教堂·电视——一个少数民族社区的社会传播网络研究》,光明日报出版社 2008 年版,第 145 页。

[3] 杨明宏、王德清:《断裂与链接:少数民族地区学校教育与少数民族传统文化传承之联动共生》,《民族教育研究》2011 年第 4 期,第 13—17 页。

区学校通过深挖地方民族文化课程资源、推广使用本民族语言、开展丰富多彩的民族文化特色活动,提高民族的文化认同感和自豪感,促进少数民族文化的保护、传承与发展,努力构建民族文化教育传承平台,并且取得了一定成效。

1. 民族文化嵌入现代教育课程体系

(1)加强瑶区学校瑶族文化教育。"村落学校在很多方面还延续着传统,显示出了一种在地色彩,直到现在还处在本土与西洋、历史与现实、乡村与城市、国家与地方等多重张力的网络结构之中。"[1]

目前三大瑶区乡镇仍然保留中心学校等基础教育建制,一部分留守瑶山的瑶胞子女的低年级基础教育,仍然是在瑶区完成的。瑶山相对封闭的自然环境和普遍的瑶族语言环境,为传统瑶族文化的传习创造了机会与空间。在各个瑶区小学试行民间传统艺术授课,在中小学倡导着瑶服、讲瑶话、司瑶仪、行瑶礼、唱瑶歌、跳瑶舞。通过校方提倡、师生参与的方式加强瑶族文化的教育。此外,在三个瑶族镇的中心学校开设第二课堂,将瑶族刺绣、瑶族山歌、竹竿舞等融入第二课堂活动中,寓教于乐,保证学生至少掌握一门以上瑶族特色文化项目。此外,瑶区学校自编"瑶族长鼓操",作为学生课间操。

(2)在非瑶区学校创设民族文化特色教育体系。乳源县政府并未在所有非瑶区学校开展瑶族文化教育,而是采取打造重点示范学校的措施,集中力量,重点扶持。

第一个示范点是乳源县民族实验学校,该校于1958年初创。2007年,总投资5000万元、占地200亩的乳源县民族实验学校迁入新址。2009年,撤并瑶区乡镇四、五、六年级,形成了四到九年级六年一贯制的少数民族全寄宿制学校,只招收瑶区少数民族学生,并继续实行费用三包政策。随着居住在山里的瑶族同胞大部分搬迁到县城及周边乡镇,到2013年,80%以上的瑶族孩子已经在其迁移点附近的县城及其

---

[1] 司洪昌:《嵌入村庄的学校——仁村教育的历史人类学探究》,博士学位论文,华东师范大学,2006年,第310页。

周边侯公渡、一六、桂头等乡镇中小学就近入学。原招收瑶区乡镇学生的民族实验学校生源锐减。县委县政府将民族实验学校纳入城区义务教育学校,将民族实验学校改制为初级中学。在招收瑶区乡镇学生的基础上,按城区划片招生,补充了部分城区生源。尽管2014年后学校生源构成打破原来全部为民族学生的格局,但是,学校在凸显瑶族文化特色、探寻瑶族文化教育传承方式上并未懈怠。学校形成"合格+特长"的课堂教学模式,开设了瑶族山歌、刺绣、腰鼓、蹴球、陀螺等特色教学;充分利用瑶族祭祀、农耕等特色文化符号装点校园,让学生在瑶族文化环境熏陶中了解瑶族文史知识;学校编写了《瑶族生活中的数学》《乳源瑶族文化教育》《瑶山生活与物理》等瑶族传统特色文化教材,以期在全国统一教学体系外增加民族文化教育的比重。

  ZTJ(男,40岁,瑶族,乳源县民族实验学校管理人员):在2014年改制之前,我们的学生90%以上都是少数民族学生,其中瑶族占绝大多数,另外还有畲族、壮族、苗族、土家族。我们为了传承乳源过山瑶传统文化,很早就开办民族课程,2003—2004年尝试教授瑶绣。系统地将瑶族文化整合到课程体系里面是2008年,所有的女生都学习瑶绣、瑶歌;此外,民族体育项目,如瑶族的陀螺、高脚,全体学生都学。2010年又增加了瑶语课程,5—7年级学生学。主要采取两种教学形式,一种是每周一次的校本课程;另一种就是把瑶歌融入音乐课,刺绣融入美术课。美术课上,男生做其他手工或者画画,女生就学习刺绣。

  2014年以后,我们学校进行划片招生改制,学生就不都是民族学生了。目前我们全校学生中,只有30%是民族学生。也不都是全日制寄宿,大部分学生走读。我们也是瑶族学生人数不占优势的学校了,所以我们的民族课程改成第二课堂形式,变成学生自由选择是否上瑶族文化课程。第二课堂给学生选择的内容很多,瑶族文化课程对学生的吸引力就不好说了。

  我认为,传承瑶族文化,最好的方法是将瑶族通识教育和学校常规课程内容进行整合，比如历史课中重点加入各个历史发展阶段瑶族的历史内容，语文课中可以加入瑶族民间故事、瑶族文学的内容，等等。另外，印发瑶族基本文史常识的小册子，师生人手一本，让各族都了解乳源瑶族的文化来源和特点，让其他民族知道瑶族文化是中华文化重要的组成部分，这样就可以降低非瑶族学生学习瑶族文化的抗拒心理。

第二个示范点是乳源县中等职业技术学校。该校的前身是1981年创立的乳源县民族中学，1988年开办职业班，2008年更名为现用名。学校围绕"弘扬瑶族文化、创建特色专业"的目标，深化教育教学改革，聘请瑶绣大师邓菊花担任瑶族刺绣专业课教师，聘请瑶族歌舞传承人盘桂青、潘慧敏等人担任歌舞课程专业教师，将自己打造为名副其实的乳源瑶族文化传承和瑶族文化传承人培养基地[1]。

2. 培养优秀民族文化教育者

2012年，乳源县政府实施的"瑶族文化传承与创新人才培养工程"成功入选广东省委组织部"扬帆计划"项目，并获得80万元资金扶持，县财政同期配套16万元作为人才培养工程项目启动资金。该工程在全县聘请9名瑶绣、瑶歌、瑶舞代表性传承人担任专业教师，采取请进来和走出去相结合的方式，积极开展师资培训。通过邀请广东技术师范学院的教授到县城讲学，同时每年选派一批专业教师到广东技术师范学院脱产培训学习，力求打造一支业务精湛、数量充足、梯次合理的瑶族文化师资队伍[2]。该工程以乳源中等职业技术学校为基地，重点设立瑶族服饰（刺绣）和瑶族歌舞两个教研机构，支持其潜心开展文化传承与教学，开展探索性、原创性研究，努力造就国家级和省级技艺大师以及创新团队[3]。该

---

[1] 《乳源瑶族自治县中等职业技术学校》，《广东教育》（综合版），2013年版。
[2] 《凝聚"三力"助推瑶族文化传承与创新人才培养工程扬帆起航》，韶关市党员干部现代远程教育网（http://www.sgycjy.cn/newshow.asp? id=4226），2013年6月24日。
[3] 盘笑莲：《瑶族地区职业学校旅游专业中的瑶族文化传承研究》，硕士学位论文，广东技术师范学院，2015年，第35页。

项目于2014年成功验收,"先后培养瑶绣、瑶歌、瑶舞的初、中级技能人才约1200名,成功打造了瑶绣作品60多种,创作瑶歌、瑶舞作品近20部"①,初步建成了全县瑶族文化教育传承师资团队。

(二)民族旅游开发式传承

"民族文化产业化保护是一种内生性的保护与传承,因为它是通过经济活动的方式来进行的。民族文化本身被商品化,使民族文化的持有者认识到文化的经济价值,从而使他们提高了保护和传承文化的自觉意识。同时,由于民族文化的经济价值得到市场的认可,因而也大大提高了政府对民族文化保护的积极性,制定并实施许多利用和保护政策,这就优化了民族文化生态。"②"民族文化既是产业化的重要资本,可以通过市场化变成现实的生产力,同时也是当代经济社会发展的精神要素,它是民族凝聚、团体认同的重要符号,是少数民族地区经济社会发展的内在动力。"③

民族旅游实质上是以民族文化为主体资源的旅游,通过民族文化类产品将旅游消费者与旅游供给者联结起来,形成旅游活动,并由此构成民族地区的旅游产业。"旅游提供了一种拯救民族的选择。在与游客的接触中,民族成员对于自己的文化有了清楚认知,民族文化由'自在'状态转为'自觉'状态。旅游推动了民族间的交往,并通过'旅游者的凝视'让当地民族看到自身文化的价值,守住已经被洪流般的现代化和全球化切割得支离破碎的民族自豪感和认同感。"④

1. 打造"世界过山瑶之乡"民族文化旅游品牌

史料中,关于世界各地过山瑶先祖大多是从乳源县必背镇开始迁徙历程的记录不胜枚举。乳源县根据广东省委、省政府《关于促进粤北山区跨越发展的指导意见》发布的韶关建成大丹霞、大南华、大南岭

---

① 杨纯:《育行家能手 兴瑶族文化——乳源实施"瑶族文化传承与创新人才培养工程"侧记》,《韶关日报》2015年11月19日第A4版。
② 施惟达:《文化与经济:民族文化与产业化发展》,云南大学出版社2011年版,第32—33页。
③ 赵世林:《云南少数民族文化产业与文化传承机制研究》,民族出版社2010年版,第3页。
④ 孙九霞:《旅游拯救民族与文化?》,《中国社会科学报》2009年8月27日第6版。

第四章　过山瑶的文化坚守与调适

和世界过山瑶祖居地为生态休闲度假旅游目的地的指示,突出"高山、峡谷、瑶家情"主题,打响"世界过山瑶之乡"品牌,建设世界过山瑶民族风情园、瑶族文化休闲产业园等民族风情项目,加快发展乳源公路沿线瑶家乐项目,建设必背镇世界瑶族过山瑶祖居地[①]。笔者一到乳源县必背镇便能感受到浓厚的瑶族文化气息,从县城到必背镇的公路设置了瑶族特色的路灯,并且在一道高约3米、长50米的外墙上,绘有瑶族男女载歌载舞、庆祝丰收的图画。一幅巨大的"世界过山瑶之乡必背瑶寨欢迎您"广告牌立在政府商业街入口,与对面的瑶族墙壁绘画交相呼应(彩版四)。镇政府门口的商业街店面及政府办公地点的外墙,装饰着瑶绣纹样。镇政府广场地砖上印刻着红色的巨幅八角花纹样,政府走廊栏杆装饰着瑶族的典型符号——长鼓(彩版二)。在商业街上,街边的两家瑶绣店里,老板正悠闲刺绣,色彩艳丽的绣样和成品让人感觉到瑶族文化气息扑面而来(图4-4、图4-5)。

图4-4　必背镇瑶族景区入口

---

① 彭璧玉、董志强、曹宗平:《乳源模式》,民族出版社2012年版,第50页。

图4-5 必背镇景区瑶族特色迎宾墙画

从1984年起,瑶山的文化旅游事业就逐渐发展起来,并成为促进瑶山巨变的一个重要经济因素,前文已经介绍,此处不再赘述。

> XCF(男,50岁,汉族,乳源县民宗局工作人员):我是汉族,长期在瑶区工作,并且从事民族宗族事务,所以对瑶族以及瑶族文化有感情。在乳源瑶族的文化挖掘方面已经做了很多工作,下一步的重点是关注瑶族文化的传承与发展,尤其是开发式发展。我觉得要大力提升瑶族文化的经济价值,提升文化在民众中的需要感,只有这种文化为瑶族百姓带来价值尤其是经济效益,他们才有传承的动力,也只有老百姓需要的文化项目,才有更大的发展空间。

乳源县在发展瑶族文化特色旅游过程中,注重形式感强、互动性强、视觉冲击力强的民族文化关键符号的组织化、规模化传播,努力营造外地游客主动参与的文化体验情境。通过每年农历十月举行盛大的乳

第四章 过山瑶的文化坚守与调适

源过山瑶"十月朝"节庆活动,以"拜王"大典仪式为核心活动,形成集文化呈现(瑶族歌舞展演、瑶族服饰表演、瑶族刺绣展演)、旅游体验(瑶族村寨旅游、瑶家乐、瑶族饮食文化)、生态旅游(瑶山风韵旅游)和经济合作(瑶族特色农贸产品展销会等)为一体的瑶族节庆活动体系。

民族文化的关键符号是区分我族与他族的重要标志,也是民族成员族群认同和自我认同的核心。它一般包括了民族服饰符号、饮食符号、仪式符号、神话符号和人物符号等[1]。如拜王就是过山瑶一个重要的民族文化关键符号,在打造"世界过山瑶之乡"文化品牌过程中,官方举办的拜王祭祀大典是最为隆重的活动。

辛格在《伟大传统现代化之时》中认为,"文化展演不仅包括人类的语言交流,而且包括非语言性的交流,如歌舞、行为、书籍、艺术等方面,或是具有多种艺术要素的族群文化"[2]。在拜王当天,过山瑶群众会呼朋唤友,盛装出行;引吭高歌,手舞足蹈;焚香祷告,祭拜盘王;跪拜祖先,许愿还愿;吃长桌宴,会八方邻。通过这种独有的仪式活动来表明其民族性和身份认同。"作为文化的外显形式,仪式唤醒人群的集体认同,昭示生存的意义,形塑价值和传承认知。"[3] "在仪式中,生存世界与想象世界借助单一的符号体系混合起来,变成相同的世界,从而在人的真实感中制造出独特的转化。"[4] 在拜王期间,人们从着装打扮到饮食行为都区别于平常,不断重复的视觉仪式有助于形成个体意识和潜意识,为具体的传播行为创造出"意义空间",内在地影响着人们的思维模式和行为规范[5]。

---

[1] 高婕:《民族关键符号在旅游场域中功能的异化——以民族服饰为例》,《广西民族研究》2014年第1期,第157—164页。

[2] M. Singer, *When a Great Tradition Modernizes*, New York: Praeger, 1972, pp.71-76.

[3] 熊迅:《影像、仪式与传播网络:视觉人类学的进路》,《广西民族大学学报》(哲学社会科学版)2016年第3期,第52—56页。

[4] [美]克利福德·格尔茨:《文化的解释》,韩莉译,译林出版社2008年版,第113页。

[5] 张孝翠:《论仪式传播与参与主体性》,《国际新闻界》2009年第4期,第41—44页。

笔者作为研究者和普通汉族游客,参加了2016年农历十月十六日在乳源县举行的"十月朝"庆祝活动,亲身感受了拜王仪式的威严与震撼。

拜王分为请圣、排位、上光、招禾、还愿、谢圣以及请瑶族的祖先神灵和全族人前来"流乐"两大部分。作为政府层面举办的拜王仪式,参与者分为两大部分。一部分是普通观众,他们可能是瑶族同胞,也可能是普通非瑶族游客,他们以旁观者的身份关注与欣赏这一重大节庆活动;另一部分是台上的演员,包括师爷、唱《盘王大歌》的歌娘、游神以及搬抬祭祀物品的瑶族男女。他们身着精美华丽的瑶族服饰,浓妆艳抹,或拿或举或抬着各种祭祀道具和物品。即使不是瑶族人,受邀嘉宾也会在主办方授意下,佩戴瑶族饰品或者穿戴瑶族服装,让自己在当时当地融入瑶族的族群意识之中。在仪式行进中,所有嘉宾都会随着祭祖娱神的队伍有条不紊、神情威严地按照既定路线行走一圈,最后回到主祭祀舞台。

"仪式展演具有强烈的视觉性,无论是空间、程序的设置,还是服饰、路线的安排,抑或动作、色彩的强调,都超越了文字所能表达,而给参与者带来丰富的'场信息'和强烈的情感体验,最终使参与者能'感受'到而不只是'认识'到仪式的意义指向。"①

无论是作为嘉宾还是普通观众,笔者都在祭祀仪式过程中感觉到一种民族自豪感和民族凝聚力。深刻体会到"盘王"这个文化符号在瑶族历史文化和精神信仰中的重要地位。

2. 瑶族特色村寨建设和旅游规划

少数民族特色村寨是指少数民族人口相对聚居、生产生活功能较为完备、民族文化特征及其聚落特征明显的自然村或行政村。2009年,国家职能部门开展了少数民族特色村寨的保护与发展试点工作。国家民委组织开展了少数民族特色村寨命名挂牌工作,并且下发了《国家民委关

---

① 熊迅:《民间游戏的视觉仪式:对"中国民间体育摄影展"的媒介人类学解读》,《民族艺术》2015年第1期,第15—17页。

于印发开展中国少数民族特色村寨命名挂牌工作意见的通知》(民委发〔2013〕240号)。2014年,乳源瑶区的必背口村、游溪镇八一新村、东坪镇东下山瑶族村被列入首批中国少数民族特色村寨命名挂牌名录①。

  文化的保存只有在文化传统与活生生的生活实践相结合中才能实现②。因此,通过瑶族特色村寨建设,可以形成活态化、整体性的瑶族文化传承空间,既不改变瑶胞现有的生活方式,又能在政府整体旅游规划指引下,积极主动地成为瑶族文化常态化传承的主人公,同时也能借助民族文化旅游提升瑶寨的经济收入,实现学者所言的民族旅游与民族特色村寨建设、民族社区建设互为促进,将特色村寨建设成果转化为民族旅游资源的良性互动局面③。

  瑶族特色村寨是传承瑶族文化的有效载体,是发展瑶族特色文化产业的宝贵资源。在推进特色村寨建设中,坚持以民为本,将特色村寨建设与新农村建设、产业建设、旅游发展有机结合。必背镇政府投资约500万元资金,对必背口村实施改房、改路、改灶、改水以及改观念、除陋习,改变了全村的生活条件,把原来残旧破烂的土坯房,建成配套设施齐全的瑶家乐农庄10多家,建设了过山瑶游客中心,设立了瑶族歌舞节目,把原来瑶胞喜欢唱的山歌、喜欢跳的舞蹈编成瑶歌、瑶舞表演节目,把瑶绣开发成旅游产品④。

  乳源游溪镇水源宫瑶族八一新村的新房建设,就融入瑶家的五彩文化元素,米黄色墙,蓝色瓦,红色柱子和栏杆图案,并且采取梧桐树、男女人形、布谷鸟、莲花等图案,表现了瑶胞生活的喜庆吉祥和恬静怡然⑤。

---

  ① 赖南坡、乳民宗、李新华:《瑶汉一家亲 共筑"五彩"路》,《南方日报》2014年12月23日第A12版。
  ② 马翀炜、陈庆德:《民族文化资本化》,人民出版社2004年版,第174页。
  ③ 田敏:《论民族旅游开发与民族特色村寨建设——以黔东南郎德苗寨为例》,《中南民族大学学报》(人文社会科学版)2016年第1期,第86—91页。
  ④ 赖南坡、李新华:《必背口村成旅游热点》,《韶关日报》2012年9月11日第A2版。
  ⑤ 赖南坡、乳民宗、李新华:《瑶汉一家亲 共筑"五彩"路》,《南方日报》2014年12月23日第A12版。

笔者在村委会工作人员赵志兴（男，42岁，瑶族）的陪同下参观了整个瑶族八一新村，感觉这里是个宜居之地。它背山面水，一条清澈小溪穿村而过，在村尾拐弯，汇入大河，几只鸭子在溪流间悠闲徜徉，漾起一圈圈涟漪。村子背后一片郁郁葱葱的青山绿树，既可以提供建筑木材和山林野果、香菇，又能调节村内温度和空气质量，令人心旷神怡。村子门前的一大片农田成为将村子隔绝于喧嚣马路的天然屏障，一条两车道水泥路从村子入口一直延伸到省道大寮村入口。向左拐可以坐车去瑶山或者云门寺风景区，右拐只需十分钟车程就可以到达县城繁华地带。村里已经光纤入户，一点手机即可与现代生活轻松同步。务农的老人或者在门前晒谷子，或者坐窗下打粽绳；暑期放假的少年则敞着大门，伴随震耳欲聋的流行音乐，一边做家务一边扭动腰身。古朴的农耕景象和现代的娱乐生活相得益彰，全然不觉突兀。通过与赵志兴的交谈，笔者坚信，假以时日，这里肯定能通过发展瑶族文化旅游，为村民脱贫致富提供一条有效途径。谈话内容录文如下：

笔者：我觉得咱们这个村子比其他瑶族新村更有优势，环境优美，交通便利，既有田园风光，又不失现代生活的便捷高效。

赵志兴：是的，我们村是乳源县的三个特色村寨之一，我自己也觉得它是最好的一个特色村寨。我们这里还是一个新农村建设的成果示范点。你也看到了，这里很干净。村委会自己制定了管理条例，编成小册子发给每一家，大家按照上面的要求，对自己门前屋后的环境进行管理。以前山里瑶族喜欢养年猪，而且散养，气味大，也不干净，现在我们在村尾统一饲养。原则上不让养鸡、养鸭，但是村里老人喜欢养，我们就要求他们及时清理粪便。我们还专门雇了个清洁员，负责打扫村里的道路，所以村里很干净。

笔者：除了领导人来参观，平时有没有游客来，比如旅行团之类的？

赵志兴：有些游客自己过来，一般是去云门寺返程途中，看到主干道上我们村子的大牌子,就进来看看这里的风景,还可以了解一下瑶族的生活。人数不算太多,但是一直有。没有旅游团,这里不是一个固定景点,旅行社也就没有开发这个线路。

笔者:我在网上看到咱们村的介绍,说是将按照国家4A级景区的标准,把咱们村建设成中国瑶族生态第一村。现在进展如何?

赵志兴:我也听说过这个计划。我们村的位置很好,不封闭。而且,我们临近云门寺风景区,村子旁边也有几个瑶族新村。所以我们想联合周边瑶族村寨开发旅游,每个村子重点搞一个方面,做成一个瑶族风情区。不过这是政府做的事情,如果接到具体通知,村里面肯定大力支持,全力配合。

笔者:如果建成景区,游客来这里可以玩什么或者看什么?

赵志兴:首先可以看这里的自然风光。这里有山有水,空气也好,村里种有大片竹子,很漂亮。我们村里的人出门上山就可以摘野果、香菇,下河可以摸鱼、钓虾,到田里可以种菜,自己养猪、养鸭,这些都是没有农药的,按照城里的说法就是有机食物。游客来了可以吃,也可以带回去。我们这里有家老人很会编棕绳,以前瑶山老人用棕绳编各种农具,将来可以搞一个体验项目,游客吃了瑶家菜,看过瑶家歌舞,再体验一下编棕绳,也是很有乐趣的。我们村口有一条河,可以搞漂流或者让游客钓鱼、钓虾。

3. 开辟特色过山瑶寻根之旅

乳源县是国内外瑶族迁徙的中转站和过山瑶大本营。从1984年美国瑶族华侨、华裔代表团专程来粤寻根访祖至今,世界各地的过山瑶陆续携亲带友前往必背寻根,同时也带动了国内外瑶学专家、人类学者和瑶族文化爱好者的调研热情。

为了更便于国内外瑶胞的寻根问祖与文化交流,1998年9月,乳源县成立瑶族海外联谊会,专门负责此项事宜。自成立以来,联谊会主动与海外瑶胞加强联系,邀请海外瑶胞返乡寻根,进行学术交流活动,加强彼此联系。如2011年7月,联谊会写信给美国瑶族社会名人赵召山、黄方平，沟通双方联谊事项；新春佳节给越南、泰国瑶胞邮寄贺卡；圣诞前夕，给美国邮寄新年贺卡58张，给法国邮寄10张。2013年瑶族"十月朝"暨乳源县庆50周年期间，接待美国瑶胞10人、越南瑶胞3人，参观瑶族八一新村、游溪政研新村，参加拜盘王祭祖等县庆活动。

2014年"十月朝"节日期间，上万名来自中国、美国、越南等国家和中国港澳地区的瑶族同胞聚集在"世界过山瑶之乡"乳源，庆祝乳源瑶族自治县成立50周年。特地从美国赶来过节的李进清是美国瑶学会的代表。据李进清介绍，他首次到乳源是1985年，这是第二次来。李进清说："乳源对于我们这些在海外的瑶族非常重要，这里是我们的故土，是我们的根，看着故乡越来越好，我们就开心。"[1]

（三）搭建非遗项目的整体保护平台

"文化生态保护实验区"的理念与实践，是我国政府在非物质文化遗产保护工作中的一项重要创新。"文化生态保护区"是指在一个特定的区域中，以保护非物质文化遗产为核心，对相关历史文化积淀丰厚、存续状态良好、具有重要价值和鲜明特色的文化形态进行整体性保护，从而使当地自然环境、经济环境、社会环境与人文环境和谐共存[2]。2014年5月，广东省文化厅印发《关于申报省级文化生态保护实验区的通知》（粤文非遗〔2014〕20号）。2015年1月，广东省文化厅批准建立广东省瑶族文化（乳源）生态保护实验区。

根据试验区规划纲要（表4-2），广东省瑶族文化（乳源）生态保护实验区以必背镇为核心保护区，以游溪镇、东坪镇、乳城镇、一六镇、桂头镇共五个移民镇作为瑶族移民文化传承区，大桥镇、洛阳镇、大布镇三个镇为一般保护区。

---

[1] 李凌、赖南坡：《海内外瑶胞欢聚韶关乳源共度"十月朝"》，广东新闻网（http://www.gd.chinanews.com/2014/2014-10-24/2/333577.shtml），2014年10月24日。

[2] 《文化部关于加强国家级文化生态保护区建设的指导意见》，转引自《福建艺术》2016年第3期，第27—31页。

表4-2　　乳源瑶族文化生态保护试验区拟采用保护方式及举措一览①

拟采取保护方式	拟采取的具体措施
整体性保护	找寻瑶族文化与周边客家文化、非遗文化与物质文化遗产、文化遗产与自然社会环境之间的关联性，变单一形态保护为综合化保护
传承性保护	对非遗项目及其传承人加大资金等扶持力度，完善非遗及民俗项目资料汇编，培育传承各方良性互动社会体系
抢救性保护	加强濒危非遗项目的普查及文献采集、录制工作
生产性保护	采取生产性方式，对能够产生经济效益、改善传承人生活的非物质文化遗产项目，包括乳源瑶族刺绣、瑶族医药加以保护和扶持，修复自身传承的内在活力，推动乳源瑶族文化传统的现代转型。推动乳源瑶族文化生态结构的生产与再生产，正确处理并协调非物质文化遗产保护与旅游开发的关系
展示性保护	利用民俗文化活动和重大节庆文化活动、对外交流活动，对适宜展示的项目进行展示性保护。严格区分属于保护的非物质文化遗产与利用非物质文化遗产资源生成的创意作品的界限
数字化保护	利用数字化高科技信息技术，把非物质文化遗产的保存、宣传和传播提高到一个新的技术水平
立法性保护	在瑶族传统村落，通过引导村民制定村规民约，鼓励村民自治，激发村民自觉保护村落传统文化的积极性

生态保护实验区的总体规划期限为10年，时间从2016年至2026年。规划分两个阶段实施。

第一个阶段（2016—2020年）为抢救、恢复、重建阶段。初步建立一套切实可行的文化遗产整体性保护措施和运行机制，建设乳源瑶族非遗展示中心（图4-6）、瑶族歌舞传承基地、瑶族婚礼仪式展示馆、瑶家民间烟熏肉示范店、必背瑶族文化传承中心等一批基础设施，改善文化遗产保护的生态环境，通过投入专项资金，使濒危和重要的文化遗产以及一批代表性传承人得到切实有效的保护，基本形成较为完整的文化遗产保护体系。通过举办必背瑶歌擂台赛、移动新瑶征文大赛、乳源故事民间汇演等参与性活动，提高全社会的文化遗产保护意识。

第二个阶段（2021—2026年）为完善、提高阶段。实现保护工作规范化、网络化、法制化，整体保护文化遗产和代表性传承人，打造文化保

---

① 根据乳源县文体广电新局规划报告资料整理。

图4-6　瑶族非遗传习基地

护实验区的特色民俗名片，如建立瑶族民俗文化产业园、过山瑶民俗文化影视基地、举办重寻家族谱国际寻根活动、瑶族手工作坊滚动展演等，以展现瑶族文化的精华与魅力，让瑶族优秀文化遗产有机融入现代生活。

2006年，乳源的"瑶族盘王节"被列入首批国家非遗名录。经过十几年的努力，截至目前，乳源县已经拥有12项各级非遗项目。其中国家级项目有瑶族盘王节、瑶族刺绣、瑶族民歌，省级项目有瑶族服饰，市级项目有瑶族医药、圣祖祭、契娭生日，县级项目有瑶族双朝节、瑶族婚礼、瑶族烟熏肉、木质磨坊等。全县共拥有非遗代表性传承人11人。其中国家级传承人有1人，即盘良安（盘王节）；省级传承人有3人，即邓菊花（刺绣）、赵新容（民歌）、赵才付（民歌）；市级传承人有7人，即赵天堂（盘王节）、赵晓芳（刺绣）、邓桂兰（刺绣）、赵贱妹（服饰）、邓永英（服饰）、赵妹奶（服饰）、赵连娣（医药）。

实验区建设项目实施目的，是要把瑶族盘王节等非遗项目的保护传承与现存的传统村落、生产方式和自然生态环境保护结合起来，使之成为充满活力的文化空间。把瑶族刺绣、耍歌堂等非物质文化融入生活，进行"活态性"的传承保护，并通过发挥重要节庆如"三月三""十月朝"的作用，由民众自发或组织盛大节庆活动，让这些非物质文化遗产在浓厚的节日氛围中得到原生态的保护，成为人们文化生活的一部分。为实现这一长远目标，试验区将综合采用多种非遗项目传承保护举措，搭建立体、高效的整体传承平台。

（四）媒介化传承

1. 瑶族文化电子化

瑶族文化电子化，主要是指通过电子媒体平台制作、播出瑶族文化相关节目，对瑶族文化进行传承与传播。电子媒介进入瑶区后，通过视音频形象生动、直观便捷地记录瑶族文化并对其进行传承与传播也就水到渠成了。

从20世纪80年代起，通过覆盖乳源瑶区的大喇叭系统，乳源民众首次从广播中听到自己熟悉的民族歌曲和民族语言。而从1986年起，地方电视台就尝试通过镜头来记录瑶族文化及生活，借助电视信号覆盖面广来扩大乳源瑶族及其文化的影响力。1986年6月，韶关电视台和乳源县民委协作拍摄《乳源瑶山行》电视纪录片，并在县电视台转播。1986年11月，乳源县和广东省电视台联合拍摄的《乳源瑶族风情》（上下集）在广东电视台和中央电视台播出。2008年11月，广东电视台《古风今韵》摄制组在乳源拍摄《生生不息》《古恒瑶绣》专题片。2009年，乳源县主动邀请中央电视台《乡土》栏目组前来采访，拍摄《十月朝盛会》《乳源有个过山瑶》等专题节目，并在2009年12月和2010年1月播出。2011年，乳源电视台开设《乳源新闻》《瑶乡发现》《美丽瑶乡》等节目，为瑶族文化常态化传播提供了平台。

瑶族文化电子化后，更多瑶族同胞能形象生动地了解本民族文化，尤其是之前被师爷、族长、家长等精神、政治、家庭权力阶层所掌控的文化知识与信息被电子媒体公开化，在一定程度上填补了传统社会身份上实际存在的等级性、层级性所造成的知识鸿沟。"不同的权力阶层，有着各自不同的传统观念，这种差异是由人们不同的社会经历造成的。

基于人们阅读能力及文化的素养差异,他们分属不同的信息社会,产生不同的社会身份。而电子媒介将许多不同类型的人带到相同的'地方',于是许多从前不同的社会角色特点变得模糊了。"① 在电子媒体面前,不论观看者实际身份和职业如何,电子媒体提供给听众和观众的音视频信息是一样的,其传播效果只取决于个人的理解能力,而不依赖于个人的身份和社会地位。

瑶族文化电子化后,通过四级广播系统,跨越乳源县一地之隅,传向全国,增加了瑶族的话语权,提高了瑶族及其文化的社会影响力,进而提升了瑶族的民族自信心。"在影视作品中进行本民族风景的赞美宣传与本民族民俗文化的展现,激发本民族的认同心理和对他民族的好奇心理,已成为创作者们的一个自觉或不自觉的追求。"②

乳源瑶族文化电子化传播也符合当代"文化+"的传承理念。"文化+"是以文化为主体或核心元素的一种跨业态的融合,是要实现内容、市场、资本和技术等关键要素在文化产业发展中的互动、融合和创新③。从微观层面上看,过山瑶传统文化是一种文化类型,是中华民族多元一体文化的重要组成部分。"过山瑶传统文化+广播电视技术"对广播电视台而言,可以增加其节目内容,丰富荧屏;对瑶族文化而言,能充分利用新技术拓展自己的表现形式与传承渠道。从宏观层面上看,我国广电在20世纪90年代便逐渐市场化,通过节目版权置售、特色文化节目的市场化运作以及打造主题文化产业链等形式,实现文化搭台、经济唱戏、媒介传播。

"过山瑶传统文化+广电市场"能有效地打造在文化市场上的双赢局面。例如,韶关电视台和广东电视台主办瑶族文化专场演出,并邀请商家冠名赞助,同时进行现场直播或者录播。制作的节目通过广电流通

---

① [美]约书亚·梅罗维茨:《消失的地域:电子媒介对社会行为的影响》,肖志军译,清华大学出版社2002年版,引言第6页。
② 宋家玲:《影视叙事学》,中国传媒大学出版社2007年版,第68页。
③ 王京生:《文化+:新形势下文化产业发展的战略选择》,《中国文化报》2015年8月17日。

渠道的二级传播，吸引广告商和受众，贡献广告费和收视率，从而实现扩大瑶族文化传播范围以及电视台盈利的双重目标。

2. 瑶族文化网络化

乳源县职能部门与时俱进，搭乘技术进步的快车，尝试通过网络技术和手机平台拓展地域文化和民族文化的传播空间与形式。

（1）建立南岭瑶族文化资源多媒体数据库。数字资源建设是全国文化信息资源共享工程建设的核心。2014年文化部办公厅印发的《全国文化信息资源共享工程2014年度地方资源项目建设工作方案》要求，重点建设地方特色文化、红色历史文化、少数民族语言三类专题资源以及进村入户专项资源[1]。

南岭瑶族文化资源多媒体数据库正是在这种大背景下创立的对于瑶族文化传承保护、宣传推介能起到重要作用的一个综合性数字资源平台。它由广东省文化艺术信息中心和乳源文广新局于2014年联合申报并获国家文化部门批准立项，是广东省第一个特色文化资源数据库项目。该数据库平台于2016年5月正式上线运营，集合了数据库、资料库、档案库等多项功能，收录了大量乳源文化资料[2]。进入该数据库，笔者可以按照功能分区，点击浏览瑶族历史、瑶族歌舞、瑶族服饰、瑶族建筑、瑶族医药、瑶族节庆等各类瑶族文化相关知识及图片，内容翔实，图片丰富，色彩饱满，且通过链接可以阅览其他省份瑶族的相关文化信息。

（2）尝试创立乳源县及瑶族文化的两微一端平台。2015年年底，乳源县旅游局在腾讯微博上开始内部测试、开发自己的平台。目前尚处于试验阶段，并不允许外人浏览，但是，这种可贵的尝试表明了乳源县接受新生事物、利用新技术宣传本地文化及旅游资源的开放态度。

除微博外，2012年异军突起的微信公众号平台，大有与微博平台

---

[1]《乳源启动南岭瑶乡文化资源多媒体数据库建设》，《韶关日报》2015年3月10日第A1版。

[2] 李华：《"南岭瑶族文化资源多媒体数据库"平台正式上线》，南方网（http://www.mzb.com.cn/html/report/1605271972 - 1.htm），2016年5月13日。

平分天下之势。微信公众号平台开启一个网络时代个性化阐释与互动式用户体验的良性生态循环系统,公众号运营者通过这一平台推送好的信息、资讯,组织丰富多彩的线上线下活动,订阅者在浏览、参与之余,还可以将喜爱的资讯等内容进行转发,分享到微信朋友圈及个人,或者将更多相关主题资讯上传分享。

目前处于运营状态下的乳源文化相关微信公众号,分别是乳源县旅游局官方微信"悠游乳源"(2015年2月上线)和乳源县文广新局的"乳源瑶韵"(2015年8月上线)。另外,韶关市旅游局微信号"韶关旅游"中,也有大量乳源瑶族文化及旅游方面的图文及影音资料。

笔者关注了"乳源瑶韵"和"悠游乳源"两个公众号。点击"悠游乳源",读者会看到其分为三个功能版块,分别是旅游攻略(下拉菜单中包括旅游宣传片、映像乳源MTV、旅游微电影、乳源旅游攻略)、热门旅游(下拉菜单包括景区、活动、酒店、线路)、新八景(下拉菜单包括旅游新闻、交通导览、天气预报、美食购物、新八景活动专题),每个子栏目中都有涉及瑶族文化的内容。如果说"悠游乳源"更多的是将瑶族文化作为对外宣传乳源旅游景点、吸引八方游客的文化工具与资源,那么,阅读"乳源瑶韵"能让你更全面地了解乳源及其瑶族文化的前世今生。"乳源瑶韵"包括走进瑶乡(下拉菜单包括政务动态、机构设置)、文化乳源(下拉菜单包括人文历史、瑶乡风情)、最新活动(下拉菜单包括文化动态、群众文化系列活动、"十月朝"系列活动)等版块。

LYX(男,33岁,汉族,乳源县旅游局工作人员):为了宣传乳源县的文化资源和旅游资源,我们在腾讯上开设了微博,不过目前内容不太完善,所以没有对外开放。2015年2月,我们上线了微信公众号"悠游乳源",目前公众号订阅人数已经超过3000人。现在这个公众号主要是由我负责,包括上传各种信息、编辑图片、设置一些互动活动,等等。你可以点击页面,对自己喜欢的乳源八景进行投票。前一阵子我们还组织了对自己支持的瑶族歌手进行投票的活动,取得了较好的宣传效果。当然,目前订阅人数还不算很多,接下来我们会在宣传以及内容推送方面下功夫,争取让更多人通过这个平台了解乳源,了解瑶族文化,并且来乳源旅游,我们开设微信号的目的也在于此。

(五)加强对外文化交流

乳源县领导层对过山瑶传统文化的传承比较重视,尤其是文化部门、民族宗教部门、宣传部门等职能机构及其下辖的具体业务单位,都尽力通过各种渠道和途径给予瑶族群体话语权,为瑶族文化有效传承搭建平台,创造机会。从个人层面,历任政府工作人员都会在出席当地文化活动、庆典仪式时身着瑶族服饰,将瑶族文化产品作为馈赠礼品,以扩大其社会认知度和美誉度;从职能部门层面,各级单位都通过走出去、引进来的方式,让更多民族和群众了解过山瑶传统文化。

1. 文化交流活动的形式

1988年11月23日,《瑶山明珠——乳源》摄影展在北京的中国美术馆展出。2007年,乳源县民族艺术团到法国流尼望岛进行文艺演出。2008年,在香港举办乳源瑶寨古风摄影艺术展。2008年10月,宣传部联合中国移动乳源分公司,举办《发现乳源之美》第一届红段子征集活动,收集整理作品一万多条,编印成册。2009年9月,乳源瑶绣参加在广东佛山举行的广东—东盟非遗传承交流会,展出"瑶岭长歌——过山瑶百米刺绣长卷"。2010年,乳源瑶绣参加第六届中国深圳国际文化产业博览交易会、上海世博会。2010年9月,乳源民族艺术团到英国华威郡开展民族文化交流活动。2011年5月,乳源瑶绣参加中国深圳国际文化产业博览交易会。

2011年11月,乳源民族艺术团参加广东省第五届群众艺术舞蹈花会,选送节目瑶族小合唱《绿色情愫》《扁担扛起情嘿嘿》分获金奖和银奖。2011年11月,乳源民族艺术团参加在广州举办的"韶关市与外国驻穗机构联谊交流会",并且赴香港,参加港澳友人联谊会交流演出。2013年12月,乳源瑶族刺绣参加在北京举办的"中国少数民族非遗展示周"活动。2014年9月，瑶族合唱团参加广东省第十一届"百歌颂中华"歌咏比赛，其中《歌山瑶》《绿色情愫》获得银奖。2015年12月，乳源文化交流演出团赴汤加等国演出。2016年4月，受中华人民共和国外交部驻香港特别行政区特派员公署的邀请，民族文化传习馆演出交流团赴港参加"祖国好，香港好"大型公众开放日活动文艺演出①。

2. 文化交流活动的特点

30多年来，乳源瑶族文化交流活动从未间断，且特点明显。首先，举办活动的主体和参与文化交流的主体主要是政府及其相关职能部门工作人员。政府牵线搭桥，以文化为载体促进和外界的沟通与联系，文化展演与交流成为乳源县文化馆、文广新局、宣传部等机构重要的工作之一。其次，文化活动对外展示与交流的主要形式是歌舞、服饰刺绣等视觉冲击力强、形象直观、动态性强的瑶族文化符号；宗教、习俗、文史等抽象复杂、静态类的瑶族文化符号，对外交流相对较少。最后，乳源瑶族文化对外交流所凭借的载体比较丰富。既有静态实物（刺绣长卷、饰品服饰），又有动态活动（歌舞表演）；既有媒介载体（光盘、书籍、网络段子），又有人员参加（瑶族演员本身、瑶族研究者）。总之，便于移动、便于理解和展示的瑶族文化实物和非物质文化项目，是近几十年来乳源县职能部门对外文化交流的重要内容。

第三节 过山瑶传统文化调适的效果

一 过山瑶传统文化调适取得的成效

面对传承过程中遇到的新情况，如生计方式的改变、市场观念的确立、生活环境的变化、媒介体系的构建与完善、族群互动的深入等，过山瑶积极调适，其总体成效显著，表现为传承模式逐渐完善，对外打响了"世界过山瑶之乡"文化品牌，初步实现了过山瑶传统文化传承的

---

① 龚党英：《歌唱祖国，旋舞香港》，中国瑶族网（http://www.cnyaozu.com/bencandy.php? fid=33&id=5334&from=timeline&isappinstalled=0）。

第四章　过山瑶的文化坚守与调适

现代化转移。

经过长期的历史实践和现实摸索，乳源过山瑶传统文化传承的模式日渐完善。传统的民间传承模式通过调适，基本适应了现代传承环境的需要。无论是师徒传承方式依托社团和培训而重获生机，还是瑶语、瑶绣、瑶歌、瑶舞通过创新继续在瑶胞生活中活态化传承，过山瑶的民间传承模式都被证明是具有强大适应力和生命力的。

除此之外，处于起步阶段的政府主导下的市场化传承模式，在瑶区取得阶段性成效。瑶族文化旅游特别是必背瑶寨的生态旅游，在20世纪90年代取得过辉煌的成绩。几个瑶族特色村寨也有开发旅游的计划与硬件基础。"世界过山瑶之乡"文化品牌的认知度已经确立。调研显示，无论是瑶族还是其他民族，抑或是媒介搜索，知晓乳源县的人都会将其和这一文化品牌联系到一起。

过山瑶传统文化的媒介化传承成果丰硕，大量瑶族文化影音资料、书籍资料的储备以及过山瑶传统文化传播网络平台的搭建，为后续媒介化传承奠定了基础。过山瑶传统文化交流活动是目前乳源县文化宣传部门的常态化工作，通过这一方式对外传播过山瑶传统文化，是一个便捷高效的途径，同时也能增强过山瑶的文化自信与自觉。过山瑶传统文化的非遗平台已经基本搭建，按照乳源县的构想，整体的过山瑶传统文化生态保护区建设尚处于进行之中，其成效目前还未显现。

二　过山瑶传统文化调适存在的问题

（一）缺乏对文化品牌的有效传播

从品牌传播的角度看，乳源县对"世界过山瑶之乡"文化品牌的维护与传播力度不够，效果欠佳。"品牌传播"是指品牌所有者以品牌的核心价值为原则，在品牌识别的整体框架下，通过广告、公关、营销推广等传播手段以达成品牌管理任务的信息管理过程[1]。普通群众对一个文化品牌的认同，一般要经历对品牌的认知、信赖、情感及价值信仰

---

[1] 李明合：《品牌传播创新与经典案例评析》，北京大学出版社2011年版，第37页。

四个阶段①。要想使普通群众从对品牌的认知阶段升华到对品牌的价值信仰阶段，也就是说，想让普通群众首选来乳源县了解过山瑶及其文化，乳源县还任重道远。

一般而言，为实现品牌认同的四个阶段的升华，品牌传播者会力求实现四重境界，即"'作秀'——关注品牌的知名度、眼球效应、短期轰动效应；'品牌驱动业绩'——关注品牌带来的实际经济收益；'互动与体验'——注重品牌关系、品牌互动、品牌体验等；'神话与崇拜'——最理想化状态，消费者与顾客对品牌的热情与忠诚已经达到不可阻挡的地步，品牌成为一个不需要理由的选择"②。

在此笔者套用了广告学上的概念和品牌营销上的理论。从宏观上看，乳源县在自我定位以及打造"世界过山瑶之乡"文化品牌的实际效果，正应和了该理论的很多预设。笔者认为，乳源县的品牌传播处于第一重境界已经实现、第二重境界有所显现、第三重境界尚需时日的阶段。目前，关于"世界过山瑶之乡"文化品牌的传播，乳源县还存在以下问题。

1. 文化品牌的内涵不明确

首先，乳源县对该文化品牌的内涵并没有明确界定，没有挖掘"乳源"这一特殊地理空间对于过山瑶文化的意义。其次，没有建构文化品牌与消费者之间的良性互动关系。

就笔者调研所见，乳源县在文化品牌维护上几乎没有很有效的举措。笔者曾按图索骥找到世界过山瑶传统文化风情街和世界过山瑶传统文化风情园，实地探寻后的第一感觉就是失望。风情街坐落在乳源县老县城的中心地段，地理位置占有优势。但是，这条300米长的购物街除了出入口两个瑶族风情的牌坊（由红色水泥柱和写着红色"世界过山瑶传统文化风情街"字样的水泥牌构成，牌坊高6米，宽10米）以及装饰着瑶族刺绣纹样（"万"字纹和八角花）的路灯外，整条风情街与

---

① 张金海、段淳林：《整合品牌传播的理论与实务探析》，《黑龙江社会科学》2008年第5期，第99—102页。

② 同上。

第四章　过山瑶的文化坚守与调适

别处商业街并无二致,既没有瑶族特色产品售卖,也没有其文化的展示与陈列。位于城郊的世界过山瑶风情园,则与政府规划的风情园建设蓝图相距甚远。目前园区内只有乳源县图书馆、民族实验学校、世界过山瑶博物馆和瑶乐居(一个瑶族移民新村,大约1200户居民,没有居委会和文化活动组织场地)。在这个开放式园区内,不同功能实体各自为政,并没有发挥其典型识别性作用。对于外地游客而言,整个县城也缺乏统一规划,缺少便于识别的瑶族文化标识。

再将视线转移到必背镇,随着瑶山居民大量外迁以及2010年后两次大洪水对镇子的冲刷损毁,目前该镇已经十分冷清,早已没有旅游繁荣期的热闹喧嚣。笔者几次入住必背镇镇政府门前的瑶家乐,晚上9点多,外面已经寂寥无人,伴着笔者的只有山里的昆虫和杨溪河水声。废弃的瑶寨景区残破不堪,跳舞场人去楼空,吊脚楼大门紧锁,博物馆灰尘覆面,位于半山的瑶族传统村落也已经无人居住。这里仿佛时空停滞一般。游客来到过山瑶之乡,看什么,体验什么,当地并无实际有效的举措。从宾客满朋到游客稀少,着实令人唏嘘(图4-7)。

图4-7　暮色中的必背镇

2. 人数不多且难以形成合力

尽管乳源县是瑶族自治县，但根据 2010 年第六次全国人口普查数据显示，乳源县时年总人口为 177471 人，瑶族人口不过 2.1 万余人[①]。瑶族总人口不足 20%，且分布零散。既对瑶族文化充满热情又懂瑶族文化传承规律者不多，能将好的想法付诸实践的相关人士更是少之又少。当地瑶族人口总数少，瑶胞中文化水平较高、谙熟传统文化者不多。瑶族民间文化精英及"师爷"群体逐渐老去，年轻一代对瑶族文化认知片面，加之多数瑶胞忙于生计而不愿承袭瑶族传统文化，瑶族文化事业呈现后继无人的尴尬局面。

（二）现有传承方式遭遇瓶颈

1. 教育传承后续乏力

过山瑶传统文化虽然被纳入现代教育课程体系，却是一门选修课程，其教育内容、教育方式、教育权重和教学效果都存在不足，具体表现在以下三点。第一，瑶族文化进课堂的内容不明确。开设课程的学校中，教学内容没有统一规划与安排，传授内容增减不定。第二，过山瑶传承文化教育化传承出现适应性不足的问题。现代课程体系是按照学习内容的难易程度以及授课规律，循序渐进地分章节、分阶段安排学习。而传统瑶族文化是在生活中学、在使用中学，并不能严格划分学习阶段和进度安排。第三，教育权重和教学效果有待提升。中小学阶段，学生面临升学的巨大压力，在应试教育及"唯分是举"的高压学习环境下，隶属于素质教育和兴趣拓展范围内的瑶族文化课程很难受到学生过多的重视。而且，部分汉族学生不愿意去学习已经过时的、相对落后又没有机会使用的瑶族文化；瑶族学生则更向往丰富多彩的汉族文化以及西方文化，对于瑶族文化内容也提不起学习的兴趣。

---

① 韶关市统计局：《韶关市 2010 年第六次全国人口普查资料》，中国统计出版社 2012 年版，第 18 页。

第四章　过山瑶的文化坚守与调适

ZWX（男，瑶族，15岁，乳源县民族实验学校）：我们学校现在基本没有什么瑶族文化课程了，我七年级的时候上过瑶语课，用的是蓝色封面的书。不过我不喜欢上这个课程。我家住在必背村，我们从小都会说瑶话，还学什么瑶语？这些课本上的东西我很小就会说了，太简单了。而且，现在在县城里面，汉族人很多，大家都是讲客家话，要么就是普通话，没有什么机会讲瑶话，瑶文字更是没人写了。

2. 开发式传承发展迟滞

如前所述，20世纪80年代开始的瑶寨旅游曾经风光无限，奈何天灾频仍，管理不善，曾经给当地瑶胞带来财富与机会的瑶寨旅游如今十分萧条，必背镇瑶寨景区旅游事业基本处于停滞状态。乳源县也没有向贵州省黔东南苗族侗族自治州的西江苗寨、郎德上寨那样抓住机遇，迅速开发瑶族特色村寨之旅。

笔者实地考察发现，乳源瑶区三个特色村寨都没有及时开发旅游线路和旅游产品。瑶族新村的规模相对同为特色村寨的西江千户苗寨和连南八排瑶寨而言，也非常小。除了装饰瑶族特色绣纹的别墅自成特色外，村寨中既没有瑶家乐，也没有展演类、体验类瑶族文化旅游项目。居民也多外出打工，寨子成了瑶族特色留守村寨。村寨负责人对于开发瑶寨特色旅游内心充满期待，却无心付诸实践。相比而言，贵州黔东南的郎德上寨采用工分制旅游模式，实现了村民对旅游经济、管理、决策的全面参与，不仅确保了社区居民的旅游收益，也激发了村民参与旅游的积极性[1]。

作为"世界过山瑶之乡"，乳源县瑶区内至今依旧保存着邓、盘、赵三大瑶族姓氏进山祖的坟冢，政府职能部门也组织了大规模家谱普查修编工作。自1984年首批海外瑶胞返乡祭祖以来，持续至今的海外瑶

---

[1] 田敏、撒露莎、邓小艳：《民族旅游开发与民族村寨文化保护传承比较研究》，《广西民族大学学报》（哲学社会科学版）2012年第5期，第36—40页。

族寻根之旅也为乳源县带来一定的旅游收益。但是笔者调研发现，海外瑶胞的寻根之旅基本上是由各级民宗委牵头组织的行为，过山瑶寻根之旅并没有形成一个独特的旅游市场，更多是依附于行政事务的附属品。且从返乡寻根的国外过山瑶人员构成上看，恋土重迁的中老年居多，青壮年和小孩子基本没有，这批未来瑶族文化传承的主力军并没有表现出对本族文化发源地的探求欲望，也丧失了切身了解过山瑶特色历史、文化的机会。对于乳源县而言，其寻根之旅尚待开发；对于过山瑶而言，其文化海外传承的主力军面临流失。

3. 媒介化传承有待深度挖掘

第一，文化书籍的价值有待深挖。瑶族历史文化古籍资料的搜集整理、刊印出版工作从20世纪80年代中期开始持续至今，大量珍贵的史料被整理出版，为后续研究者提供了了解瑶族文化的一手材料。尽管如此，仍然存在对瑶族文化的提炼与深挖不足的问题。如《瑶绣》一书，图文并茂，针法详尽，便于初学者学习并实际操作，弥补了国内少数民族刺绣无教材的缺憾。但是，此书对瑶绣与瑶族迁徙历史的关系、纹样与瑶族信仰、民族传统、故事传说之间的关系这样的主题，语焉不详。

第二，广电节目的质量、数量有待提高。乳源县政府自该县逐渐建立电子传播网络以来，能主动积极地利用大众媒介传承与传播瑶族文化，但整体传播效果欠佳。乳源县缺乏瑶语类节目，乳源县广电平台页没有常设瑶族文化类节目。业已播出的瑶族文化广电节目制作简单，流于浅表。瑶族迁徙历史及历史人物、重要事件的挖掘与还原、瑶族文化的变迁与新时期发展情况、新时期瑶族同胞的文化困惑等相对厚重的主题，目前的瑶族广播电视节目尚未涉猎。

第三，文化类网站、数据库及两微一端传播效果欠佳。近几年才上线运营的南岭瑶族文化资源多媒体数据库（下文简称"数据库"）和两微一端，就笔者亲身体验，使用起来不甚方便。数据库内容设置明显借鉴了瑶族网，凸显乳源过山瑶特色以及粤北瑶山独特地理位置，与过山瑶传统文化的关联性的内容不多。从数据库连接端口设置看，该数据库可以通过在万维网地址栏手动输入地址码，或者登录中山大学图书馆网页链接地址进入。这两种方法对于普通使用者而言都不方便；且端口链接并不稳定，有时候可以进入浏览，有时候则显示无法进入。作为新生事物的乳源瑶族文化两微一端，腾讯微博没有对外开放，传播效果为零；两个微信公众号的订阅人数不多，且使用者基本是熟人圈，没有实现大众化传播的效果。

4. 非物质文化遗产传承体系不完备

首先，非遗档案不完备。完备的非遗档案应该包括非遗项目及其基本介绍、非遗项目主要传承人及其个人小传、非遗传承人及其传承谱系资料，还有非遗项目目前传承的方式、范围、效果、存在的困难等调研资料，以及非遗项目辅助实物资料清单、非遗项目及其传承人视音频资料等内容。

笔者调研获悉，目前乳源县并没有成立专门的"非遗项目抢救保护中心"这样的专门机构，而是由乳源县文化馆进行非遗项目管理及日常工作。文化馆建立了基本的非遗项目档案，但内容十分简单，且基本是文字资料，没有视音频资料。

非遗传承人传承谱系资料十分匮乏。了解传承人的传承谱系对非遗项目的可持续发展尤为重要，传承人从何处习得非遗项目的文化内涵及技能、其是否收徒及如何授徒、徒弟人数及职业分布等，都会影响特定非遗项目传承的空间及效果。而且，非遗项目传承对人的仰赖度很高。传承人的谱系是个动态变化的过程，需要对其实时跟踪、动态更新，可惜目前的乳源县非遗档案中，这些都是不具备的。

其次，传承及考核标准不完善。从全国范围内来看，对于怎样行之有效地传承非遗项目，非遗项目传承应该达到怎样的效果才算合格，非遗传承人准入退出机制及考评标准等内容，都是比较缺失的。国家层面没有出具统一标准，各地也自行其是，有些制定了地方性考评标准。如2015年笔者在湖北省宜昌市夷陵区进行非遗调研时看到，该区非遗抢救保护中心出具了专门的对非遗项目传承人的年度考核办法，里面对传承人带徒、授课、开展非遗社会活动、创作作品等都有具体规定，有较强的可操作性。

乳源县对非遗项目的管理，基本属于任其自由发展的状态。笔者调研获悉，因为乳源县的非遗传承人普遍老龄化，居住分散，且并未脱离各自职业而专做非遗项目。所以，目前文化馆对已经立项的非遗项目及其传承人没有严格的考评机制，对于非遗传承人准入和退出标准则参考国家标准，当然也就存在着只有准入没有退出、等额增补的问题。

5. 民间传承力量不足

被官方认可的传承人尚且存在后继无人的尴尬，散布在乡野的民间传承梯队更是势单力薄。笔者在必背镇调研所住家庭旅店老板ZLX，就是一个对瑶族文化各项内容谙熟的民间文化能人，他会瑶族歌舞，熟知瑶族医药，开办瑶家乐，乐于同政府工作人员交流。但是，这位老板的才能没有得到各方重视，他的瑶族历史文化知识只能当作跟游客吹牛皮的谈资。

第四节　过山瑶传统文化传承的思路

一　群策群力，积极传承民族文化

1. 充分发挥师爷及年轻一代的文化传承作用

过山瑶传统文化的形成、完善与传承都离不开师爷这一特殊群体。第二章已总结过其对过山瑶传统文化传承的作用。当下，师爷主要是以非物质文化传承人的身份存在。随着时代的发展，师爷对过山瑶宗教世界和世俗生活的影响方式发生了根本改变，但是其对过山瑶历史传统、宗教仪式以及乡约习俗仍旧了然于胸。

笔者认为，应该充分依托非遗传承体系，让师爷发挥余热，积极授业带徒，并且利用新的记录方式，比如口述历史、宗教仪式影视化等手段，向世人完整展现过山瑶传统社会及其文化全貌。年轻一代一般既受过传统文化教育，又成长于现代文化教育环境之下，因此可以充分辨析传统与现代文化的优劣点。所以，可以发挥过山瑶年轻一代的积极性，去伪存真，去粗取精，辩证地传承过山瑶传统文化。

2. 充分发挥过山瑶文化传承人的表率作用

随着瑶胞教育程度的提高，乳源县涌现出一批具有较高文化水平、既懂传统文化又长于现代文化的人才，有些还在乳源县各个政府职能部门从事管理工作。20 世纪八九十年代，这些人通过挖掘瑶山古籍、整理民间孤本残篇，为乳源过山瑶的历史文化、宗教文化积累了丰富的第一手资料。在未来乳源瑶族文化传承过程中，应该着力强化这些人才的表率作用。

笔者认为，应该将现有的乳源瑶族协会、世界过山瑶传统文化研究会、各类瑶族文化活动传习所作为瑶族文化传承的平台和基地，集聚各类瑶族文化精英，通过开办学术讲座、技能传习班、对外学术交流以及其他形式的活动，将各种实践活动常态化，以调动这些瑶族文化精英的积极性与创造力。

3. 各职能部门继续完善传承模式

职能部门作为文化传承的资金提供者、政策制定者、法律保障者，其态度将直接影响过山瑶传统文化传承的空间。职能部门高度重视瑶族文化的传承与发展，并做好顶层设计，普通瑶胞和群众才能做好具体实际的传承工作。乳源县已经探索出适合过山瑶传统文化传承的模式，下一步就是盘活资源，群策群力，将这些传承模式的效用最大化。

4. 普通瑶胞身体力行

文化传承的关键还是人，过山瑶传统文化与生活高度融合的特征，使其拥有坚实的群众基础。瑶胞要坚守文化自信和民族自信，在日常生活中不忘民族身份，经常回顾瑶族文化知识，操作瑶族文化技能，参与瑶族文化活动，关注瑶族文化发展动向。

5. 非瑶族群众积极参与文化传承活动

文化只有民族之别而无优劣之分，中华文化璀璨多姿，在于它凝聚了五十六个民族文化的精华。所以，汉族也好，瑶族也罢，都要以包容、开放的心态来传承本民族文化、欣赏其他民族文化，做到"各美其美，美美与共"。

二 做好"过山瑶之乡"文化品牌的传播与维护

1. 提炼"过山瑶之乡"文化品牌的内涵

充分利用乳源县这一特殊地理空间,对于过山瑶独特的文化内涵和情感识别进一步挖掘。

2. 创建并完善典型性文化标识

文化标识对于特定民族文化和区域文化而言,具有"醒目标识、提高认知、营造氛围、便于识记"的作用。笔者觉得,下一步应该在城市基础设施建设和新旧瑶族村落改造过程中,加强瑶族文化符号的标识性建设工作。例如,现有的乳源县城的过山瑶传统文化风情街应该成为集中展示瑶族文化的标志性街道,在外观呈现和经营内容上都不能流于常规。世界过山瑶民族风情园的园区也要重新规划,合理安排不同文化建筑与机构的功能,并实现优势互补。未来将要展开的多个瑶族文化展馆、文化交流中心等规划项目,要做好视觉识别系统(Visual Identity)设计。必背镇政府应该集资,对瑶族主要姓氏的进山祖坟冢进行修缮,并铺设供国内外过山瑶同胞返乡祭祀之用的车道。笔者在进出瑶山村寨时,切身体会到瑶山道路的艰险难行,而据说进山祖的坟冢离现有的盘山公路还有一段路程,如果不改善当地的交通条件,那么,寻根问祖之旅对于国内外过山瑶而言,就很难成为一段愉快的旅程。

另外,在现有家谱普查的基础上,可在瑶区交通相对便利的地方修建主要瑶族姓氏的祠堂,并安排专人维护管理。"一座祠堂,就像一位母亲,虽历尽沧桑,却总是天下儿女向往的地方……祠堂祭祖,已然成为血脉汇聚、增进感情、精神认同的家族功课和不忘根系、感恩思孝、端行修德的人生功课……祠堂在,祭如在。祭如在,倍思亲。祭如在,一切在。"[①] 过山瑶在迁徙历史中祭祀祖先是不建祠堂的,但是今天的过山瑶早已远离旧时朝不保夕、颠沛流离的生活。笔

---

① 周伟:《进得祠堂》,《人民日报》2016年9月5日第6版。

者认为，通过借鉴汉族修建宗祠的方式，不仅可以祭祀祖先，为后辈建立一个心灵寄托之所，更能通过标志性建筑来增强国内外同姓氏过山瑶的情感联系。它和族谱一样，可以成为一根情感纽带。

三 搭建"立体多元"文化传统体系

1. 深挖过山瑶传统文化的内容与内涵

（1）充实文化内容、深挖文化内涵。在历史文化层面，可以从主动构建本民族历史、本民族历史与乳源地区甚至岭南地区瑶山开发史之关联性的角度，重新看待瑶族的历史文化。在瑶族技艺层面，应该重新挖掘瑶绣不同绣纹背后的内涵以及不同绣片构图配色与瑶族独特生产生活方式之间的对应关系。

关于瑶歌，应该按照歌词内容所反映的主旨分类整理，而且，瑶歌有很多对于特定农业生产和农作物生长、农产品制作的技艺的吟唱与描写。瑶歌看起来古朴传统，但是生产技能对今天的乡土农业依然有帮助。可以重点提炼与推广。如"歌春""歌新"反映水稻生产，"粟米出世"反映旱粮生产，"歌苎"反映苎麻的种植，"油麻出世"反映油麻生产。另外，"劝酒""劝豆腐""采茶""歌果"等歌曲，都传递了瑶族传统的农业生产情况，这些涉及瑶族传统农业生产技艺的歌词，今天仍旧有一定生产借鉴意义，也可以为后人研究传统瑶族社会的农业状况提供佐证，因此在整理归纳过程中应该突出此项内容。

（2）分清文化的主流与支流，正本清源。过山瑶的刀耕火种生产方式、信鬼重巫的精神生活等与时代脱节的东西，作为文化支流可以自然淡化，重点突出其特有的祭祀文化，尤其是祖先崇拜、自然崇拜中的积极性元素。

祭祖既是对先祖创造本宗族、本民族历史的尊重，也是警戒后人不忘先祖优良传统与美德，祈望后人前程远大的一种体现。在中华民族祖先崇拜被西方文化冲淡的大背景下，乳源瑶族保存完好的祭祀文化可以起到重塑民族精神信仰、凝聚民族力量的作用。关于具体的实施形式，瑶族的祖先是盘瓠，那么上至最高级别的盘王殿，下到各大姓氏的进山公墓以及祠堂,就要凸显其"精神标签"的作用。

2. 完善现有的文化传承方式

(1) 教育式传承的完善思路。第一,探索过山瑶传统文化与官方教学课程的有效融合方式。让瑶族文化课程既不影响学生升学就业考试的正常学习进度,又能体现地域特色及民族特色。尤其是基础教育阶段,单独开设民族文化兴趣课堂未必是最佳选择,毕竟这些内容对于非民族学生容易产生逆反心理,对本民族学生又难以产生吸引力,且所学内容在现有升学压力和考评体系下并不能为学生带来实质性优势与好处,比如特长加分等,所以推广起来有难度。不如将内容融入常规对应课程中,这样既不占课时,又能丰富常规课本内容体系,一举两得。

第二,探索扩大瑶族文化普及面的有效举措。笔者建议,通过做好地方性文化课程建设,借助行政力量推行地方性文化教育。教育局可以牵头组织专家学者、教育工作者和学生代表,规划一套可行性强的乳源县特色文化教育课程(内容可以按专题来设置)。借鉴全国范围内的"开学第一课",在全县各学校开展地方性文化课程开学第一课、每周一课,举办地方性文化课程专题讲座、地方性文化课程演讲比赛、地方性文化课程技能竞赛等常规性课程活动。这些课程与参与性强的活动,既没有干扰正常教学安排,又没有凸显瑶族文化的特殊性,能兼顾乳源县的地域特色及学生主观能动性的发挥。

第三,通过多种形式增加文化普及面。各中小学及高职高专、大学等教学机构的文化宣传栏、宣传墙、班级黑板等固体静态的展示平台,应该被充分利用起来,成为瑶族文化进校园的一个前沿阵地。乳源县境内的学校可以在宣传栏、外墙宣传装饰、班级黑板、校园网站、校园广播等校内宣传平台上常设"乳源过山瑶传统文化"板块,定期更新宣传内容,积极传播过山瑶传统文化。

ZTJ(男,40岁,瑶族,乳源县民族实验学校管理人员):2014年以后,我们学校开始根据县里要求,划片招生,学生就不都是民族学生。目前我们全校学生中只有30%的人是民族学生,我们成了瑶族学生人数不占优势的学校。学生也不都是全日制寄宿,大部分是走读生。

我认为,传承瑶族文化最好是将瑶族通识教育与学校常规课程内容进行整合。比如在历史课上加入各个历史发展阶段瑶族的历史比重;在语文课上加入瑶族民间故事、瑶族文学的内容;在音乐课上选择性教唱与当代生活有关的瑶歌,农业歌曲、情歌都可以;在劳动课上教学生们刺绣、酿苦爽酒。另外,可以印发瑶族基本文史常识的小册子,师生人手一本,让各族都了解乳源瑶族的文化来源和特点,让其他民族的人知道,瑶族文化和各族文化一样,都是中华文化的重要组成部分。

(2) 开发式传承的完善思路。笔者认为,要充分借助乳源县内外其他民族(主要是汉族)的力量,充分调动非瑶区的旅游资源,并做好捆绑营销、借力营销等工作,才能为发展瑶区文化旅游事业提供动力与支持。主要有以下三个方面。

第一,跳出独立开发瑶区旅游的局限,主动融入乳源旅游大蓝图。具体来说,就是打破乳源瑶族文化与南岭生态旅游文化、宗教文化之间的壁垒,打破特色村寨旅游与瑶山旅游的壁垒,打破广东三个瑶族自治县各自为政的壁垒。

第二,统筹规划,开发特色瑶族文化旅游线路及旅游项目。可以结合特色村寨打造过山瑶之乡文化品牌。在瑶山村寨看原生态的瑶族传统文化,包括传统民居、瑶族歌舞、瑶家乐、体验秀等。内容采用实地民族文化村模式,"它以保护和挖掘民族文化的内涵、全面展示民俗风情的各个侧面为主要目的,以良好生态环境和原汁原味的民风民俗吸引旅游者"[①]。

发展模式可以借鉴西江千户苗寨。西江千户苗寨采取的文化传承与

[①] 田敏、撒露莎、邓小艳:《民族旅游开发与民族村寨文化保护传承比较研究》,《广西民族大学学报》(哲学社会科学版) 2012 年第 5 期,第 36—40 页。

旅游开发模式经历了由"政府+农户"到"政府+公司+农户"模式的转变。在这一模式中,"政府是负责基础设施改造和宣传推介的主体和文化展演的导演,而村民是负责民族文化的保护、传承和旅游展演的主体。千户苗寨是原生态的大剧场。这一旅游展演机制在很大程度上改善了当地社会的经济状况,有时甚至成为一种扶贫开发的方式"①。

在瑶族新村领略现代化的瑶族文化,比如创新性民俗展览、高端绣品制作与展示、瑶族非物质文化遗产的集中展演。发展模式可以借鉴陕南村落新农村建设模式。该模式提出,以村落传统建筑环境风貌的文化特征和与村落环境相关的非物质文化遗产及遗存作为文化传承的主要内容,以构建新农村建设、村落传统建筑环境和非物质文化遗产三者之间新的共生关系作为新农村建设文化传承的基本策略。在实践操作层面,该模式提出了"博物馆化整体空间保护、生活化文化场景延续和再现性文化场景创建等共生性建设模式"②。新型瑶族村寨可以参考这个模式,结合实际情况进行自我规划和文化保护。

瑶山旅游项目可以包括瑶山特色村寨体验游(食宿、过山瑶民俗展览体验游历史系列、民俗互动项目、刺绣与歌舞等技能体验项目)、瑶山生态游(杨溪河漂流、泛舟项目、瑶山野生草药园、瑶山野味品鉴项目)、瑶山瑶药保健理疗游(建立瑶区瑶药理疗室,开发瑶药汗蒸、药浴、美容、腰椎颈肩理疗等项目)。这些旅游项目同时可以带动瑶绣制品、瑶山草药等衍生产品的开发空间,最大限度地发掘瑶山资源,同时,在瑶山建立药材种植园,也可以避免因为瑶胞外迁造成的林地丢荒的窘境。

第三,打造瑶族特色文化旅游商品市场。关于旅游市场的开发,游客除了实地领略异域风情、浏览民族风貌、体验地域文化外,购买当地文化产品赠送亲朋或者留作纪念也是司空见惯之事。目前,全国范围内

---

① 杨柳:《民族旅游发展中的展演机制研究——以贵州西江千户苗寨为例》,《湖北民族学院学报》(哲学社会科学版)2010年第4期,第39—44页。
② 张鸽娟:《陕南新农村建设的文化传承研究》,博士学位论文,西安建筑科技大学,2011年,第89页。

的旅游市场都存在着旅游纪念品同质化、机械化、低端化的问题。本应该具有排他性、识别性的特色民族文化旅游纪念品,却成为低廉、雷同甚至劣质、低俗的文化鸡肋。

笔者建议,针对乳源瑶族非遗项目的手工制作特色,旅游市场必须放弃低端的旅游纪念品开发套路,走高端定制旅游商品开发路线。且所推出的旅游产品不一定拘泥于传统样式,而要注重其文化内涵的挖掘与形式的创新,要在保持传统与适应时代之间找到平衡。"就单个的文化旅游产品而言,要立足核心内涵进行传统文化元素的挖掘、移植和新的文化符号的构建。必须在把握这个精髓和内核的基础上,进行创意策划,再合理配置,融合各种文化元素,将独特的民族文化符号在新的语境中进行重新编码,做到'形散而神不散',才能使打造出来的旅游产品让游客获得精神的满足与文化的提携,也才能充分体现和实现旅游开发与文化保护和传承的双重目的。"①

邓菊花(女,65岁,瑶族,国家级非遗项目瑶族刺绣国家级传承人):我觉得瑶绣要传承下去,首先是要创新。2010年制作的"南岭瑶歌百米瑶族风情长卷",我也是做了很多创新,在同一幅瑶绣上,将乳源东边瑶和西边瑶的刺绣特点融合在一起,并且打破原来同一幅绣品、同一种纹样只能用同一颜色和大小相同的规则。现在,我们的绣品纹样搭配更加灵活,而且可以根据客人的需要绣出好的产品。我觉得国家要做好这项非遗项目的定位和设计工作。比如国家做好四级传承人的认定工作,认定之后要有专门的资格证书和资金扶持,让他们能安心传承这项技艺。

其次是规定各级传承人需要绣多少幅作品,最好是给每个级别的作品都颁发证书,国家非遗中心要成立专门的机构来回收、认定这些绣品,盖章定等级。买家购买或者收藏这幅作品,才能提高绣

---

① 田敏、撒露莎、邓小艳:《民族旅游开发与民族村寨文化保护传承比较研究》,《广西民族大学学报》(哲学社会科学版)2012年第5期,第36—40页。

品的经济价值,也能确认绣品的独有性,不让市场上那些劣质品或者机绣品与这些非遗作品混淆。卖这些绣品的钱不属于绣娘,而是归给国家,国家再将它们投入对传承人的资金扶持中来,以绣养绣,无形中也养活了这种刺绣文化。

(3)非遗传承的完善思路。第一,完善非遗档案建设及管理工作。除了传统的纸质文档建设工作外,建设口述历史影音档案馆也是迫在眉睫。其实,从20世纪80年代起,我国就与国际史学界接轨,开始重视口述历史的研究及其方法的使用。从非遗保护这一层面看,为了响应联合国教科文组织1997年实施的"人类口头(口传)及非物质文化遗产代表作公告"项目,我国于2002年5月启动了"抢救和保护中国人类口头(口传)和非物质遗产工程",出版了多种口述历史的专题书籍,大众传媒纷纷推出以口述历史为特色的栏目,如中央电视台的《大家》和凤凰卫视的《口述历史》[①]。

乳源非遗项目传承人年龄普遍偏大,所传非遗项目以技能展示为主,通过对其传承文化技能的完整录像,配合其深度访谈等录音录像资料的储备,可以最大限度地还原当事人对非遗项目的理解与呈现。比如拜盘王,可以录制整个仪式流程,同时穿插传承人对其仪式意义的解说以及瑶学专家对拜盘王仪式的文化学、民族学讲解等。在非遗传承人的口述历史中,包含了当事人对所传非遗项目的独特见解以及个人与项目之间的独特记忆。

"记忆又堪称最为珍贵的资源,在它看似琐碎、平淡、片面的表象之下,埋藏着前人留给我们的无形财富。""个人记忆不仅能提供公共历史信息,还能提供个人情感经历、社会关系、语言特性、个性心理乃至记忆方式、记忆能力、表述方式和能力等多方面的信息。个人记忆可以丰富人类生活的数据信息库,是重要的人类非物质文化遗产。"[②]

---

① 王景高:《口述历史与口述档案》,《档案学研究》2008年第2期,第3—8页。
② 陈默:《口述历史:个人记忆与人类个体记忆库》,《当代电影》2012年第11期,第87—96页。

第二，加强传承人及其徒弟的培训。各级非遗传承人不但有身体力行传续项目的义务与职责，更是乳源瑶族文化的形象大使和宣传大使。笔者建议，县非遗中心针对每项非遗研究写出一套解说词，最好邀请瑶学专家、瑶族民俗专家和民间行家三方，共同商定解说词内容。同时，集中各级非遗传承人，统一培训，教授其针对不同宣传场合应该如何更好地宣传本项非遗项目。

第三，出台非遗管理专项条例。针对各种管理对象不明确、管理条例不完备、考核目标不明确、准入退出机制不健全等问题，在遵守国家非遗管理条例的前提下，出台地方性、操作性强的管理条例，做到专人专岗、专项资金、有据可依、管理规范。

（4）民间传承的完善思路。瑶族文化起源、兴盛于民间，也变迁于民间。广大瑶胞既是瑶族文化的创造者、使用者，更是瑶族文化的发扬者、传承者，瑶胞是传承瑶族文化的主力军。

第一，职能部门应当重视对民间瑶族文化能人及爱好者的联系与管理工作。就民族文化的现状而言，政府主导型保护方式是切实有效也是符合实际的民族文化传承方式。但是，仅仅靠政府自上而下地保护与传承，难以做到事半功倍。事实证明，尽管乳源瑶族总人口不多，但散落民间的文化能人巧匠以及瑶族文化谙熟者、爱好者不在少数，毕竟瑶族文化源于民间日常生活，瑶胞自小耳濡目染、身体力行，或多或少都对其有一定认知和掌握。

笔者建议，通过职能部门牵头，组成民间文化普查小组，走村串寨，彻底摸清130多个瑶族自然村的文化传承情况，对各个村寨的文化能人进行建档管理，适当给予经济奖励或者精神鼓励，让其成为该村瑶族文化的传承带头人。加强日常的互联互通，让其成为政府在民间的文化政策的宣传者以及民间文化的政府代言人。

第二，建立村寨文化站、民族文化传承协会等民间组织，将新农村文化建设与瑶族文化传承工作有机融合。前文提及，移民村城镇化对瑶族传统文化造成了不小的冲击。但是，瑶族新村也因为村容村貌和经济生活质量的显著提升而成为新农村建设的新型示范点，如三个特色村寨。笔者通过调研发现，瑶族村寨普遍存在着基层文化组织及设施不健全的问题，很多村寨没有专门的文化站。即使有的村寨设有农民读书屋、文化站等基层文化组织，也处于半瘫痪状态，没有充分发挥其文化宣传与传播的功能。民间自发组织的瑶族歌舞表演队、瑶族文化传承协会这样的群众组织，工作效率不高。

笔者建议，各个村寨或者毗邻的几个村寨可以建立民间的文化组织和基站，调动村寨文化能人的带头示范作用，利用瑶族特有的民间节庆活动，激发群众广泛参与瑶族文化活动的热情，从而实现移民新村文化建设和瑶族文化传承双丰收的双赢局面。

第五章

结　　语

第一节　过山瑶传统文化未来的发展趋势

过山瑶传统文化自古及今都是维系过山瑶精神凝聚力与民族自尊心的重要纽带。"作为一种行为模式（包括制度规范、认知模式、情感模式、心理模式乃至审美模式等）的民族文化……它沟通调解民族群体与生境（自然、外族）、民族社会群体内部、民族个体与社会等的多重关系，并塑造着民族社会的理想人格，为个体提供民族归属感、幸福感和心理上的依托。"[①] 民族文化的核心联系着民族的深层次心态结构和认同意识，同时也解构着这深层次心态与意识。伤害了它，便伤害了民族；取消了它，便取消了民族。

过山瑶的文化不是一个僵死的、亘古不变的文化形态。文化的变迁是民族文化主动适应现代社会环境而发生的演变，是民族文化在现代社会获得生存与发展的重要途径。过山瑶的传统文化在遭遇其他类型的文化后，必然会在新的冲突和融合中获得新的发展，并逐步整合为新的过山瑶传统文化。

对于文化的传承与保护，追求相对的原生态无可厚非，但同时也要注重其内在所具有的发展和变异的诉求。这种变异和发展应该遵循其自

[①] 施惟达：《文化与经济：民族文化与产业化发展》，云南大学出版社2011年版，第4页。

身的发展轨迹和文化逻辑,即文化主体的认同和当代价值的选择。"任何变迁过程必定是他过去的经验、他对目前形势的了解以及他对未来结果的期望的一种。"① 过山瑶同胞通过把坚持弘扬优秀的民族文化传统和积极学习其他民族文化以及人类一切文明成果结合在一起,建构和整合了本民族文化新的生命意义。这是为民族文化的生存发展而做出的明智选择②。

笔者认为,乳源过山瑶传统文化是变中求稳、与时俱进的一种文化形态。其"变"表现在自我调适性上。调适是指文化传承随着人类文化发展和变化做出相应的调整,以适应文化内在发展与变化规律。"变化所采取的最常见的方式便是适应,即持续、细致地对据认为是传承而来的普遍经验与传承的方式进行调整。"③ 过山瑶历史上长期过着颠沛迁徙的生活,所到之地跨江过河,翻山越岭,甚至跨越洲际,遍及四海。其所到之处自然环境不同,民族关系各异,经济制度、文化类型差别明显,因此,过山瑶的服饰、语言使用、饮食习惯、居住条件等都有所改变,在兼顾本民族特性的同时,又能尽快适应迁居地的环境。例如,乳源过山瑶同时会说几种官方语言和方言,有瑶话、客家话、粤语、普通话等。过山瑶能巧妙地利用生存地的自然社会条件,在传承主体、传承场域和传承方式上做出积极调整,以承袭其传统文化,在保存过去经验的过程中,以不割裂传统的方式做出调整以适应新的环境,这体现出过山瑶淳朴而灵活的生存智慧。

其"稳"则体现在过山瑶文化的传承性与恒定性之上。无论过山瑶迁居或者定居何地,其崇宗祭祖的意识和互助团结精神以及对自己"盘瓠后裔、王瑶子孙"的身份认同都没有变化过。这些构成了过山瑶牢固的集体记忆。按照哈布瓦赫的理论,集体记忆具有双重性质,它既

---

① 费孝通:《江村经济:中国农民的生活》,商务印书馆2001年版,第21页。
② 赵世林:《云南少数民族文化产业与文化传承机制研究》,民族出版社2010年版,第213页。
③ [美]华勒斯坦等:《开放的社会科学:重建社会科学报告书》,刘锋译,生活·读书·新知三联书店1997年版,第53页。

是一种物质客体、物质现实，比如一尊塑像（如过山瑶的盘王像）、一座纪念碑（如盘王殿）、空间中的一个地点（如进山祖坟冢），又是一种象征符号（如瑶族先祖盘瓠是无私救国救难的英雄），或者某种具有精神含义的东西，某种附着于并被强加在这种物质现实之上的群体共享的东西[①]。

过山瑶通过不断创新表现形式来歌颂盘瓠、祭祀先祖，通过《过山榜》来见证身份，通过瑶歌来交流情感、互述衷肠，通过家先单、盘王庙凝聚民族情感，通过各种社会实践活动来构筑个人记忆，同时强化集体记忆。笔者认为，未来即使过山瑶传统文化会面临更多元的冲击，只要瑶胞坚定信心，主动传承其文化，它还是有生命力的，过山瑶传统文化还会延续下去。

第二节　过山瑶传统文化传承的当代启示

本书详细梳理了乳源过山瑶传统文化发展与传承的过程，总结提炼了过山瑶传统文化传承所使用的几种模式。乳源过山瑶传统文化传承的主要模式是民间传承，中华人民共和国成立后，官方传承模式和市场化模式也发挥了一定作用。从国内文化整体发展层面看，在少数民族文化整体式微、许多民族消极对待本族文化失落局面时，过山瑶却勇敢面对各种冲击，积极、主动进行文化调适，去其糟粕，取其精华，坚守本民族优秀传统文化。

通过对乳源过山瑶传统文化传承过程的历史考察与现实研究，笔者得到的启示主要有以下几点。

1. 坚守根本，文化自觉

"民族的基本精神是在长期的历史进程和积淀中形成的民族意识、民族文化、民族性格、民族宗教、民族价值观念和追求等共同特质，是

---

① ［法］莫里斯·哈布瓦赫：《论集体记忆》，毕然、郭金华译，上海人民出版社2002年版，第335页。

一个民族生命力、创造力和凝聚力的集中体现,是一个民族赖以生存的核心和灵魂,是一个民族的识别性特征。"[1] 对于乳源过山瑶而言,其民族文化中的基本精神,就是对祖先的崇拜及其仪式感强、内涵丰富的祭祀文化。"各个成员通过对共同民族文化传统的认同,尤其是其中价值观和自识感的认同,形成一种强烈的对群体的忠诚、依附和归属感,自觉成为维护传统和秩序的一分子;这种情感最终又演化成一种对同一传统遵从与维护的持久力量。"[2]

尽管因为各种主客观原因,过山瑶对盘瓠崇拜以及祭祀文化的理解和坚守有所改变,但是,从官方到民间一直没有放弃以盘瓠为文化内核及精神符号来重振祭祀文化在过山瑶同胞尤其是新生代瑶胞心中的文化地位。过山瑶对本族文化的认同,是保护民族文化遗产的坚不可摧的有力屏障。因此,在当下及未来的文化传承中,一定要保持其文化基本特色,并保有文化自信与自觉。

2. 借助外力,抓住机遇

乳源过山瑶传统文化传承面临区别于其他瑶族支系的特殊环境及困境。首先,传承主体总数少,居住分散,难以形成规模效应;且其传承主体中精英阶层人数更少,民间力量青黄不接,文化话语权少,主体实力不强。其次,半个多世纪的生活环境、生存环境的变迁,让传统的文化传承场域毁损殆尽,现有新造的传承场域与传统过山瑶同胞的心理接近性有待提高(如盘瓠大殿、过山瑶传统文化广场等并没有被过山瑶同胞充分利用)。最后,乳源瑶族自治县地处粤北山区,经济相对发展滞后,虽然是少数民族自治县,却不能像云南等地区那样享受到国家以及本省给予的更多政策优惠与资金支持,这让过山瑶传统文化传承面临捉襟见肘的局面。因此,单靠调动其民族本身的内生动力,难以承担民族文化传承这项浩繁而长期的任务。

笔者建议,过山瑶传统文化的传承要有"依靠外力、借力起飞"

---

[1] 魏国彬:《少数民族电影学的理论建构》,云南大学出版社2011年版,第99页。
[2] 费孝通:《简述我的民族研究经历和思考》,《北京大学学报》(哲学社会科学版)1997年第2期,第5—13页。

的发展思路。这个外力来自两个层面。

第一，借助其他民族的力量。事实上，通过对相关史料的研读，笔者发现，过山瑶传统文化承袭与传播过程中一直存在着借力的史实。作为无文字民族，在过山瑶历史上，师爷群体借助汉字并在此基础上创造出特有的土俗字，对本民族文化和历史进行记录。中南民族大学何红一老师对美国国家图书馆馆藏瑶族文献做过系统研究与梳理，发现了很多年代久远的瑶族珍贵文献资料，即可作为佐证[①]。另外，历代官方及民间史书、志略、诗歌中对过山瑶生活、习俗、历史等的记录，哪怕只言片语，都为我们了解与还原瑶族文化及其历史变迁提供了重要的资料。

尽管作为无文字话语权的民族，其历史需借助汉字来书写，但是，"他者书写也是无文字民族文化信息保存和记录的一种方式"[②]。19世纪末以来，乳源瑶区吸引了许多人类学、民族学者的关注，瑶胞对学者们的学术调研给了极大的支持，无论是作为向导为其指引路径，还是作为被调查者配合相关调研。借助学者们的视角与笔触来记录过山瑶胞的真情实感与现实生活，客观上也是对本族文化的一种传承与传播。这种借力形式多样，且延续至今。乳源县主体人口是汉族，来乳源县文化旅游的也多是汉族等其他民族游客。瑶胞如果能将上文提及的举措切实落实到位，那么汉族等其他兄弟民族同胞一定会为过山瑶传统文化的魅力所折服，并投入到文化传承及文化旅游事业中来。

第二，其他瑶族支系和海外过山瑶同胞的力量。广东三个瑶族自治县中存在着不同的瑶族支系，省外其他省份的瑶族支系更多，但是整个瑶族群体中，勉瑶占了近七成。虽然勉瑶支系内部因地缘而有细微区别，但是他们共同承认"盘瓠"这一文化符号。目前，乳源县世界过山瑶博物馆中的盘瓠坐像是全国最雄伟的。笔者建议，县政府可以联合所有勉瑶支系，以此地为基地，举行大型的盘瓠祭祀大典，并争取各级媒体的关注，从而将过山瑶祭祀文化品牌的传播效果最大化。海外过山

---

① 何红一：《美国国会图书馆藏瑶族写本及俗字举例》，《民族研究》2013年第1期。
② 罗正副：《调适与演进：无文字民族文化传播——以布依族为例的研究》，博士学位论文，厦门大学，2009年，第230页。

瑶同胞则可以成为对外文化宣传与传承的大使，同时成为助力乳源过山瑶寻根旅游的重要力量。此外，借助便捷的沟通方式、搭建与海外过山瑶群体的沟通平台、拓展过山瑶传统文化的海外影响力也是势在必行。

3. 坚守传统，与时俱进

从历史考察中可以看到，20 世纪 80 年代中后期之前，过山瑶传统文化的传承主要还是以民间模式为主。民间传承模式具有灵活便捷、易于操作、适应性强的特点，自古及今都是瑶胞们喜爱的传承模式。现当代以来，过山瑶传统文化受到多种因素的影响与冲击，文化的传承方式呈现多元化，民间传承模式不再是文化传承的唯一选择。不过，自由灵活的民间传承方式以及它对家庭、社区、文化传习所、盘王庙以及进山祖坟冢这些传承场域的充分利用，是具有现实可行性的。因此，民族文化的传承要充分利用历史上有效传承的经验，继续发挥传统传承机制的作用。另外，文化的传承是一个动态的过程，实践证明，根据文化所处的具体环境，对其传承者、传承模式与场域做出积极调整以适应文化发展及变化的需要，才是符合文化传承规律的正确举措。

在传统社会中，过山瑶生存环境的相对封闭以及社会内部组织结构、族群关系的相对单一性，使得过山瑶传统文化自然存续，自成一体。在某种程度上讲，在乳源瑶山，过山瑶传统文化是一个独立的文化圈，在这个封闭的文化生态中，瑶胞按照自己的方式生存发展，迁徙繁衍，不用考虑文化的传承问题，更无须担忧外来文化对本族文化的侵袭与影响。而当过山瑶进入现代社会后，随着新的文化传入，强势文化的浸润已成事实。回避、漠视都不现实，只有认清形势，积极发挥主动性，在强烈的民族和文化认同基础上，对本民族文化及其传承进行重新认知、调适，在大的文化生态圈中找准自己的定位，凸显自己的文化特色，明确定义本族文化的内涵，才能实现与其他文化样式的和平相处，达到费孝通先生所言的"各美其美，美美与共"。

参考文献

一 档案资料

[1] 广东省地方史志编纂委员会：《广东省志·少数民族志》，广东人民出版社2000年版。

[2] 广西壮族自治区编辑组：《广西瑶族社会历史调查》，民族出版社2009年版。

[3] 黄钰：《评皇券牒集编》，广西人民出版社1990年版。

[4] 刘耀荃、李默：《乳源瑶族调查资料》，广东省社会科学院出版社1986年版。

[5] 乳源瑶族志编纂小组：《乳源瑶族志》，广东人民出版社2000年版。

[6] 乳源瑶族自治县档案局、县史志办：《乳源瑶族自治县历届政府工作报告汇编（1963—2013）》，乳源县档案局2014年刊印。

[7] 乳源瑶族自治县县志编委会：《乳源县志》（清康熙二十六年点注本），1997年版。

[8] 乳源瑶族自治县地方志编纂委员会：《乳源瑶族自治县志（1990—2003）》，中华书局2004年版。

[9] 乳源瑶族自治县概况编写组：《乳源瑶族自治县概况》，民族出版社2008年版。

[10]《中国少数民族社会历史调查资料丛刊》修订编辑委员会：《瑶族〈过山榜〉选编》，民族出版社2009年版。

二　学术著作

［1］Francis L. K., *Under the Ancestors' Shadow*：*Chinese Culture and Personality*, London：Routledge & Kegan Paul Limited, 1949.

［2］Edmund Leach, *Political Systems of Highl and Buema*：*A Study of Kachin and Structure*, London：London Shool of Economics and Political Science, 1954.

［3］Maurice Freedman, *Lineage Organization in Southeastern China*, Athlone Press, 1958.

［4］Marshall Sahlins, *The Use and Abuse of Biology*：*An Anthropological Criticals of Sociology*, Ann Arbor：University of Michigan Press, 1976.

［5］Yunxiang Yan, *The Flow of Gifts*：*Reciprocity and Social Networks in Chinese Village*, Standford University Press, 1996.

［6］David T. Graham and Nana K. Poku, *Migration*, *Globalization and Human Security*, New York：Routledge, 2000.

［7］《马克思恩格斯选集》，人民出版社1972年版。

［8］［加］马歇尔·麦克卢汉：《理解媒介：人体的延伸》，何道宽译，商务印书馆2001年版。

［9］［美］奥格本：《社会变迁》，王晓义、陈育国译，浙江人民出版社1989年版。

［10］［美］保罗·康纳顿：《社会如何记忆》，纳日碧力戈译，上海人民出版社2000年版。

［11］［美］丹尼尔·杰·切特罗姆：《传播媒介与美国人的思想》，曹静生、董艾禾译，中国广播电视出版社1991年版。

［12］［美］道格拉斯·凯尔纳：《媒体奇观》，史安斌译，清华大学出版社2003年版。

［13］［美］柯克·约翰逊：《电视与乡村社会变迁》，展明辉、张金玺

译，中国人民大学出版社2005年版。

[14]［美］克莱德·M.伍兹：《文化变迁》，何瑞福译，河北人民出版社1989年版。

[15]［美］克利福德·格尔茨：《文化的解释》，韩莉译，译林出版社2008年版。

[16]［美］罗伯特·列文：《时间地图：不同时代与民族对时间的不同解释》，范东生、许俊农译，安徽文艺出版社2000年版。

[17]［美］马歇尔·萨林斯：《文化与实践理性》，赵丙祥译，上海人民出版社2002年版。

[18]［美］曼纽尔·卡斯特：《认同的力量》，曹荣湘译，社会科学文献出版社2006年版。

[19]［美］史徒华：《文化变迁的理论》，张恭启译，远流出版社1989年版。

[20]［美］韦尔伯·施拉姆：《大众传媒与社会发展》，金燕宁译，华夏出版社1989年版。

[21]［美］约书亚·梅罗维茨：《消失的地域：电子媒介对社会行为的影响》，肖志军译，清华大学出版社2002年版。

[22]［美］朱利安·斯图尔德：《文化变迁论：多线性变革的方法》，谭卫华译，贵州人民出版社2013年版。

[23]［日］冈田宏二：《中国华南民族社会史研究》，赵令志、李德龙译，民族出版社2001年版。

[24]［日］白鸟芳郎：《东南亚山地民族志》，黄来钧译，东京出版社1978年版。

[25]［日］竹村卓二：《瑶族的历史和文化》，朱桂昌、金少萍译，广西民族学院民族研究所1986年版。

[26]［英］安东尼·吉登斯：《社会学》，李康译，北京大学出版社2003年版。

[27]［英］罗杰尔·西尔弗斯通：《电视与日常生活》，陶庆梅译，江苏人民出版社2004年版。

[28] [英] 马林诺夫斯基：《文化论》，费孝通译，中国民间文艺出版社1987年版。

[29] [英] 尼古拉斯·加汉姆：《解放·传媒·现代性》，李岚译，新华出版社2005年版。

[30] 《瑶族简史》编写组：《瑶族简史》，民族出版社2008年版。

[31] 费孝通：《江村经济：中国农民的生活》，商务印书馆2001版。

[32] 费孝通：《论文化与文化自觉》，群言出版社2007年版。

[33] 费孝通：《全球化与文化自觉——费孝通晚年文选》，外语教学与研究出版社2013年版。

[34] 奉恒高、何建强：《瑶族盘王祭祀大典：瑶族盘王节祭祀礼仪研究》，民族出版社2010年版。

[35] 奉恒高：《瑶族通史》（上、中、下册），民族出版社2007年版。

[36] 高其才：《习惯法的当代传承与弘扬——来自广西金秀的田野考察报告》，中国人民大学出版社2015年版。

[37] 高其才：《中国少数民族习惯法研究》，中国政法大学出版社2002年版。

[38] 胡铁强、陈敬胜：《族群记忆与文化认同　瑶族史诗〈盘王大歌〉的文化学解读》，湘潭大学出版社2012年版。

[39] 黄钰、黄方平：《国际瑶族概述》，广西人民出版社1993年版。

[40] 李本高：《瑶族〈评皇券牒〉研究》，岳麓书社1998年版。

[41] 李明合：《品牌传播创新与经典案例评析》，北京大学出版社2011年版。

[42] 李默、盘才万：《盘王歌》，广东人民出版社1990年版。

[43] 李默：《瑶族历史探究》，社会科学文献出版社2015年版。

[44] 李少梅：《过山瑶的乡缘：世界勉瑶（过山瑶）文化学术研讨会文集》，民族出版社2010年版。

[45] 李祥红、王孟义：《瑶族盘瓠龙犬图腾文化探究》，民族出版社2010年版。

[46] 李筱文、赵卫东：《过山瑶研究文集》，民族出版社2008年版。

[47] 练铭志：《岭南文库：广东民族关系史》，广东人民出版社 2014 年版。

[48] 练志铭、马建钊、朱洪：《广东民族关系史》，广东人民出版社 2003 年版。

[49] 林为民：《莫瑶的盘王神话传说与信仰》，中山大学出版社 2009 年版。

[50] 林耀华：《民族学通论》（修订本），中央民族大学出版社 1997 年版。

[51] 罗康隆：《文化适应与文化制衡》，民族出版社 2007 年版。

[52] 马翀炜、陈庆德：《民族文化资本化》，人民出版社 2004 年版。

[53] 孟繁华：《传媒与文化领导权——当代中国文化生产与文化认同》，山东教育出版社 2003 年版。

[54] 彭璧玉、董志强、曹宗平：《乳源模式》，民族出版社 2012 年版。

[55] 申凡：《传播媒介与社会发展——媒介功能理论研究》，人民出版社 2008 年版。

[56] 施惟达：《文化与经济：民族文化与产业化发展》，云南大学出版社 2011 年版。

[57] 司马云杰：《文化价值论》，安徽教育出版社 2011 年版。

[58] 王东甫、黄志辉：《粤北少数民族发展简史》，广东高等教育出版社 1998 年版。

[59] 王军、董艳：《民族文化传承与教育》，中央民族大学出版社 2007 年版。

[60] 王明生、王施力：《瑶族历史览要》，民族出版社 2005 年版。

[61] 吴飞、王学成：《传媒·文化·社会》，山东人民出版社 2006 年版。

[62] 吴飞：《火塘·教堂·电视——一个少数民族社区的社会传播网络研究》，光明日报出版社 2008 年版。

[63] 吴永章：《瑶族史》，四川民族出版社 1993 年版。

[64] 徐祖祥：《瑶族的文化历史》，云南民族出版社 2001 年版。

[65] 徐祖祥：《瑶族的宗教与社会：瑶族道教及其云南瑶族关系研究》，云南人民出版社2006年版。

[66] 杨成志等：《瑶族调查报告文集》，民族出版社2007年版。

[67] 张泽洪：《文化传播与仪式象征——中国西南少数民族宗教与道教祭祀仪式比较研究》，巴蜀书社2008年版。

[68] 赵良洲、庞源汉：《乳源历代旅游诗词联精选》，中国旅游出版社2013年版。

[69] 赵世林：《云南少数民族文化产业与文化传承机制研究》，民族出版社2010年版。

[70] 赵廷光：《论瑶族传统文化》，云南民族出版社1990年版。

[71] 周大鸣：《多元与共融——族群研究的理论与实践》，商务印书馆2011年版。

[72] 庄孔韶：《人类学通论》，山西教育出版社2007年版。

[73] 庄晓东：《网络传播与云南少数民族文化的现代建构》，科学出版社2010年版。

三 期刊论文

[1] ［泰］刘玉兰：《跨国瑶族家庭语言使用现状研究：以泰美刘家四代人为个案》，《民族论坛》2012年第4期。

[2] 白庚胜：《民间文化传承论》，《河南大学学报》（哲学社会科学版）2007年第1期。

[3] 曹能秀：《论民族文化传承与教育的关系》，《云南民族大学学报》（哲学社会科学版）2009年第5期。

[4] 岑贤安：《瑶族哲学思想探论》，《广西民族研究》1992年第1期。

[5] 查明华：《民族文化心理概念辨析——兼论民族心理学学科特性的显现》，《广西民族研究》2012年第1期。

[6] 陈冠梓：《近代瑶族社会控制研究》，《广西民族研究》1994年第2期。

[7] 陈默：《口述历史：个人记忆与人类个体记忆库》，《当代电影》2012 年第 11 期。

[8] 陈启新：《也谈乳源瑶族服饰上的刺绣图案》，《广西民族研究》1987 年第 3 期。

[9] 陈伟明：《明清时期岭南少数民族的婚俗文化》，《中国史研究》2000 年第 4 期。

[10] 段超：《中华优秀传统文化当代传承体系建构研究》，《中南民族大学学报》（人文社会科学版）2012 年第 2 期。

[11] 范宏贵：《瑶族从中国迁入越南浅谈》，《广西民族研究》1986 年第 4 期。

[12] 费孝通：《简述我的民族研究经历和思考》，《北京大学学报》（哲学社会科学版）1997 年第 2 期。

[13] 奉利、乔登、李庆福：《简论瑶族祭祀文化的特点》，《广西民族研究》2016 年第 2 期。

[14] 高捷、田敏：《民族旅游的困惑与选择》，《西南民族大学学报》（人文社会科学版）2009 年第 6 期。

[15] 高婕：《民族关键符号在旅游场域中功能的异化——以民族服饰为例》，《广西民族研究》2014 年第 1 期。

[16] 高其才、罗昶：《瑶族固有习惯法的现代价值——以"大瑶山团结公约"的议订为考察对象》，《人民论坛》2011 年第 17 期。

[17] 郭继承：《传承传统文化要作出两个回应》，《人民论坛》2011 年第 31 期。

[18] 郭继承：《对建构"中华优秀传统文化传承体系"的思考》，《北京教育》（高教版）2012 年第 5 期。

[19] 过宏雷：《乳源瑶绣旅游商品的开发前景与设计策略研究》，《装饰》2010 年第 3 期。

[20] 何海狮：《"家先单"与过山瑶的家屋社会》，《文化遗产》2013 年第 4 期。

[21] 何海狮：《家先观念与度身仪式——以粤北方洞过山瑶为例》，

《广西民族大学学报》（哲学社会科学版）2013年第5期。

[22] 何红一：《美国国会图书馆馆藏瑶族写本及俗字举例》，《民族研究》2013年第1期。

[23] 何忠志：《论瑶族非物质文化遗产的保护和传承》，《广西民族研究》2008年第2期。

[24] 和晓蓉：《民族非物质文化传承场及其维护与再造》，《思想战线》2009年第1期。

[25] 黄方平：《过山瑶棉支系还愿祭祖礼仪析异》，《广西民族研究》1993年第1期。

[26] 黄芬：《浅析广东粤北瑶族长鼓舞文化》，《文艺生活》2011年第6期。

[27] 黄福新：《湘桂粤毗邻地区瑶族民歌的节奏演变》，《民族艺术》1989年第3期。

[28] 黄海：《瑶族的跨国分布与国际瑶学》，《贵州民族研究》2001年第3期。

[29] 黄静华：《民俗艺人传承人界说》，《民俗研究》2010年第1期。

[30] 黄玲：《试论中国少数民族传统音乐文化的传承与保护——以瑶族为例》，《黑龙江民族丛刊》2008年第4期。

[31] 黄钰、俸代瑜：《瑶族传统节日文化》，《广西民族研究》1994年第4期。

[32] 江应樑：《瑶人之房屋与工具》，国立中山大学研究院文科研究所《民俗》（第一卷）1937年第3期（广东北江瑶人调查报告专号）。

[33] 姜又春：《民俗传承论》，《青海民族研究》2012年第3期。

[34] 黎洁仪：《旅游场域下乳源过山瑶刺绣艺术的文化嬗变》，《民族艺术》2001年第2期。

[35] 黎洁仪：《乳源过山瑶传统服饰刺绣纹样探析》，《装饰》2010年第3期。

[36] 黎洁仪：《乳源瑶族图腾崇拜纹样考》，《装饰》2011年第2期。

[37] 李本高:《瑶族"过山榜"的由来》,《广西民族研究》1992年第4期。

[38] 李本高:《瑶族文化心理结构探微》,《民族论坛》1992年第2期。

[39] 李力:《旅游地传统文化变迁与社会发展的矛盾解读——以广东乳源瑶族旅游发展为例》,《未来与发展》2009年第3期。

[40] 李筱文:《国外瑶族的分布与迁徙》,《民族论坛》1987年第4期。

[41] 李筱文:《粤西江流域瑶迁徙原因》,《广西民族学院学报》(哲学社会科学版)2002年第11期。

[42] 李学钧、马建钊:《瑶族盘瓠神话与渡海神话的象征意义》,《广西民族学院学报》(哲学社会科学版)1996年第1期。

[43] 刘锡诚:《传承与传承人论》,《河南教育学院学报》(哲学社会科学版)2006年第5期。

[44] 刘晓明:《论民族习惯法之社会功用》,《贵州民族研究》2004年第2期。

[45] 陆文东:《集体记忆和族群认同——以瑶族长鼓舞为考察对象》,《广西师范大学学报》(哲学社会科学版)2014年第2期。

[46] 罗正副:《调适与演进:无文字民族文化传承探析》,《中央民族大学学报》(哲学社会科学版)2012年第3期。

[47] 罗正副:《文化传承视域下的无文字民族非物质文化遗产保护省思》,《贵州社会科学》2008年第2期。

[48] 毛汉领:《保护瑶族乡村盘王节非物质文化遗产的意义和策略——以恭城瑶族自治县西岭乡新合村盘王节为例》,《广西民族大学学报》(哲学社会科学版)2011年第2期。

[49] 潘怡晗:《民族文化资源价值的生态民族学研究》,《广西社会主义学院学报》(哲学社会科学版)2011年第6期。

[50] 潘忠党:《传播媒介与文化:社会科学与人文科学研究的三个模式(上)》,《现代传播》1996年第4期。

[51] 盘朝月：《瑶族支系及其分布》，《贵州民族研究》1988年第1期。

[52] 盘福东：《瑶族迁徙与千家峒考说》，《长江文化论丛》1997年第1期。

[53] 盘桂青：《乳源非物质文化遗产传承与发展的思考》，《神州民俗》（学术版）2011年第4期。

[54] 盘桂青：《瑶族传统音乐与瑶族节庆文化传承的思考》，《神州民俗》（学术版）2014年第15期。

[55] 盘淼：《关于瑶族文化遗产保护的创新思考》，《黑龙江民族丛刊》2011年第4期。

[56] 庞新民：《两广瑶山调查（广东之部）》，国立北京大学中国民俗学会民俗丛书专号二《民俗篇》，1934年。

[57] 邱婧、王琴：《当代粤北过山瑶瑶歌变迁的文化人类学考察》，《中华文化论坛》2015年第12期。

[58] 邱婧：《"传统""传承"与日常生活——当代广东瑶歌发展模式研究》，《民族论坛》2016年第10期。

[59] 唐力：《瑶族民歌研究与创新应用》，《广西民族大学学报》（哲学社会科学版）2008年第5期。

[60] 田敏、撒露莎、邓小艳：《民族旅游开发与民族村寨文化保护传承比较研究》，《广西民族大学学报》（哲学社会科学版）2012年第5期。

[61] 田敏：《论民族旅游开发与民族特色村寨建设——以黔东南郎德苗寨为例》，《中南民族大学学报》（人文社会科学版）2016年第1期。

[62] 王朝林：《瑶族盘王大歌与民间信仰》，《中南民族大学学报》（人文社会科学版）2010年第4期。

[63] 王付欣、连易云：《论民族认同的概念及其层次》，《青海民族研究》2001年第1期。

[64] 王景高：《口述历史与口述档案》，《档案学研究》2008年第

2 期。

[65] 王漫:《江华瑶族民歌现状及其传承与保护研究》,《民族音乐》2015 年第 3 期。

[66] 王铭铭:《文化变迁与现代性的思考》,《民俗研究》1998 年第 1 期。

[67] 王希恩:《民族认同与民族意识》,《民族研究》1995 年第 5 期。

[68] 王兴瑞:《广东北江瑶人的经济社会》,国立中山大学研究院文科研究所《民俗》(第一卷)1937 年第 3 期(广东北江瑶人调查报告专号)。

[69] 王征国:《论建设优秀传统文化传承体系》,《贵州师范大学学报》(社会科学版)2012 年第 2 期。

[70] 翁晓华:《云南民间民俗的传承与发展》,《云南民族大学学报》(哲学社会科学版)2009 年第 3 期。

[71] 吴泽荣、盘小梅:《民族文化与新媒体的结合转化与创新发展——以瑶族盘王歌为例》,《黑龙江民族丛刊》2017 年第 2 期。

[72] 吴泽荣:《广东少数民族特色村寨保护与发展的现状与思考》,《黑龙江民族丛刊》2016 年第 2 期。

[73] 夏志前:《作为生活方式的宗教——以瑶族宗教研究问题为中心》,《广东技术师范学院学报》2005 年第 5 期。

[74] 谢青:《瑶族盘王节的传承与保护》,《中南民族大学学报》(人文社会科学版)2013 年第 3 期。

[75] 谢耀龙:《族群历史记忆的文本表达:瑶族〈过山榜〉的表征研究》,《青年文学家》2016 年第 26 期。

[76] 徐祖祥:《论闾山教对过山瑶道教的影响》,《西南民族大学学报》(人文社会科学版)2011 年第 8 期。

[77] 徐祖祥:《瑶传道教神祇体系特点初探》,《云南民族大学学报》(哲学社会科学版)2003 年第 5 期。

[78] 许文清:《广东瑶族婚俗》,《广东史志》2014 年第 4 期。

[79] 晏鲤波:《少数民族文化传承综论》,《思想战线》2007 年第

3期。

[80] 杨成志：《粤北乳源瑶人的人口问题》，《广东社会科学院学报》1986年第5期。

[81] 姚舜安：《瑶族迁徙之路的调查》，《民族研究》1988年第2期。

[82] 叶菁：《浅谈瑶族刺绣图案中的宗教色彩》，《民族艺术》1990年第4期。

[83] 叶永敏：《粤北瑶族服饰现状及装饰特点》，《丝绸》2011年第11期。

[84] 玉时阶：《民族传统节日文化及其传承与改革》，《中南民族大学学报》（人文社会科学版）1990年第1期。

[85] 玉时阶：《文化断裂与文化自觉：越南瑶族民间文献的保护与传承——以越南老街省沙巴县大坪乡撒祥村为例》，《世界民族》2010年第5期。

[86] 玉时阶：《瑶族进入越南的时间及其分布》，《社会科学战线》2013年第1期。

[87] 苑利：《非物质文化遗产传承人保护之忧》，《探索与争鸣》2007年第7期。

[88] 张福三：《论民间文化传承场》，《民族艺术研究》2004年第2期。

[89] 张冠梓：《关于国外瑶族的分布与变迁》，《民族研究》1995年第1期。

[90] 张金海、段淳林：《整合品牌传播的理论与实务探析》，《黑龙江社会科学》2008年第5期。

[91] 张录文、龙宇晓：《近三十年来国内学术界海外瑶族研究回顾与展望》，《民族论坛》2015年第2期。

[92] 张孝翠：《论仪式传播与参与主体性》，《国际新闻界》2009年第4期。

[93] 张有隽：《关于瑶族迁入越南的几个问题》，《广西民族研究》1996年第4期。

［94］张有隽：《瑶族向海外迁徙的原因、过程、方向和路线》，《广西民族学院学报》（哲学社会科学版）2009年第1期。

［95］张有隽：《越老泰缅各国瑶族人口分布、来源和称谓》，《广西民族学院学报》（哲学社会科学版）2005年第3期。

［96］赵斌：《贵州民族传统文化的传承》，《经济研究导刊》2011年第25期。

［97］赵炳林：《秩序与创新：粤北瑶族文化的现代困境与解决路径》，《黑龙江民族丛刊》2012年第3期。

［98］赵家旺：《民族心理·生态环境·政府行为：瑶族迁移的三大因素》，《广东民族学院学报》（社会科学版）1996年第3期。

［99］赵世林：《论文化传承的本质》，《北京大学学报》（哲学社会科学版）2002年第3期。

［100］赵世林：《民族文化的传承场》，《云南民族大学学报》（哲学社会科学版）1994年第1期。

［101］赵世林：《主客位语境下的民族文化遗产保护》，《云南社会科学》2008年第1期。

［102］周生来：《关于建立南岭地区瑶族文化生态保护区的思考》，《民族论坛》2013年第12期。

［103］周伟萌：《知识产权法视野下广西瑶族文化的传承与保护》，《法制与经济》2015年第1期。

［104］邹渊：《习惯法与少数民族习惯法》，《贵州民族研究》1997年第4期。

四 学位论文

［1］方晓红：《大众媒介与农村》，博士学位论文，南京师范大学，2002年。

［2］龙运荣：《大众传媒与民族社会文化变迁》，博士学位论文，中南民族大学，2011年。

[3] 许然:《文化的时空演化及其多样性与保护研究——以广东乳源瑶族文化为例》,博士学位论文,中山大学,2006年。

[4] 冯广圣:《桂村社会网络传播研究》,博士学位论文,华中科技大学,2012年。

[5] 郭建斌:《电视下乡:社会转型期大众传媒与少数民族社区——独龙江个案的民族志阐释》,博士学位论文,复旦大学,2003年。

[6] 李春霞:《电视与中国彝民生活——对一个彝族社区电视与生活关系的跨学科研究》,博士学位论文,四川大学,2005年。

[7] 罗正副:《调适与演进:无文字民族文化传承——以布依族为个案的研究》,博士学位论文,厦门大学,2009年。

[8] 司洪昌:《嵌入村庄的学校——仁村教育的历史人类学探究》,博士学位论文,华东师范大学,2006年。

[9] 张鸽娟:《陕南新农村建设的文化传承研究》,博士学位论文,西安建筑科技大学,2011年。

[10] [日]吉野晃:《泰国北部的优勉(瑶)的亲族组织及祖先祭祀相关的社会人类学研究》,博士学位论文,东京都立大学大学院,2006年。

后　　记

　　博士论文成稿之时，我的心情是百感交集！读博士于我而言，更像是一次自我新生的过程。2004年初夏，我还在享受公费研究生带来的喜悦时，一个更大的惊喜从天而降，我获得了武汉大学新闻学专业保送博士的机会。

　　自打读书以来，我都是那种资质不高、尚属勤勉的类型。苦读书而不是巧读书更能描述我的求学生涯，也塑造了我的求学之路——学历的每一步提升都需要刻苦努力，以弥补天分和能力的不足，那些轻松获得的机会是不会垂青于我的。不知道是出于巧合还是偶然因素的叠加，在我的成长历程中，只要天降好运，就会面临更多的苦痛与灾难。所以，对于保博，我在欣喜若狂之余也惴惴不安。

　　短暂的惊喜被惊天的灾难所震碎。2004年夏天来临时，一向身体康健的妈妈被确诊罹患绝症，我顿如五雷轰顶，方寸大乱。在之后的一年零九个月中，往返于校园和病房成了我的生活常态。妈妈没有医保、社保，对于我们这样的工薪家庭，绝症带来的巨额医疗负担，压垮了整个家庭对美好生活的憧憬。倾家荡产、举债疗救换来的却是妈妈的病危通知单。那一年零九个月中，不谙世事的我看到了人间的残酷与凄凉，也看到了百姓的生存之苦和悲伤无奈。医院最后以费用不足为由将妈妈"请"出院门，亲友们以经济拮据、绝症无救为由劝我放弃，我因急着筹措资金而放弃读博，奔忙就业。妈妈最后含悲而去。在欢度圣诞、迎接新年的时候，12月25日成为我一生最悲惨的日子，世界上最爱我的人去了。临死前她还在不断自责，说自己有罪，把我的嫁妆花光了，也让我丢掉了读博的机会。我看到了什么是"死不瞑目"。一位平凡无私、一生勤苦的母亲何罪之有？很长时间我都沉浸在宿命论中难以自拔，难道真的是因为我决定接受保博而不是自己辛苦考博才给妈妈带来这样的苦难？所以，就职后很长一段时间，我都在得过且过、自我放逐中蹉跎岁月，作为大龄青年被催婚，作为无为青年而耗费生命，选择裸婚以抗争世俗的婚嫁观念，选择不读博以示对当年那次"天降馅饼"的怨愤。看似平淡的生活却不幸福，因为那个隐痛总是在圣诞和新年之交深深刺痛我的心脏。直到自己初为人母，看着襁褓中的呱呱幼儿，我才发现，自己不能这样消极地生活，要给孩子树立一个好榜样，要走出阴影，寻求积极有意义的人生。

整个读博期间，我需要感谢的人和值得记录的事情太多。因为我在民族院校就职，将本专业与所在院校的特色有效结合才是正确之选。因此，感谢我的先生为我的最终报考专业和方向提供了准确的定位。在备考期间，我后来的师姐李亚给予我很大帮助，告知我跨专业备考的注意事项，让我能在最短时间内抓住复习要点。

我最感谢的是我的导师田敏教授，他给予我细心的指导，也给予我人生转折的机会，收我这个跨专业的学生为徒，并包容了我基础知识薄弱、天资愚钝、主动性不强的缺点。感谢田老师在我毕业论文选题以及调研点的确定、调研期间各种人事关系上提供的实质性帮助。段超教授也是我人生的指路明灯，段老师勤勉踏实的人生哲学和认真严谨的治学态度，质朴诚恳的生活方式和与人为善的处世之道，都给我树立了学习的榜样。

读博期间，通过课程学习、旁听讲座、参与历次开题答辩会以及阅读相关论文、书籍，李吉和教授、柏贵喜教授、雷振扬教授、周大鸣教授、陈庆德教授等专业老师和学者们的渊博学识、严谨治学的态度和风格各异但是切中肯綮的精彩点评，都让我颇受启发，心怀感谢。韦东超教授、哈正利教授、闫天灵教授、彭修银教授、向柏松教授等，也给我提供了很多论文修改的实质性建议与帮助。

后 记

读博也让我收获了一批优秀而友善的同门和朋友。我的同门冉红芳、敖慧敏让我感受到了土家妹子的亲切豪爽、和善真诚；黎帅、汪璞赟的严谨认真、细致勤勉令我印象深刻；唐胡浩、谭志国、撒露莎、安志强等师兄弟姐妹，给我带来"田门一家亲"的温暖和关爱。

读博让我走上真正的田野，在最真实的民族地区感受最纯粹的民族文化和灵动生活。虽然我之前的专业也有很多采访、外拍的机会和体验，但大多限于时间而流于走马观花。民族学的田野调查则让我在特定目标指引下，相对长时间地在调研点研究，用心感受，用眼观察，用手记录，用脚丈量，踏踏实实、诚心诚意地做资料搜集工作。

每一次调研都是对我能力的提升和阅历的丰富：在黔东南州感受苗族银饰的精美、侗族大歌的灵动；在宜昌市夷陵区的大山中聆听故事家们讲古说今；在湖南江华参加"盘王祭祀大典"，与美国瑶胞侃侃而谈；在乳源瑶寨感受新老瑶族的生活变化和文化变迁；在云南边境体验异域风情，饱览傣族景颇族文化和热带风光。在热情好客的田野上，我一改学生的拘谨，和大家一起或席地而坐，或随意抓食，大碗喝酒，大快朵颐。我抛开各种束缚，尽量在最短时间完成角色与身份的转换，既让自己融入其中，又提醒自己保持一个客观的观察者、研究者的身份，做到调研过程与体验生活两不误。

走在乡间的小路上，田野调查欢笑与泪水同在，收获与付出并行。犹记初次去民族地区，在苗寨前局促不前的困窘和语言不通的尴尬；犹记独自走在雨后瑶山羊肠小道上的孤寂和没落；犹记飞往云南德宏州的小飞机遭遇强对流空气而上下颠簸时，内心的无助和恐惧；犹记在攀爬湿滑山路时差点坠崖的惊险；犹记在调研点和幼女视频时，孩子撕心裂肺的念母哭声……这些田野经历都是我成长岁月中无法抹灭的记忆。

从决定读博到完成整个学业，几年时光中，家人的鼓励与支持让我倍感温暖。我是一个内向且有惰性之人，做事常常拖延不决。感谢我的先生耿新鼓励我考博，并在整个读博期间给予我学习、工作、生活上的支持与帮助。当我困惑、退缩、烦躁时，先生进行开解与疏导；当孩子想妈妈而我行走在田野上时，先生承担了母亲的角色。感谢孩子们，在我读博期间独自玩耍，尽量不打扰我。当然，对于常常缺席他们最需要陪伴的幼儿时光，我愧疚难当，唯愿顺利毕业，给孩子树立一个好榜样。

时光如梭，从2013年深秋怀抱熟睡的幼女挑灯备考，到2018年一边抱着老二一边修改博士论文，如今，牙牙学语的孩童已经可以端坐幼稚园了，二孩妈妈的我也将踏上工作学习的新征程。一路走来，身心都得到了转换和历练。通过民族学，我感受到中华多元一体的精深博大；通过田野调查，我体会到真正的民族情深。

博士论文完成，不但是我对母亲在天之灵的告慰、对各位师长的恩谢，更是对自己前面萎靡人生的告别和未来积极人生的开启。常怀感恩之心，积极面对生活，希望我能整装待发，重新起步，不负母亲的劝勉。

李锦云

2018年11月21日于家中